10대를 위한

슈독

나이키 괴짜 사장 필 나이트의
성공 분투기

필 나이트 지음　안세민 옮김

This Korean edition was published by SAHOI PYOUNGNON PUBLISHING CO. INC., in 2018 by arrangement with the original publisher, Paula Wiseman Books, an imprint of Simon & Schuster Children's Publishing Division, New York through KCC (Korea Copyright Center Inc.), Seoul.

10대를 위한

SHOE DOG.

PHIL KNIGHT

슈독

나이키 괴짜 사장 필 나이트의
성공 분투기

필 나이트 지음　안세민 옮김

사회평론

초심자의 마음에는 많은 가능성이 있지만, 숙련자의 마음에는 그 가능성이 아주 적다.

— 스즈키 순류, 《선심초심(禪心初心)》

프롤로그 손주들에게 주는 글

사랑하는 조던, 로건, 리들리, 월로, 앤서니, 딜런, 니컬러스, 리드, 헨리, 라일리, 메릭에게.

고등학교 시절, 할아버지는 나중에 어른이 되어 어떤 일을 하고 살 것인가에 대해 잘 모르고 지냈단다. 아니, 좀 더 정확하게 말하자면, 거의 매주 다른 일을 하고 싶었지. 신문기자가 되고 싶기도 했고, 사업가가 되고 싶기도 했고, 때로는 변호사, 스포츠 아나운서, 교사가 되고 싶기도 했어.

대학교, 대학원을 졸업하고도 크게 나아지지 않았어. 나는 좋은 학교를 나오려고 했는데(이것이 도움이 될 것이라고 생각했어), 실제로 하고 싶은 일을 결정해야 할 때에는 바로 이런 사실이 고민을 많이 하게 만들었지.

지금 와서 생각하면 할아버지는 운이 참 좋은 사람이었단다. 이런 결정을 하는 과정이 인생 여정에서 즐거운 부분이 되었지. 할아버지한테는 확실한 길이 없었지만, 결과적으로는 상당히 좋은 것으로 드러난 길이 있었거든. 그리고 이 길을 너희와 함께 공유하는 것이 좋을 거라는 생각이 들었어.

할아버지는 너희 모두가 태어난 순간을 기억하고 있어. 세상이 너희 앞에 펼쳐지던 순간을 말이야. 이때부터 너희 부모에게 시련이 시작되었지. 너희를 어떻게 준비시킬까? 어떻게 교육시켜야 할까? 어떻게 단련시켜야 할까? 너희와 함께 어떻게 웃을까?

하지만 늘 그렇듯이, 이제 인기척은 없고 텅 빈 침대만 있는 썰렁한 너희 방에 들어가게 되는 날이 곧 오겠지. 우리가 해야 할 일이 끝나고, 너희는 성년이 되어 대학에 진학하거나, 직장에 다니거나, 다른 누군가와 함께 살게 될 거야.

할아버지 인생에서 너희에게 도움이 되고 배울 만한 게 있다면, 언젠가는 그것이 커다란 가치를 발휘하는 때가 있을지도 모르겠다.

할아버지가 살고 있는 집은 너희가 자라던 집과는 조금은 달라. 이 집은 너희 아버지이자 나의 아들 매튜와 트래비스가 볼 수도 만질 수도 없지만 항상 함께 있었던 세 번째 형제와 함께 자라던 곳이지.

그리고 매튜와 트래비스는 또 하나의 형제가 항상 여기에 있는 걸 알고 있었어.

너희가 이 녀석에 대해 아는 것은 나한테는 중요한 일이야. 이 녀석에 관해서 이미 많은 이야기가 나와 있지만, 너희가 내 눈을 통해 이 녀석(출생, 십 대 시절의 반항, 집을 떠날 때까지의 성장 과정)을 바라보기를 바란다.

내가 이 자리에서 너희에게 이 녀석 이야기를 하지만, 어린 시절에 결점이 많았음에도, 너희가 이 모든 걸 인정하고 이 녀석을 가족으로 받아들였으면 한다.

너희를 무척이나 사랑하는 할아버지가

차례

일러두기

* 이 책은 국립국어원 어문 규정과 외래어표기법을 따랐습니다.
* 본문 중 옮긴이가 부연설명한 부분은 대괄호([ ])로 표시했습니다.

동틀 녘

나는 세상 그 누구보다 일찍 일어났다. 하늘의 새들과 태양보다 더 일찍 일어났으니까 말이다. 아침으로 토스트 한 조각을 급히 먹어치운 뒤, 간편한 복장을 하고서 초록색 러닝화 끈을 동여맸다. 그런 다음, 뒷문으로 조용히 집을 빠져나왔다.

안개가 자욱한 새벽, 남들보다 일찍 나와 앓는 소리를 하며 다리를 뻗고 기지개를 켜고는 차디찬 길바닥을 향해 무거운 발걸음을 내디뎠다. 왜 항상 시작은 이리도 힘든 걸까?

이런 시간에는 자동차도, 사람도, 생명체의 몸짓도 없다. 세상에 나 혼자만 있을 뿐이다. 오직 길가의 나무만이 나를 지켜보고 있다. 이곳은 오리건이다. 나무는 항상 모든 것을 알고 있는 것 같다. 나무는 항상 우리를 믿어주고 우리를 지지해준다.

나는 나무가 우거진 오리건의 작고 조용한 도시, 포틀랜드에서 태어나 자란 것을 자랑스럽게 생각한다. 물론 아쉬운 점이 없지는 않다. 오리건은 아름다운 곳이지만, 큰 변화가 없는 곳이기도 하다. 옛날부터 오리건은 아주 오래된 오솔길로 유명했다. 오리건으로 오려면 사람들은 새로운 길을 개척해야 했다. 결과적으로 이곳은 아무런 변화 없는 따분한 곳이 됐다.

내가 가장 좋아하는 선생님은 오리건의 오솔길에 관해 자주 말씀하셨다. 그런 말을 할 때 선생님은 늘 잔뜩 화가 난 표정이었다. "이 오솔길은 우리가 태어날 때부터 가진 권리, 기질, 운명, DNA라고 할 수 있지. 겁쟁이들은 올 생각조차 못 했어. 약한 사람들은 도중에 죽었지. 이렇게 해서 살아남은 자들이 바로 우리 오리건 사람들이야."

그렇다. 우리 오리건 사람들은 바로 그런 사람들이다. 우리는 이 오솔길에서 개척자 정신을 발견할 수 있다. 그것은 비관적인 생각을 버리고 미래의 가능성을 바라보는 정신을 말한다. 이런 개척자 정신이 살아 숨 쉬도록 하는 것이 우리 오리건 사람들이 해야 할 일이다.

나는 선생님의 말씀을 듣고는 존경의 눈빛으로 고개를 끄덕였다. 하지만 때로는 수업을 마치고 집으로 가는 길에 "이런, 오리건 도로는 포장도 안 되어 있어"라고 투덜거리곤 했다.

안개가 자욱하던 그날 새벽, 나는 7년 만에 집으로 돌아와서 새로운 결심을 한 터였다. 사실, 다시 집에서 지내는 게 생소했다. 낯선 이방인이 부모님, 쌍둥이 여동생들과 다시 한 집에서 지내면서 자기가 어릴 적에 쓰던 침대에서 잠을 자고 있었다. 나는 매일 밤 침대에 누워서 대학 교재, 고등학교 시절에 받았던 트로피와 블루 리본을 바라보며 이런 생각을 했다. '저게 나야? 지금도 내가 저래?'

나는 좀 더 빨리 달렸다. 호흡이 부드러워지고, 차가운 안개 속에 입김이 뿜어져 나왔다. 그때 팔다리와 뼈마디가 풀리고 육체가 스르르 녹아내리기 시작하면서 정신이 맑아지는 놀라운 순간을 처음으로 느꼈다. 굳어 있던 몸과 마음이 유연해졌다.

나는 나 자신에게 "좀 더 빨리, 좀 더 빨리"라고 외쳤다.

서류상으로 보면 나는 오리건대학교를 졸업하고 스탠퍼드대학교에서 경영학 석사학위를 받은 어른이었다. 군대도

1년이나 다녀왔다(포트 루이스[Fort Lewis]와 포트 유스티스[Fort Eustis]에서 훈련을 받았다). 이력서만 보면 24세의 대단한 학력을 지닌 흠잡을 데 없는 군인 출신이었다. 그런데 왜 나는 나 자신을 어린아이로 여기고 있는지 궁금했다.

나는 언제나 가냘픈 몸매에 겁이 많은 어린아이처럼 느껴졌다.

내가 여전히 경험이 부족한 청년이기 때문인지도 모른다. 당시 나는 어떤 유혹이나 자극에도 관심이 없었다. 사소한 규칙조차 어겨본 적이 없었다. 반항의 시대라 일컬어지는 1960년대에, 반항이라고는 전혀 해본 적 없는 청년이었다. 마음대로 놀아보지도 못했고, 돌발적인 행동을 해본 적도 없었다. 당시 내가 진정으로 고민했던 것들은 따로 있었다.

나는 내가 어떤 사람인지, 어떤 사람이 되고 싶어 하는지 정확하게 말하기가 어려웠다. 나는 내 친구들과 마찬가지로, 성공을 꿈꾸었다. 하지만 그들과 다르게, 나는 성공이 무엇을 의미하는지 알 수 없었다. 돈일까? 어쩌면 그럴 수도 있다. 가족? 물론, 그럴 수도 있다. 행운이 따른다면 말이다. 나는 이런 것들을 추구해야 한다고 배웠고, 나 자신의 일부는 이런 것들을 본능적으로 추구하고 있었다.

그러나 나는 내심 다른 무엇인가를 꿈꾸고 있었다. 나는 우리에게 주어진 시간이 생각보다 짧고, 한정된 시간을 의미 있게 보내야 한다는 사실을 뼈저리게 느꼈다. 그 시간을 목표를 가지고 창의적으로 써야 한다. 무엇보다 남들과는 다르게 써야 한다.

나는 내가 태어난 흔적을 세상에 남기고 싶었다.

승리하고 싶었다.

아니, 남에게 지는 것이 싫었다.

그랬다. 나의 젊은 심장이 고동치고, 나의 싱싱한 폐는 새의 날개처럼 활짝 펼쳐졌다. 나무에 새순이 싹트듯이 나는 내 눈앞에 펼쳐진 모든 것을 보았다. 다시 말하자면, 내가 무엇을 하고 싶어 하는지 깨달았다. 나는 스포츠와 함께 살아가고 싶었다.

바로 이것이다. 공이 공중에 떠 있을 때, 권투 선수가 종이 울릴 때가 가까워졌음을 느낄 때, 육상 선수가 결승선을 향해 달려갈 때, 관중이 하나 되어 일어날 때, 바로 그런 순간과 함께하고 싶었다. 승자와 패자가 가려지기 직전의 숨 가쁜 순간에 명료함을 느낄 수 있다. 나는 바로 이런 명료함(그것이 무엇을 의미하든)이 나의 삶이자 일상이 되기를 원했다.

나는 때때로 소설가, 언론인, 정치가가 되는 꿈을 꾸기도 했다. 그러나 그 무엇보다 항상 위대한 육상 선수가 되고 싶었다. 안타깝게도 운명의 여신은 내가 좋은 육상 선수가 되는 것은 허락했지만, 위대한 육상 선수가 되는 것은 허락지 않았다. 나는 스물네 살 때 이런 운명에 굴복하고 말았다. 오리건대학교에서 뛰어난 육상 선수로 표창을 받기도 했지만, 그것이 전부였다. 1500미터를 6분씩 계속 달릴 때, 혹은 떠오르는 해가 이글거릴 때 자신에게 이런 질문을 던지곤 했다. '운동선수가 되지 않고도 그들과 공감할 수 있는 방법은 없을까? 일 자체를 즐길 수 있는 방법은 없을까? 아니면 일을 너무나도 즐겨서 일 자체가 즐거움이 될 순 없을까?'

당시 세계는 들끓고 있었고, 일상은 힘들고 때로는 부당하게 여겨졌다. 이런 때는 기괴하고도 실현 가능성이 별로 없는 꿈을 좇는 것도 좋은 방법이다. 이런 꿈은 오직 한 가지 목표만 추구하던 운동선수 출신에게는 가치 있고 흥미로워 보였다. 싫든 좋든, 인생은 일종의 게임이다. 이런 사실을 부정하는 사람, 게임을 거부하는 사람은 방관자로 남을 뿐이다. 나는 방관자가 되고 싶지 않았다.

이런 사실이 내가 '미친 생각(Crazy Idea)'을 하게 만들었다. 나는 이런 미친 생각을 다시 한 번 되돌아보았다. 어쩌면 이런 미친 생각이 실현될 수도 있지 않을까?

어쩌면… 말이다.

그렇지 않다! '어쩌면'이란 표현은 틀렸다. 나는 내가 누구를 뒤쫓거나 누가 나를 뒤쫓을 때처럼 좀 더 빨리 달려보았다. 이것은 효과가 있을 것이다. 나는 신의 이름으로 이것이 효과를 발휘하도록 할 것이다. 여기 '어쩌면'이라는 말은 들어설 자리가 없다.

갑자기 웃음이 터져 나왔다. 그것도 아주 큰 소리로 말이다. 땀에 흠뻑 젖은 채, 몸을 우아하고도 편안하게 움직이면서 나의 미친 생각이 눈앞에 떠오르는 모습을 보았다. 미친 생각이 더 이상 미친 것처럼 보이지 않았다. 심지어 그것은 어떤 생각처럼 보이지도 않았다. 그것은 어떤 장소, 어떤 사람처럼 보였다. 혹은 나의 일부이기는 하지만, 나하고는 오래전부터 떨어져서 존재하는 일종의 생명처럼 여겨졌다. 마치 발견되기를 바라며 지금까지 숨어서 나를 기다렸던 것처럼 말이다. 그것은 엉뚱한 야심처럼 여겨질 수도 있었다. 그러나 그때 나는 그렇게 생각하지 않았다.

어쩌면 내 기억이 잘못됐을 수도 있다. 내 기억이 이런 발견의 기쁨을 느낀 순간을 과장한 것일 수도 있고, 아니면 이런 순간들을 하나로 압축한 것일 수도 있다. 혹은 격렬한 운동 후에 느끼는 황홀감에서 온 환상일 수도 있다. 잘 모르겠다. 그 시절에 관한 기억 중에서 많은 부분이 그날의 숨소리와 차가운 입김처럼 세월과 함께 사라져 버렸다.

그러나 변하지 않은 한 가지 진실은 사라지지 않고 남아 있다. 나는 스물네 살 때 '미친 생각'을 했다. 그리고 20대 중반의 젊은이들이 흔히 갖는 실존적 고뇌, 미래에 대한 두려움, 자신에 대한 불신에도 불구하고, 세상은 미친 생각을 하는 사람들이 만든다고 믿었다. 미친 사람들이 역사를 만들어 간다. 내가 가장 좋아하는 것들(책, 스포츠, 민주주의, 자유기업)은 미친 사람들의 생각과 함께 시작됐다.

내가 좋아하는 달리기만큼이나 미친 짓도 흔치 않다. 달리기는 고통스럽고 위험한 운동이다. 보상이 적을 뿐 아니라 그마저도 확실하게 받는다는 보장이 없다. 트랙이나 도로를 달릴 때 목적지가 정해져 있는 것도 아니다. 그 어떤 것도 이런 노력을 충분히 보상해주지 않는다. 오직 달리는 행위 자체가 목적일 뿐이다. 어느 누구도 결승선을 정해주지 않는다. 당신만이 결승선을 정할 수 있다. 혹시라도 당신이 달리는 행위로 기쁨을 얻더라도, 마음으로만 얻을 뿐이다. 당신은 달리기를 이런 시각에서 바라보면서 당신 자신을 설득시킬 수 있어야 한다. 달리기에 빠진 사람들은 이런 사실을 잘 안다. 이들은 달리기를 계속하지만, 이것을 왜 하는지는 잘 모른다. 목표를 달성하기 위해, 혹은 격렬한 흥분을 느끼기 위해 달린다고 자신에게 말할 수도 있다. 그러나 사실은 대안, 즉 달리기를 그만두는 것이 끔찍하기 때문에 달리고 있을 뿐이다.

1962년 그날 새벽에 나는 스스로에게 이렇게 선언했다. '세상 사람들이 미쳤다고 말하더라도 신경 쓰지 말자. 멈추지 않고 계속 가자. 그곳에 도달할 때까지는 멈추는 것을 생각하지도 말자. 그리고 그곳이 어디인지에 관해서도 깊이 생각하지 말자. 어떤 일이 닥치더라도 멈추지 말자.'

이 선언은 갑자기 어른이 된 듯한 내가 앞날을 내다보면서 나 자신에게 주는 절박한 충고였다. 어쨌든 나는 이 충고를 받아들이기로 했다. 반세기가 지난 지금, 나는 이것이 최선의, 어쩌면 유일한 충고였음을 믿는다. 나는 누구에게든지 이런 충고를 해주고 싶다.

필 나이트

여기서는 아주 빨리 달려야만 제자리를 유지할 수 있어. 만약 다른 곳에 가려면 여기서보다는 최소한 두 배는 더 빨리 달려야 해.

— 루이스 캐럴, 《거울 나라의 앨리스》

1962 미친 생각

마침내 용기를 내서 아버지에게 '미친 생각'에 관해 말한 때는 초저녁 무렵이었다. 아버지와 대화를 나누기에는 그 시간대가 가장 좋았다. 그때가 되면 아버지는 식사를 마치고 편안한 자세로 안락의자에 앉아 텔레비전을 보고 계셨다. 지금도 나는 고개를 뒤로 젖히고 눈을 감으면 텔레비전에서 나오던 청중의 웃음소리와 아버지가 좋아하시던 〈왜건 트레인(Wagon Train)〉[서부극 드라마]과 〈로하이드(Rawhide)〉[1860년대 카우보이들의 도전을 그린 드라마]의 귀에 거슬리는 주제가가 들리는 듯하다.

아버지가 가장 좋아한 것은 1950년대 레드 버튼스 쇼였다. 레드 버튼스가 부르는 "호호 히히 이상한 일이 일어났어요(Ho ho, hee hee... strange things are happening)"라는 노랫말과 함께 쇼가 시작됐다.

나는 아버지 곁에 앉아서 힘없이 미소를 짓고는 광고가 나올 때까지 기다렸다. 속으로 아버지께 할 말을 부지런히 연습했다. 특히 도입 부분에 신경을 많이 썼다. '아버지, 스탠퍼드 시절에 제가 미친 생각을 했던 걸 아세요?'

기업가 정신에 관한 강좌를 수강할 때였다. 나는 수업 과제로 신발 산업에 관한 보고서를 썼다. 보고서는 지극히 평범한 과제에서 지독한 집착의 대상으로 변했다. 나는 육상 선수로서 러닝화에 관심이 많았다. 그리고 경영학을 전공하는 대학원생으로서, 일본 카메라가 독일이 지배하던 시장을 뒤흔든 사실을 알고 있었다. 이를 근거로 나는 보고서를 통해 일본의 러닝화가 시장을 장악할 것이라고 주장했다. 이 생각은 나를 즐겁게 하고, 영감을 주는 동시에 나를 사로잡았다. 이 전망은 단순하지만 분명하고, 실현 가능성이 엄청나게 높아 보였다.

나는 오랫동안 보고서에 매달렸다. 도서관에 가서 수입, 수출, 창업에 관한 자료는 보이는 대로 다 읽었다. 강의 규정에 따라 수업 시간에 이 보고서를 발표했는데, 수강생들은 하나같이 따분한 반응을 보였다. 보고서 내용에 대해 어느 누구도 질문하지 않았다. 다만 멍한 눈빛으로 한숨을 깊이 쉬면서 나의 열정에 경의를 표했을 뿐이다.

교수님은 나의 '미친 생각'의 가치를 인정했는지, A학점을 주셨다. 나는 이후로도 그 보고서에 관한 생각을 결코 멈춘 적이 없었다. 스탠퍼드 시절에도, 아침에 달리기를 할 때도, 아버지와 함께 텔레비전을 보던 그때 그 순간에도 나는 일본에 있는 신발 회사를 찾아가서 나의 '미친 생각'을 전하는 순간만을 생각했다. 스탠퍼드에서 나와 함께 수업을 듣던 학생들과는 다르게, 그들은 열광할 것이다. 그들은 따분한 오리건 출신의 가냘프고 겁이 많은 어린아이와 파트너가 되려고 할 것이다.

그때부터 나는 어렴풋이나마 일본에 가려는 계획을 세웠다. 그곳에 가지 않고서 내가 어떻게 이 세상에 흔적을 남길 수 있겠는가? 육상 선수들은 큰 경기에 출전하기 전에 먼저 트랙을 걷고 싶어 한다. 내겐 전 세계로 배낭여행을 떠나는 것이 트랙을 먼저 걸어보는 것과 마찬가지였다. 세상에서 가장 아름답고 신비로운 곳으로 여행을 가고 싶었다.

그리고 가장 신성한 곳으로도 가고 싶었다. 물론 나는 다른 나라의 음식을 먹고, 다른 나라의 말을 듣고, 다른 나라의 문화를 체험하고 싶었지만, 내가 진정 원한 것은 그들과의 '연결'이었다. 동양의 도(道), 그리스의 로고스(Logos), 힌두교의 즈냐나(Jñāna), 불교의 다르마(Dharma)를 이해하고 싶었다. 기독교에서는 이를 두고 '성령(Spirit)'이라고 부른다. 나는 여행 계획을 세우기 전에, 먼저 인류가 시도했던 위대한 탐험을 이해하려고 했다. 그래서 가장 웅장한 사원, 교회, 신전, 가장 신성한 강과 산을 조사했다. 나는 뭐라 할까… 신의 존재를 느끼고 싶었다.

그때 내가 혼자서 "그렇지, '신'이라는 더 나은 단어가 빠졌구나"라고 되뇌였던 기억이 난다.

하지만 우선, 아버지의 허락이 필요했다. 그리고 더 나아가 아버지의 돈이 필요했다.

나는 예전에 이미 여행을 하고 싶다는 말을 아버지에게 한 적이 있었다. 그때 아버지는 이를 긍정적으로 생각하시는 것 같았다. 하지만 아버지는 내 말을 모두 잊어버리셨을 게 분명했다. 따라서 아버지를 설득하려면 거기에다 '미친 생각'에 관한 이야기를 보태야만 했다. 하지만 회사를 설립하기 위해 일본을 방문하겠다는 이야기를 듣는 순간, 아버지가 황당한 표정을 지으실 건 분명했다.

아버지는 이런 계획을 엄청나게 먼 곳에 다리를 만드는 일처럼 생각하실 게 분명했다.

게다가 이런 다리를 짓는 데는 엄청난 비용이 소요된다. 당시 나는 군에서 제대한 뒤 여름 학기 동안에 이런저런 아르바이트를 해서 모아둔 돈이 조금 있었다. 레이싱 타이어와 트윈 캠 엔진이 장착된 나의 1960년식 체리블랙 MG를 팔 생각도 하고 있었다. 이렇게 돈을 탈탈 털어봐야 1500달러에 불과해서 내가 계획한 대로 배낭여행을 떠나기에는 턱없이 부족했다. 아버지의 지원이 절실했다. 아버지는 고개를 끄덕이고는 텔레비전에서 눈을 뗀 뒤 나를 한번 힐끔 쳐다보셨다. 그러고는 내가 모든 이야기를 털어놓는 내내 텔레비전을 보고 계셨다.

아버지, 제가 무슨 말씀을 드리고 있는지 아시죠? 저는 세상을 보고 싶어요.

히말라야도 보고 싶고, 피라미드와 사해도 보고 싶어요.

그리고 일본도 둘러보고 싶어요. 저의 '미친 생각', 일본의 러닝화 이야기도 들으셨죠? 저한테는 엄청난 기회가 될 거예요.

나는 장점을 부풀리면서 아버지를 끈질기게 설득했다. 사실 나는 남을 설득하는 데 별로 소질이 없었고, 그게 성공할 가능성이 거의 없어 보여서 많이 힘들었다. 아버지는 오리건대학교에 이미 수백 달러를 내놓았고, 스탠퍼드대학교에는 수천 달러를 쓰셨다. 아버지는 〈오리건 저널(The Oregon Journal)〉 발행인이었다. 덕분에 우리 식구들이 포틀랜드의 조용한 교외 지역인 이스트 모어랜드 클레이본 스트리트의 하얀색 저택에 거주하면서 쾌적한 생활을 영위하는 데는 큰 어려움이 없었다. 그렇다고 아버지가 아들의 세계 여행을 선뜻 지원할 만큼 대단한 부자는 아니었다.

내가 이런 계획을 말했을 때는 1962년이었다. 당시 지구는 점점 커지고 있었다. 인류가 작은 캡슐을 타고 지구를 선회할 정도였으니까 말이다. 그렇지만 미국인의 90퍼센트는 아직 비행기를 타본 적이 없었다. 미국의 평범한 사람들은 자기 집에서 160킬로미터 이상 떨어진 곳으로 떠날 생각을 감히 하지 못했다. 아들이 비행기를 타고 세계 여행을 가겠다고 말하면 대부분의 아버지가 당황할 수밖에 없던 시절이었다.

특히 아버지에게는 직장의 전임자가 비행기 사고로 죽은 경험도 있었다.

돈과 안전에 관한 문제를 차치하더라도, 전체적인 계획 자체가 현실성이 없었다. 통계적으로도 당시 신생 기업 27개 중 26개가 망했다. 물론 아버지도 이런 사실을 잘 알고 계셨다. 이처럼 엄청난 위험을 감수하려는 생각 자체가 아버지의 사고방식과는 정면으로 배치됐다. 아버지는 보수적인 미국 성공회 신자였다. 다른 사람에게서 존경받고 싶은 욕구도 대단했다. 훌륭한 사람으로 인정받고 싶어 하셨다. 또한 주류 사회에서 활발하게 활동하는 것을 기쁘게 생각하셨다. 이런 아버지에게 세계 여행은 다른 사람의 자식들이나 할 짓이었다. 특히 남들에게 존경받는 아버지의 공손한 아들에게는 있을 수 없는 일이었다.

나는 이런저런 이유로 아버지가 내가 하는 말에 얼굴을 잔뜩 찌푸리고 '벅, 정말 미친 생각이야. 모조리 헛소리야' 하시면서 금방 반대하실 거라고 생각했다. (내 이름은 필이지만, 아버지는 나를 항상 벅이라고 부르셨다. 아버지는 내가 태어나기 전부터 나를 벅이라고 부르셨다. 어머니의 말씀에 따르면, 아버지는 어머니의 배를 두드리면서 "벅, 오늘 어떻게 보냈니?"라고 묻곤 하셨다.) 내가 말을 멈추자, 아버지는 안락의자를 앞으로 당기더니 웃는 얼굴로 나를 쳐다보셨다. 아버지는 젊은 시절에 여행을 많이 다녀보지 못한 것을 항상 후회해왔다며, 이번 여행이 자식 교육의 마지막 단계가 될 것이라고 하셨다. 그러고 나서도 많은 말씀을 하셨지만, 주로 '미친 생각'이 아니라 여행에 관한 이야기였다. 하지만 나는 여행 목적에 관한 아버지의 생각을 굳이 바꾸려고 하지 않았다. 아버지와 논쟁하려고도 하지 않았다. 어쨌든 아버지가 이번 여행을 허락하고 돈을 주실 것이었기 때문이다.

"좋아, 벅. 그렇게 해."

나는 아버지께 감사드리고는 아버지의 마음이 변하기 전에 얼른 그 방에서 나왔다. 시간이 지난 뒤에야 아버지가 젊은 시절에 여행을 많이 다니지 못한 것이 아들의 여행을 허락한 숨은 이유(어쩌면 진짜 이유)라는 생각에 살짝 죄책감이 들기도 했다. 하지만 내 결심은 확고했다. 이번 여행과 '미친 생각'은 내가 아버지와 다른 새로운 사람이 될 수 있는 중요한 계기가 될 것이다. 내가 남들에게서 존경받지는 못하더라도 말이다.

아니, 존경받지 못하는 사람이 아니라 존경받는 데 사로잡히지 않은 사람일 수도 있겠다.

다른 식구들은 내 계획에 시큰둥한 반응을 보였다. 눈치가 빠른 외할머니는 일본이라는 말만 듣고도 화들짝 놀라셨다. "오, 진주만!"

나는 외할머니를 좋아한다. 우리는 외할머니를 '햇필드 할머니'라고 불렀다. 외할머니가 일본을 두려워하는 이유는 충분히 이해할 수 있었다. 일본과 외할머니가 태어난 이후 평생 동안 살아온 오리건의 농촌 마을, 로즈버그는 서로 너무 멀리 떨어져 있었다. 어린 시절, 나는 여름이 되면 햇필드 할머니 댁에서 시간을 보냈다. 매일 밤 우리는 베란다에 앉아서 황소개구리가 우는 소리를 배경으로 라디오를 들었다.

나보다 네 살이나 어린 쌍둥이 여동생, 진과 조앤은 내가 어디서 무엇을 하든 별 관심이 없어 보였다.

어머니는 아무 말씀도 안 하셨다. 어머니는 말수가 적은 분이셨다. 하지만 이번 경우 어머니의 침묵에는 특별한 의미가 있었다. 무언의 동의라고나 할까? 어쩌면 유별난 아들에 대한 자부심이었는지도 모르겠다.

나는 몇 주에 걸쳐 자료를 읽고 경로를 짜며 여행을 준비했다. 여행 준비에 지칠 때면 내 머리 위를 날아가는 기러기 떼와 함께 달리면서 이런저런 생각을 정리했다. 기러기 떼는 촘촘한 V자 대형을 유지하며 날아간다. 대형 뒤쪽에서 나는 기러기는 역기류를 탄다고 한다. 덕분에 앞쪽에서 나는 기러기에 비해 80퍼센트의 힘만 쓰면 된다. 육상 선수라면 다들 이런 사실을 잘 안다. 선두 주자는 에너지를 가장 많이 소모하고, 가장 많은 위험을 감수한다.

기러기 떼를 보면서 위험을 나눌 여행 파트너가 있는 것도 괜찮겠다는 생각이 들었다. 파트너로는 스탠퍼드에서 알게 된 친구, 카터가 적임이었다. 그는 윌리엄 주얼 칼리지의 농구 선수 출신이지만 운동선수다운 구석은 찾아보기 어려웠다. 그는 두툼한 안경을 끼고 책을 가까이했다. 그와 함께 있으면 말을 하나 안 하나 편안함을 느낄 수 있었다. 이런 성격은 친구를 사귀는 데 많은 도움이 된다. 여행 파트너로도 최적이었다.

여행 계획을 듣자마자 카터는 내 앞에서 큰소리로 웃었다. 내가 가고 싶어 하는 곳(하와이, 도쿄, 홍콩, 랑군, 캘커타, 뭄바이, 사이공, 카트만두, 카이로, 이스탄불, 아테네, 요르단, 예루살렘, 나이로비, 로마, 파리, 빈, 서베를린, 동베를린, 뮌헨, 런던)을 나열하자, 놀란 표정을 짓더니 이내 깔깔거리며 웃었다. 나는 몹시 당황해서 눈을 아래로 내리깔고 농담이었다고 얼버무리려고 했다. 그러자 카터는 여전히 웃음을 참지 못하면서 "벅, 그거 진짜 좋은 생각이야"라고 말했다.

나는 카터를 올려다보았다. 나를 비웃는 것이 아니었다. 기뻐서 어쩔 줄 몰라서 웃는 것이었다. 그는 "이런 기회를 놓쳐선 안 되지. 용기 있게 밀어붙이는 거야"라고 말했다. 용기, 그는 합류하고 싶어 했다.

며칠 뒤 카터는 부모님의 허락을 받았다. 그는 결코 꾸물대는 법이 없었다. 슛 기회가 생기면 반드시 쏴야만 하는 친구였다. 이번 여행을 떠나면서 카터에게서 배울 점이 많을 거라는 생각이 들었다.

우리 두 사람은 청바지와 티셔츠 몇 장, 운동화, 워커, 선글라스, '군복색'(60년대에는 카키색을 이렇게 불렀다) 여벌 한 벌 등 기본적인 필수품만 챙겨 가기로 약속하고는 여행가방과 배낭을 각각 하나씩 준비했다.

브룩스 브라더스(Brooks Brothers) 투 버튼 초록색 정장도 챙겼다.

내 '미친 생각'이 결실을 거둘 경우에 대비해서.

1962년 9월 7일, 카터와 나는 그의 낡아빠진 쉐비(Chevy) 승용차에 짐을 싣고 I-5도로를 엄청 빠른 속도로 달렸다. 오리건의 숲이 우거진 윌래밋 밸리를 지날 때는 우리 두 사람이 나무뿌리를 향해 돌진하는 것처럼 느껴졌다. 우리는 캘리포니아 소나무 산악 지대의 오르막길을 달렸다. 그다음에는 내리막길을 달려서 자정이 훨씬 넘은 시간에 안개가 자욱한 샌프란시스코로 들어섰다. 거기서 우리는 며칠 동안 친구 집 마룻바닥에서 잠을 잤다. 그다음에는 스탠퍼드에 잠시 들러서 카터가 창고에 보관해놓은 물건들을 가지고 나왔다. 마지막으로 호놀룰루로 가는 스탠더드 에어라인 할인 티켓을 두 장 샀다. 8달러짜리 편도 티켓이었다.

카터와 내가 하와이 오아후의 공항 활주로에 도착하는 데는 몇 분도 채 안 걸린 것같이 느껴졌다. 우리는 공항을 빠져나와 하늘을 바라보면서 잠시 생각에 잠겼다. 우리가 보는 하늘은 우리 고향의 하늘이 아니었다.

우리는 택시를 타고 와이키키 해변으로 갔다. 해변과 길 하나를 사이에 둔 모텔을 숙소로 정했다. 우리는 단번에 짐을 옮기고는 수영복으로 갈아입었다. 그리고 바다를 향해 달려갔다.

모래사장에 발을 내딛고는 운동화를 벗어 던졌다. 함성을 지르며 파도를 향해 힘껏 달려갔다. 바닷물에 목이 잠길 때까지 멈추지 않았다. 그다음에는 바닥까지 잠수해 들어갔다가 숨을 헐떡거리며 수면 위로 떠올랐다가 한 번 크게 웃고는 다시 몸을 굴려 물속으로 들어가기를 반복했다. 그러다 결국 비틀거리며 물 밖으로 나와 모래사장에 털썩 주저앉아 날아가는 새와 구름을 바라보고는 빙긋 웃었다. 아마 정신 나간 사람처럼 보였을 것이다. 옆에 앉아 있는 카터 역시 바보처럼 웃고 있었다.

"여기에 계속 머물까? 서둘러서 떠날 필요가 있을까?"

카터는 여전히 웃는 얼굴로 답했다. "다른 계획은 어떡하고? 세계 여행 말이야."

"계획은 언제든 바뀔 수 있어."

"좋은 생각이야, 벅."

우리는 아르바이트를 시작했다. 백과사전을 방문판매하는 일이었다. 그다지 매력적인 일은 아니지만 매일 오후 7시부터 일을 시작한다는 장점이 있었다. 그래서 서핑을 할 시간이 충분했다. 서핑을 배우는 것은 우리에게 가장 중요한 일과가 되어버렸다. 몇 번 시행착오를 거친 뒤 우리는 보드 위에 똑바로 설 수 있게 되었다. 몇 주 지나자 서핑 실력이 부쩍 늘었다. 이제 누가 봐도 대단한 실력자가 되어 있었다.

수입이 생기자 모텔에서 나와 가구와 침대 두 개가 비치된 아파트를 얻었다. 사실 하나는 진짜 침대였지만, 다른 하나는 벽에 붙여놓았다가 펼치는 일종의 다리미판이었다. 덩치가 큰 카터가 진짜 침대를 쓰고 내가 다리미판을 쓰기로 했다. 그렇게 해도 별 상관없었다. 서핑과 방문판매를 마치면 하와이식 화덕 곁에서 잠을 청하기도 했다. 100달러인 월세는 반반씩 나누어 내기로 했다.

지금 생각해봐도 무척 행복한 나날이었다. 한 가지 작은 일을 제외하고는 천국이 따로 없었다. 나는 백과사전을 파는 데 영 소질이 없었다.

아무리 노력해도 백과사전을 팔 수 없었다. 시간이 갈수록 나는 점점 소심해졌다. 이런 모습은 처음 만난 고객을 불편하게 만들었다. 물론 처음 보는 사람에게 상품을 파는 것은 쉽지 않은 일이다. 하와이에서 모기나 원주민처럼 흔히 접할 수 있는 백과사전 영업은 내게 엄청난 시련이었다. 처음 교육받을 때 배웠던 내용(여러분은 고객을 상대로 백과사전을 판매하는 것이 아니에요. 여러분은 우리 인류가 축적한 방대한 지식의 개요를 판매하는 겁니다. 인생에 관한 질문의 대답을 전하려는 거지요!)을 능숙하고도 힘차게 설명하려고 했지만, 고객들은 아무런 반응도 보이지 않거나 문전박대하기 일쑤였다.

꺼져, 꼬맹아.

소심한 성격 때문인지 백과사전을 파는 일은 점점 싫어졌다. 사실 나는 다른 사람에게 거절당하면 쉽게 상처를 입는 편이다. 고등학생 때와 대학 신입생 시절 야구팀에 지원했다가 탈락했을 때도 그랬다. 내 삶의 원대한 계획에서 작은 좌절을 겪은 것에 불과했지만, 그 일은 내게 커다란 충격이었다. 그때 나는 이 세상의 모든 사람이 우리를 좋아하거나 인정하는 것은 아니고 때로는 우리가 절실하게 바라는 순간에도 버림받을 수 있다는 사실을 처음 깨달았다.

야구팀에서 탈락한 날을 결코 잊을 수 없다. 나는 잔뜩 낙담한 표정으로 야구방망이를 질질 끌고 집으로 돌아와 방구석에 처박혀서는 슬픔에 잠겨 있었다. 어머니가 침대 곁으로 와서 “이제 그만해”라고 말씀하실 때까지 거의 2주 동안 우울하게 보냈다. 어머니는 내게 다른 것을 해보라고 권하셨다.

나는 베개에 얼굴을 묻은 채 물어보았다. “무슨 일?”

그러자 어머니는 “달리기를 해보는 것은 어떠니? 벅, 너는 빨리 달릴 수 있잖아”라고 말씀하셨다.

나는 몸을 일으켜 세우면서 “내가?”라고 되물었다.

그때부터 나는 달리기를 시작했다. 곧 내가 달리기에 소질이 있다는 사실을 깨달았다. 다행히 내가 달리는 것을 말리는 사람은 아무도 없었다.

나는 백과사전 파는 일을 그만두기로 결심했다. 이제 사람들에게 거절당하는 상황을 겪지 않아도 됐다. 나는 다른 일을 찾아보았다. 얼마 지나지 않아 게시판에서 작은 공고문을 발견했다. 채권 영업맨을 모집한다는 공고였다. 채권 영업은 잘할 수 있을 것 같다는 확신이 들었다. 어쨌든 나는 MBA 출신이었다. 그리고 여행길에 나서기 전 딘 위터(Dean Witter)[당시 미국의 유명한 금융 회사] 면접도 아주 잘 치렀다.

곰곰이 생각해본 뒤 그 일은 두 가지 점에서 해볼 만한 가치가 있다는 결론을 내렸다. 첫째, 일할 곳이 인베스터즈 오버시즈 서비스(Investors Overseas Services)로, 1960년대 당시 가장 저명한 사업가인 버나드 콘펠드가 이끄는 회사였다. 둘째, 사무실은 아름다운 해변이 내려다보이는 건물 맨 꼭대기 층에 있었다. 거기서 일하면 길이가 6미터에 달하는 창문으로 청록색 바다를 바라볼 수 있었다. 이 두 가지 장점은 내 마음을 사로잡기에 충분했다. 나는 면접에서 아주 적극적인 모습을 보였다. 나는 사람들에게 백과사전을 사도록 하는 데에는 실패했지만, 이 회사가 나를 뽑도록 하는 데에는 성공했다.

콘펠드의 놀라운 성공과 환상적인 조망 때문인지, 내 업무가 실제로는 공격적인 텔레마케팅이라는 사실을 쉽게 잊어버릴 수 있었다. 콘펠드는 직원들에게 부자가 되라고 주문하는 것으로 유명했다. 그런 분위기 속에서 젊은 직원들은 돈을 많이 벌고 싶다는 욕망을 숨기지 않고 드러냈다. 그들의 행동에는 거리낌이 없었다. 그들은 단골이 될 성싶은 고객에게 전화기에 불이 날 정도로 전화를 걸고 때로는 직접 찾아가기도 했다. 나는 말을 잘하는 편이 아니었다. 하지만 내가 판매하는 드레퓌스 펀드에 관해서는 잘 알고 있었다. 게다가 나는 진실을 전하는 방법을 알고 있었다. 사람들은 이 점을 좋아하는 것 같았다. 나는 곧 고객들과 약속을 잡고 펀드를 파는 데 익숙해졌다. 일주일 뒤 나는 판매 수당을 두둑하게 챙겼는데, 그 돈으로 내 몫의 6개월 치 월세를 내고 서핑보드용 왁스를 샀다.

세계가 종말로 다가갈수록 내 '현재를 즐겨라(*carpe diem*)'식의 태도는 더 강해졌다. 당시 미국과 소련은 핵 교착 상태였다. 소련은 미국의 코앞인 쿠바에 미사일 기지를 배치했고, 미국은 이를 철수할 것을 요구했다. 양측은 이미 최후통첩을 마친 상태였다. 더 이상의 협상은 없었다. 금방이라도 3차 세계대전이 일어날 것만 같았다. 신문들은 앞다퉈 오늘 오후 혹은 늦어도 다음 날에는 하늘에서 미사일이 떨어질 것이라고 보도했다. 화산은 이미 재를 내뿜기 시작했다. 세계는 금방이라도 폼페이가 될 것 같았다. 사람들은 인류가 사라지는 순간에 떠오를 버섯구름을 감상하기에 가장 좋은 장소가 바로 이 섬일 것이라는 데 의견이 일치했다. 지구 문명이여, 안녕히 가세요.

하지만 놀랍게도 지구는 목숨을 부지했다. 위기가 종식된 것이다. 공기가 갑자기 바스락거리다가 잔잔해지자, 하늘은 안도의 한숨을 쉬었다. 어느덧 하와이 섬에도 가을이 찾아왔다. 이보다 더 즐거울 수 없는 나날이 계속됐다.

그러다가 불편한 순간이 다가왔다. 어느 날 밤, 나는 카터에게 이렇게 말했다. "이제 샹그릴라(Shangri-La)[지상의 낙원, 제임스 힐턴의 소설 《잃어버린 지평선》에 나오는 이상향]를 떠나야 될 때가 온 것 같아."

카터를 열심히 설득하지는 않았다. 그저 담담하게 말을 건넸을 뿐이다. 그냥 원래 계획으로 돌아가야 할 때가 됐다는 생각이 들었다. 카터는 얼굴을 찌푸리고 자기 턱을 쓰다듬으면서 이렇게 말했다. "글쎄, 벅, 난 잘 모르겠어."

카터에게는 만나는 여자가 있었다. 카터는 하와이에 좀 더 머물고 싶어 했다. 이런 카터를 내가 어찌 말릴 수 있겠는가?

카터에게 이해한다고 말했지만, 나는 잔뜩 풀이 죽어버렸다. 술집에서 나와 오랫동안 해변을 걸었다. '다 끝난 일이야. 어쩔 수 없지, 뭐.'

최악의 선택은 짐을 싸서 오리건으로 돌아가는 것이었다. 나 혼자서 세계를 돌아보기는 싫었다. 내면의 목소리는 희미하게 '그냥 집으로 가. 평범한 직업을 구해서 평범한 사람으로 살아'라고 속삭였다.

그런데 또 다른, 희미하지만 단호한 목소리가 들려왔다. '안 돼. 지금 돌아가선 안 돼. 계획했던 대로 밀어붙여. 지금 이대로 멈춰서는 안 돼.'

다음 날 나는 회사에 2주 뒤 그만두겠다고 말했다. 상사 중 한 분이 "벅, 안타깝군. 자네는 영업맨으로 충분히 성공할 것 같은데"라고 말했다.

나는 "제발 안 그랬으면 좋겠네요"라고 중얼거렸다.

그날 오후 여행사에 가서 1년 안에 어느 항공사를 이용하든 어디든지 갈 수 있는 오픈티켓을 샀다. 이 티켓은 하늘에서의 유레일패스였다. 1962년 추수감사절에 짐을 챙기고 카터와 작별의 인사를 나누었다.

기장이 속사포 같은 일본어로 승객들에게 안내 방송을 쏟아냈다. 갑자기 땀이 나기 시작했다. 창밖의 비행기 날개에 새겨진 강렬한 이미지의 붉은 원을 바라보았다.

정말 '미친 생각'일까? 그게 아니라 그냥 미쳐버린 거 아닌가?

실제로 그렇다 하더라도 의사의 도움을 받기에는 너무 늦었다. 비행기는 이미 활주로를 벗어났다. 하와이 섬의 광활한 옥수수 밭이 내려다보였다. 거대한 화산이 점점 작아질 때까지 아래를 내려다보았다. 이제는 돌아갈 수 없는 길에 접어든 것이다.

추수감사절을 맞아 기내식으로 칠면조 요리와 크랜베리 소스가 나왔다. 일본행 비행기라서 참치 회, 미소국도 맛볼 수 있었다. 챙겨온 《호밀밭의 파수꾼》과 《벌거벗은 점심》을 몇 번이나 읽었다. 나는 《호밀밭의 파수꾼》의 주인공인, 사회에 적응하지 못하는 감수성이 예민한 소년 홀든 콜필드에게 공감했다. 윌리엄 버로스의 《벌거벗은 점심》은 읽기 버거웠다. "고물 장수는 소비자에게 자기 제품을 팔지는 않는다. 그는 자기 제품에 소비자를 판다."

문장이 너무 어려워서 저절로 잠이 왔다. 잠에서 깼을 때 비행기는 급격히 하강하고 있었다. 아래로 내려다보이는 도쿄 거리는 눈부시게 밝았다. 특히 긴자 거리는 크리스마스트리 같았다.

그러나 공항에 내려 호텔로 가는 길에 도쿄의 어두운 면을 볼 수 있었다. 건물에 검고 끈적끈적한 그을음이 달라붙어 있는 모습이 여러 곳에서 보였다. 택시 운전사는 "전쟁 때문입니다. 지금도 많은 빌딩에 폭탄의 흔적이 있어요"라고 말했다. 갑자기 분위기가 숙연해지면서 운전사와 나는 아무 말도 하지 않았다. 정말이지 무어라 할 말이 없었다.

마침내 운전사는 내가 건넨 메모지에 적혀 있는 주소에 택시를 멈추었다. 아주 우중충한 여관이었다. 아메리칸 익스프레스로 예약했는데, 자세히 확인하지 않은 것이 실수였다. 나는 우묵하게 파인 길을 건너 곧 무너질 것만 같은 건물로 들어갔다.

프런트 데스크에서 나이 든 일본 할머니가 나에게 고개를 숙여 인사했다. 아니, 자세히 보니 고개를 숙인 게 아니었다. 그분은 온갖 풍상을 견뎌낸 나무처럼 지난 세월의 무게에 등이 굽어 있었다. 할머니는 느린 걸음으로 내가 머물 방으로 안내했다. 방은 아주 작아서 물건을 담는 상자처럼 보였다. 방에는 아주 얇은 다다미 매트와 한쪽으로 기울어진 탁자 말고는 아무것도 없었다. 나는 크게 신경 쓰지 않기로 했다. 할머니에게 일본말로 "안녕히 주무세요(おやすみなさい)"라고 말하면서 고개를 숙였다. 나는 매트를 깔고 금방 잠을 청했다.

다음 날, 방 안으로 밀려드는 햇빛에 잠이 깼다. 나는 엉금엉금 기어서 창가로 갔다. 내가 머무는 곳은 도시 외곽의 공장

지대로 주변에 부두와 공장이 모여 있었다. 주위를 둘러보니 황량하기 그지없었다. 폭격으로 건물이 주저앉아서, 모든 구역이 평지가 되어 있었다.

다행스럽게도 도쿄에는 아버지의 지인이 몇 분 계셨다. 그중에는 유피아이(UPI) 통신사에서 근무하는 분도 있었다. 나는 택시를 타고 그곳으로 갔다. 그분들은 커피와 아침 식사를 대접하며 가족처럼 대해주셨다. 내가 묵은 여관을 이야기하자 모두들 웃었다. 그러곤 깨끗한 호텔을 예약해주고는 괜찮은 식당 몇 곳도 알려주었다.

당연히 내가 도쿄에 오게 된 이유를 묻는 차례가 되었다. 먼저 세계 여행 계획을 설명하고, 그다음에는 나의 '미친 생각'에 관해 이야기했다. 그분들은 작은 눈을 홉떠 놀라움을 표시하면서 〈임포터(Importer)〉라는 월간지를 발간하는 퇴역군인 두 명을 소개했다. "급하게 마음먹지 말고 우선 그 친구들을 만나보게."

나는 그러겠다고 약속했다. 하지만 먼저 도쿄를 둘러보고 싶었다.

가이드북과 미놀타 카메라를 손에 쥐고 오래된 사원, 신전 등 전쟁 중에도 살아남은 몇 안 되는 주요 건축물들을 찾아보았다. 나는 울타리가 있는 어느 정원의 의자에 앉아 일본의 주요 종교인 불교와 신도(神道)에 관한 내용을 몇 시간 동안 읽었다. 겐쇼(見性) 혹은 사토리(さとり) 개념은 더없이 놀라웠다. 이는 눈이 보이지 않는 순간에 갑자기 다가오는 깨달음을 의미한다. 마치 내가 갖고 있는 미놀타 카메라의 전구가 터지는 것 같았다. 나는 이런 깨달음을 원했다.

그러나 이런 깨달음을 얻기 위해서는 내 사고방식부터 바꿔야 했다. 나는 선형적 사고에 젖어 있었다. 선종(禪宗)은 선형적 사고를 미혹에 불과하다고 설명한다. 이런 사고방식은 우리를 불행하게 만들 뿐이다. 선종에서는 "현실은 비선형으로 이루어져 있다. 미래도 없고, 과거도 없다. 모든 것이 현재다"라고 말한다.

모든 종교에서 자아는 장애물이나 악마로 여겨진다. 선종에서는 자아가 존재하지 않는다고 선언한다. 자아는 신기루나 악몽에 불과하며, 자아의 존재를 고집스럽게 믿으면 인생을 헛되게 흘려보내게 된다고 가르친다. 자아는 우리가 매일 자신에게 전하는 뻔뻔스러운 거짓말에 불과하다. 행복은 이런 거짓말을 간파하고 폭로하는 데서 시작된다. 13세기 선종 승려, 도겐(道元)은 "자아를 연구하는 것은 자아를 잊어버리는 것"이라고 말했다. 내면의 목소리와 외면의 목소리는 서로 다르지 않다. 이를 가르는 경계는 존재하지 않는다.

경쟁에 관한 생각도 흥미로웠다. 선종에서는 우리가 자아와 적을 잊어버릴 때 승리를 거둘 수 있다고 주장한다. 자아와 적은 하나의 전체를 구성하는 두 개의 절반에 불과하다. 《선종과 궁도의 예술》에는 이런 내용이 명쾌하게 설명되어 있다. "검도에서 마음이 나와 너의 생각, 적과 적의 칼, 나 자신의 칼과 그 칼을 어떻게 휘두를 것인가에 의해 더 이상 흔들리지 않을 때 완벽의 경지에 도달한다. 모든 것, 자아, 번뜩이는 칼날, 그 칼을 휘두르는 팔은 모두 공(空)으로 통한다. 거기에는 공에 대한 관념조차 존재하지 않는다."

머리가 빙빙 도는 것 같았다. 나는 잠시 쉬면서 선종과는 관계없는 장소에 가보기로 했다. 그곳은 일본에서 선종과는 가장 대조되는 곳으로, 오직 자아에만 몰입하는 사람들이 모여 있는 도쿄증권거래소였다. 도쿄증권거래소는 그리스 양식의 대형 기둥으로 장식된 로마네스크 양식의 대리석 건물 안에 있었는데, 캔자스의 조용한 마을에 있는 따분한 은행 건물처럼 보였다. 하지만 안에서는 대소동이 벌어지고 있었다. 수많은 사람이 팔을 흔들거나 머리를 쥐어뜯으면서 소리를 질러댔다. 콘펠드 사무실보다 더하면 더했지 덜하지는 않았다.

나는 그 모습을 유심히 바라보면서, 나 자신에게 이런 질문을 던졌다. '이게 정말 중요한 일인가?' 나도 다른 사람들과 마찬가지로 돈을 중요하게 생각한다. 그러나 내 삶이 돈에만 몰입되는 것은 싫었다.

도쿄증권거래소를 나온 나는 안정이 필요했다. 도쿄 도심에서 조용한 곳으로 알려진, 19세기에 메이지 일왕과 일왕비가 머물던 정원으로 발길을 돌렸다. 일본인들은 이곳이 영적으로 대단한 힘을 지닌 곳이라고 생각한다. 아름다운 도리이(鳥居)[신사 입구의 기둥문] 곁에서 바람에 흔들거리며 서 있는 은행나무 아래 앉아 나는 경건한 마음으로 생각에 잠겼다. 도리이는 신성한 장소로 가는 문이라고 한다. 나는 그 평온함에 흠뻑 빠져들었다.

다음 날 아침, 운동화를 신고 세계 최대 규모의 수산 시장인 쓰키지(築地) 시장으로 달려갔다. 그곳의 분위기는 도쿄증권거래소와 다를 바 없었다. 다른 점이라면, 주식 대신에 새우가 거래되고 있었다. 나이 많은 어부들이 자기가 잡은 새우를 나무 수레에 가득 싣고서 상인들과 흥정하고 있었다. 그날 밤 버스를 타고 산과 호수가 아름다운 하코네(箱根)로 향했다. 그곳은 위대한 선종 불교 시인들이 영감을 얻은 곳으로도 유명하다. 석가모니는 "너희들은 너희 스스로 길이 되기 전에는 그 길을 갈 수 없느니라"라고 말했다. 나는 유리처럼 맑은 호수에서 출발해 구름으로 둘러싸인 후지산(富士山)까지 구불구불하게 이어지는 길 앞에서 경외감에 젖은 채 멍하니 서 있었다. 삼각형 모양의 눈 덮인 후지산의 자태가 고향의 후드산(Mount Hood)을 꼭 닮았다는 생각이 들었다.

일본인들은 후지산에 오르는 것을 일종의 의식으로 생각하고 신성한 경험으로 여긴다. 후지산을 오르고 싶은 욕망을 억제하기가 어려웠다. 구름 속으로 올라가보고 싶었다. 그러나 참기로 결심했다. 나중에 내가 의식을 치러야 할 때가 오면 반드시 이곳으로 돌아오리라 다짐했다.

다시 도쿄로 돌아와 〈임포터〉로 향했다. 내가 소개받은 두 분은 군인 출신답게 단단한 체격에 건장한 모습을 하고서 아주 바쁘게 움직이고 있었다. 처음에는 내가 불쑥 찾아온 것을 무례하게 여길 뿐만 아니라 무척 귀찮아하는 것처럼 보였다. 하지만 알고 보니 무뚝뚝한 겉모습과는 다르게 따뜻하고 친절한 분들이었다. 그분들은 고국에서 찾아온 손님을 맞이하게 되어 무척 기쁘다고 했다. 우리는 주로 스포츠에 관한 이야기를 나누었다.

"이번에 양키스가 다시 이길 것 같습니까?"

"윌리 메이스는 아주 대단한 선수죠?"

"맞아요, 역시 윌리예요."

그다음에 자기들의 경험을 들려주었다.

그들은 내가 만난 사람 중 일본을 좋아한 첫 번째 미국인이었는데 미 군정기에 일본에 주둔하면서 일본 문화에 매료됐다고 했다. 일본을 떠나기 싫었던 그들은 군복무 기간이 끝나자 일본에 남아 수입 상품 관련 잡지사를 차렸다. 하지만 그때는 세상의 그 어느 누구도 일본 상품을 수입하는 데 관심이 없었다. 그래도 그들은 17년 동안 적자를 내지 않고 그럭저럭 잡지사를 꾸려오고 있었다.

나는 그들에게 나의 '미친 생각'에 관해 설명했다. 그들은 관심을 갖고 내 이야기를 들었다. 내 이야기가 끝난 뒤 그들은 커피 물을 올려놓더니 나보고 자리에 앉으라고 했다. 그들은 내가 수입하려는 일본 신발 회사가 어디인지, 그 회사와 선을 놓을 사람이 있는지 물었다. 나는 선을 놓아줄 사람은 없지만 일본 남부에서 가장 큰 도시인 고베에 있는 오니쓰카 타이거라는 실용적인 브랜드를 염두에 두고 있다고 말했다. 그들은 반색했다. "우리도 그 신발을 봤어요."

나는 고베에 가서 그 회사 사람들을 직접 만날 계획이라고 말했다.

그들은 앞다퉈 설명했다. "일본 사람들과 사업하려면 알아야 할 게 몇 가지 있어요. 먼저 그들을 강하게 밀어붙여서는 안 됩니다. 미국식으로 행동해서는 안 된다는 겁니다. 무례하게 굴거나 큰 소리로 말하거나 공격적으로 행동해서는 안 돼요. 일본인들은 하드 셀(hard sell)[강요적인 선전 판매법]에는 반응을 하지 않습니다. 일본에서 협상은 부드럽게 진행됩니다. 일본 사람들은 자기 생각을 간접적으로 표현합니다. 그들은 거절도 단호하게 하지 않습니다. 직접 대놓고 '아니요'라고 말하지 않습니다. 또한 '예'라고 말하지도 않습니다. 일본인들은 말을 분명하게 하지 않고 빙빙 돌려서 합니다. 그렇다고 실망하지는 마세요. 자신감에 들떠 있어도 안 됩니다. 그들이 거래하려고 마음먹었는데, 당신은 기회를 날렸다고 생각하고 자리에서 일어날 수도 있습니다. 반대로 그들이 거절하는데 당신은 거래를 성사시켰다고 생각할 수도 있습니다. 아무튼 겉으로 보이는 것만 가지고 쉽게 결론 내려서는 안 됩니다."

그런 말을 들으며 나는 얼굴을 잔뜩 찌푸렸다. 나는 협상에 재주가 없다. 그런데 이제부터 마법의 거울이 가득한 유령의 집에 들어가 협상을 해야 한다. 게다가 그곳에서는 내가 아는 원칙이 적용되지 않는다.

당황스런 개별 지도 시간이 한 시간 동안 이어진 후, 난 악수를 하고 작별을 고했다. 기다릴 수 없다는 느낌이 갑자기 들었다. 그들의 이야기는 신선했지만 이해하기는 어려웠다. 내가 머물고 있는 호텔로 달려갔다. 내 작은 트렁크와 백팩에 모든 걸 집어넣고 더 이상 기다리지 못하고 오니쓰카에 전화해서 약속 시간을 잡았다.

그날 늦은 오후, 나는 남쪽으로 가는 기차에 몸을 실었다.

일본은 사람들이 질서를 잘 지키고 청결한 것으로 유명하다. 일본인의 문학, 철학, 의복, 가정생활은 청결함을 추구한다. 그들은 절약 정신이 몸에 배어 있으며 최소한의 것만 요구한다. '바라지도 말고, 얻으려고 하지도 말고, 붙잡으려고도 하지 마라.' 일본의 위대한 시인들은 사무라이의 칼날 혹은 산속 개울의 돌처럼 번쩍일 때까지 글을 다듬고 또 다듬어서 작품을 발표한다.

그런데 고베로 가는 기차는 왜 그리 지저분했을까?

바닥에는 신문지와 담배꽁초가 여기저기 널브러져 있었다. 의자는 귤껍질과 신문지로 뒤덮여 있었다. 열차 안은 발 디딜 틈조차 없었다.

열차가 시골 풍경을 옆에 두고 천천히 지나갈 때, 나는 창가에 있는 손잡이에 매달려 꼬박 일곱 시간 동안 서 있었다. 창밖으로 보이는 일본 농장은 그 규모가 포틀랜드 일반 가정의 뒷마당 크기만 했다. 이번 여행은 시간이 많이 소요됐다. 하지만 나는 조언을 곱씹느라 전혀 피곤하지 않았다.

고베에 도착한 뒤 허름한 여관에 방을 구했다. 오니쓰카와의 약속은 다음 날 아침에 잡혀 있었다. 일찍 자리에 누웠지만 마음이 들떠 잠을 이룰 수 없었다. 밤새 몸을 뒤척이다가 새벽이 되어 피곤한 몸을 일으키고는 거울 속에 비친 내 얼굴을 바라보았다. 피로에 찌들어서 그런지 무척 수척해 보였다. 면도를 하고 초록색 브룩스 브러더스 양복을 입은 뒤 혼자서 이렇게 말했다.

넌 할 수 있어. 겁먹지 마. 자신감을 가져.

넌 할 수 있어.

약속시간에 늦지 않으려고 서둘러 나섰지만, 내가 도착한 곳은 엉뚱한 장소였다. 내가 간 곳은 오니쓰카 전시장이었다. 약속 장소는 거기서 조금 떨어진 곳에 있는 오니쓰카 공장이었는데 말이다. 급하게 택시를 잡고는 미친 듯이 달려갔지만 결국 약속 시간보다 30분이나 늦게 도착했다. 네 명의 공장 간부진이 로비에서 나를 차분하게 맞이했다. 그들이 고개 숙여 인사하자, 나도 그들과 마찬가지로 고개를 숙여 인사했다. 미야자키 겐이 공장 투어를 시켜주겠다고 했다.

신발 공장에 가본 것은 그때가 처음이었다. 모든 것이 흥미로웠다. 심지어 소리조차 그랬다. 신발 주형이 완성될 때마다 금속제 족형(足形)이 클링클롱 소리를 내면서 바닥에 떨어졌다. 그런 소리가 몇 초 간격으로 계속 들렸는데, 마치 은방울 소리 같았다. 신발장이의 콘서트라고나 할까. 공장 간부들도 그 소리를 즐기는 것 같았다. 그들은 웃는 표정으로 나를 쳐다봤다.

회계과 사무실을 지날 때였다. 사무실 안에 있는 사람들이 모두 자리에서 일제히 일어나 고개를 숙이고는 미국에서 온 '타이쿤(tycoon)'에 대한 경의의 뜻을 표현했다. 어느 책에서 실업계의 거물을 의미하는 '타이쿤'이 '대군(大君)'을 의미하는 일본어 '다이쿤(たいくん)'에서 비롯됐다는 이야기를 읽은 적이 있었다. 그들의 경의에 어떤 식으로 감사의 뜻을 표현해야 할지 알 수 없었다. 일본에서 고개를 숙일 것인가,

숙이지 말 것인가는 항상 고민거리였다. 나는 살짝 미소를 띤 얼굴로 고개를 반쯤 숙이고는 가던 길을 계속 갔다.

간부진은 이 공장에서 매달 1만 5천 켤레의 신발을 생산한다고 설명했다. 나는 "대단하네요"라고 말했다. 사실 그때 나는 1만 5천 켤레가 많은 건지 적은 건지 알지 못했다.

그들은 나를 회의실로 데려가 긴 원형 테이블의 상석으로 안내했다. 내가 잠시 머뭇거리자 누군가가 "나이트 씨, 여기에 앉으세요"라고 말했다.

또다시 경의의 뜻을 표현한 것이다. 그들은 자리를 정돈하고, 넥타이를 고쳐 맨 뒤 나를 바라보았다. 운명의 순간이다.

나는 이 순간을 위해 머릿속으로 여러 번 연습했다. 마치 육상 선수가 출발을 알리는 총성이 울리기 오래전부터 연습하는 것처럼 말이다. 그러나 이번 일은 달리기가 아니었다. 인간에게는 인생, 사업, 온갖 종류의 모험을 포함해 모든 것을 달리기에 비유하려는 원초적 욕구가 있다. 그런데 이런 비유가 적절하지 못할 때가 더러 있다. 이런 비유는 어느 정도까지만 맞아떨어진다.

갑자기 머릿속이 텅 빈 것 같아서 잠시 몇 차례 심호흡을 했다. 일의 성패는 내가 일어나서 할 말에 달려 있었다. 만약 머뭇거리거나 실수한다면 백과사전, 뮤추얼 펀드 혹은 별로 관심도 가지 않는 허접쓰레기 같은 물건을 팔러 돌아다녀야 할지도 모른다. 그러면 부모님을 비롯해 학교와 고향 사람들은 내게 실망할 것이다. 아니, 그 누구보다 나 자신이 실망할 것이다.

나는 그 자리에 모인 사람들의 표정을 살펴보았다. 이 순간을 마음속으로 그릴 때마다 놓친 한 가지 중요한 사항이 있었다. 나는 2차 대전이 이 방에서 벌어질 것을 내다보지 못했다. 확실히 그곳에서는 전쟁이 벌어지고 있었다. 그 자리에서 주고받는 대화 자체가 어찌 보면 작은 전쟁이었다.

그 자리에서 전쟁이 일어나지 않았다고도 볼 수 있다. 일본인들은 전쟁의 상처를 깨끗하게 지우고 있었다. 그 자리에 있던 간부진은 나처럼 젊었다. 전쟁은 그들과 아무런 관련 없는 일이었다.

한편으로는 과거는 과거일 뿐이다.

한편으로는 지난 전쟁에서 승리와 패배가 앞으로 있을 거래에 먹구름을 드리우면서 이를 더욱 복잡하게 만들 수도 있다. 이 문제는 세계 시장에서 미래의 승자와 패자가 연루될 때 훨씬 더 복잡해질 수도 있다. 전쟁과 평화에 관한 혼란스러운 감정이 내 마음속에 조용히 자리를 잡았다.

이런 감정에 대해 마음의 준비가 제대로 되어 있지 않아서 그런지 갑자기 어색해졌다. 내 마음속의 현실주의는 이런 혼란을 인정하라고 말했다. 한편으로 내 마음속의 이상주의는 이런 혼란을 무시하라고 말했다. 헛기침을 하고는 발표를 시작했다.

갑자기 미야자키가 끼어들었다. "그런데 당신은 어느 회사에서 근무하십니까?"

"아, 예. 좋은 질문입니다."

나는 갑자기 당황해서 어쩔 줄 몰랐다. 이런 질문을 받을 거라고는 예상도 못 했다. 세상에서 가장 안전한 곳으로 달려가 숨어버리고 싶었다. 아마 그곳은 부모님이 계신 집일 것이다. 그 집은 지어진 지 수십 년이 됐는데, 집을 지은 사람은 부모님보다 돈이 훨씬 더 많았는지 그 집에는 '하인들의 숙소'가 따로 있었다. 바로 거기에 내 방이 있었다. 나는 방을 야구 카드, 레코드 앨범, 포스터 들로 가득 채웠다. 한쪽 벽은 육상 선수 시절에 영예의 표시로 받은 블루 리본들로 도배해버렸다. 나는 그것을 매우 자랑스럽게 여겼다. 나는 불쑥 대답했다. “블루 리본입니다. 저는 오리건 주 포틀랜드의 블루 리본 스포츠를 대표합니다.”

미야자키는 살짝 웃었다. 다른 중역들도 미소를 지었다. 그 자리에 모인 사람들은 웅성거리기 시작했다. “블루 리본이라고? 블루 리본이라고? 블루 리본이라고?” 중역진은 손깍지를 끼고 나를 다시 조용히 바라보았다. 나는 이야기를 계속 이어갔다. “미국 신발 시장은 거대합니다. 그리고 아직 제대로 개척되지 않았습니다. 오니쓰카가 미국 시장에 진출해 타이거를 미국 운동선수들이 주로 신는 아디다스보다 저렴한 가격으로 판매한다면, 엄청난 수익을 올릴 수 있을 겁니다.”

나는 스탠퍼드에서 세미나 시간에 발표했던 내용을 그대로 설명했다. 몇 주에 걸쳐 조사한 제품과 판매량을 그대로 인용했다. 나는 그 자리에 모인 사람들이 감동받고 있다는 착각에 빠져들었다. 중역진은 깊은 인상을 받은 듯한 표정을 지었다. 그러나 발표가 끝났는데도 분위기가 쥐 죽은 듯 고요했다. 갑자기 누군가가 침묵을 깨며 이야기를 시작했다. 다른 사람이 말을 이었다. 모두가 들떠서 큰 소리로 말했지만, 나한테 하는 질문이 아니라 그들끼리 하는 대화였다.

그러고는 모두 자리에서 일어나 한꺼번에 나가버렸다.

이런 모습이 바로 일본 사람들이 나의 ‘미친 생각’을 거부하는 방식인가? 일제히 일어나서 자리를 떠난다는 것은 무엇을 의미하는 거지? 이것으로 나에 대한 존경의 의식은 중단된 것인가? 나는 그들에게서 거절당한 것인가? 어떡하지? 빨리 이 자리를 떠나야 하나?

당황스러운 몇 분이 지났을 때 그들이 스케치와 샘플 제품들을 가지고 돌아왔다. 미야자키가 그들이 가져온 것들을 내 앞에 펼치는 작업을 도왔다. 그는 "우리는 오랫동안 미국 시장을 염두에 두고 있었습니다"라는 말로 입을 뗐다.

"그랬습니까?"

"우리는 미국에서 이미 레슬링 슈즈를 판매하고 있습니다. 북동부 지역입니다. 그리고 다른 지역에서 다른 제품을 판매하기 위해 여러 번 회의를 열기도 했습니다."

그들은 세 종류의 타이거 모델을 보여주었다. 그들은 훈련 중 신는 트레이닝화를 림버 업(Limber Up)이라고 불렀다. 나는 "멋지군요"라고 말했다. 높이뛰기 선수가 신는 운동화를 스프링 업(Spring Up)이라고 불렀다. 나는 "그것도 멋져요"라고 대답했다. 원반던지기 선수가 신는 운동화는 스로 업(Throw Up)[던진다는 뜻 외에 토하다, 구역질하다는 뜻으로도 쓰인다]이라고 불렀다.

나는 웃지 않으려고 꾹 참았다. '지금 웃어서는 안 돼.'

그들은 미국, 미국 문화, 소비 트렌드, 스포츠 상품점에서 판매하는 신발의 종류에 관해 여러 가지를 물었다. 그리고 미국 신발 시장의 규모가 어느 정도인지, 앞으로 어느 정도가 될지에 관해서도 물었다. 나는 앞으로 10억 달러 규모는 될 것이라고 대답했다. 지금 돌이켜보면, 무슨 근거로 그런 숫자를 말했는지 잘 모르겠다. 그들은 놀란 표정으로 몸을 뒤로 젖히면서 서로 쳐다보았다. 이제는 놀랍게도 그들이 나에게 제품을 팔려고 적극적인 자세를 취했다. "관심이 있으시다면, 블루 리본에서 타이거의 미국 시장 판매를 맡아주면 어떨까요?" "좋습니다." 물론 나는 기쁘게 답했다. "네, 그렇게 하겠습니다."

나는 림버 업이 마음에 들었다. "아주 좋은 제품입니다. 이 신발이라면 잘 판매할 수 있을 것 같습니다." 그리고 미국 주소를 적어주고는 50달러짜리 우편환을 보낼 테니 지금 당장 샘플 제품들을 보내줄 것을 요청했다.

그들은 일어나서 고개를 깊이 숙였다. 나도 고개를 깊이 숙였다. 악수를 하고 다시 고개를 숙였다. 그러자 그들도 다시 고개를 숙였다. 우리는 모두 즐겁게 웃었다. 우리는 동업자가, 형제가 됐다. 회의는 15분이면 끝날 것으로 예상했지만, 두 시간이나 걸렸다.

나는 오니쓰카를 나와서 가장 가까운 아메리칸 익스프레스 사무실로 달려가 아버지에게 편지를 보냈다. “아버지, 급합니다. 지금 당장 고베에 있는 오니쓰카로 50달러를 송금해 주세요.”

호호 히히… 이상한 일이 일어났어요.

나는 여관으로 돌아와서는 다다미방을 계속 맴돌았다. 앞으로 어떻게 할 것인가? 당장 오리건으로 달려가 샘플 제품들을 받고 새로운 사업을 시작하고 싶었다.

게다가 나는 외로워서 미칠 지경이었다. 내가 아는 모든 것, 모든 사람과 단절되어 있었다. 가끔 〈뉴욕 타임스〉, 〈타임 매거진〉을 볼 때마다 가슴이 뭉클해졌다. 현대판 로빈슨 크루소가 되어 표류하는 기분이었다. 오리건으로 돌아가고 싶었다.

다른 한편으로는 세상에 대한 호기심이 활활 타올랐다. 여전히 새로운 곳을 찾아 탐험하고 싶었다.

결국 호기심이 외로움을 눌렀다.

나는 홍콩으로 가서 혼잡한 거리를 걸었다. 거기서 팔다리가 없는 거지를 보고는 놀라움과 함께 안타까운 마음이 들었다. 어린 손자와 함께 지저분한 몰골로 무릎을 꿇고 앉아서 동냥하는 노인도 있었다. 노인은 아무 말도 하지 않았다.

다만 손자가 계속 울면서 "한 푼만 주세요"라는 말을 반복했다. 할아버지와 손자는 함께 땅을 치면서 울었다. 호주머니에 있는 돈을 한 푼도 남김없이 다 주었는데도, 울음은 그치지 않았다.

홍콩 외곽의 빅토리아 피크에 올라가 멀리 중국 땅을 바라보았다. 대학 시절에 공자의 어록을 읽은 적이 있다. 산을 움직이려 하는 자는 작은 돌을 들어내는 일로 시작하느니라. 그때 나는 앞으로 이 산을 넘어 신비의 땅으로 갈 수 있는 기회가 결코 오지 않을 것이라고 생각했다. 갑자기 말로 표현하기 힘든 슬픈 감정이 몰려왔다.

그다음에는 필리핀으로 갔다. 그곳은 홍콩과 마찬가지로 혼잡했고, 홍콩보다 훨씬 더 가난했다. 나는 악몽을 꾸는 사람처럼 마닐라 거리를 천천히 걸었다. 수많은 사람이 거리를 오갔다. 교통 정체는 언제 풀릴지 알 수 없었다.

그다음에는 방콕에 갔다. 장대를 엮어 만든 배를 타고 탁한 늪지대를 지나 야외 시장으로 갔다. 그곳은 히에로니무스 보스의 그림을 태국식으로 묘사해놓은 것 같았다. 나는 예전에 먹어본 적 없고 앞으로도 먹어볼 일이 없는 온갖 종류의 조류 요리, 과일, 야채를 먹었다. 지나가는 인력거, 스쿠터, 툭툭(Tuk Tuk)[방콕의 소형 3륜 택시], 코끼리를 재빨리 피해 가면서 왓 프라깨우에 도착했다. 그 사원은 태국인들이 가장 신성시하는 600년이 된 거대한 에메랄드 불상이 모셔져 있는 곳으로 유명하다. 나는 평온한 얼굴의 불상을 보면서 이런 질문을 던졌다. "내가 왜 여기에 있을까요? 이곳에 무엇 하러 왔을까요?"

대답을 기다렸다.

아무런 답이 없었다.

침묵이 대답인지도 모른다.

그다음에는 베트남으로 갔다. 미군들로 북적거리는 거리에는 전운이 감돌았다. 모두 곧 전쟁이 일어날 것이라고 생각했다. 1962년 크리스마스를 며칠 앞두고는 인도 캘커타로 갔다. 거기서 크기가 관만 한 방을 얻었다. 침대도 의자도 없이 그물침대 하나가 대소변을 받는 구멍 위에 대롱대롱 매달려 있었다. 몇 시간이 지나자, 갑자기 몸이 아팠다. 아마도 공기 중 바이러스에 감염됐거나 식중독에 걸린 것 같았다. 몸이 낫지 않을 것 같다는 생각이 들었다. 꼭 죽을 것만 같았다.

나는 몸을 억지로 일으켜서 그물침대에서 빠져나왔다. 다음 날이 되어서야 간신히 수천 명의 순례자, 수십 마리의 신성한 원숭이들과 함께 바라나시 사원의 가파른 계단을 비틀거리며 내려올 수 있었다. 행렬은 사람들로 들끓는 갠지스강으로 향했다. 강물이 허리쯤 차오르자 신기루 같은 것이 보였다. 장례식이라고? 그럴 리가 있나? 강물 속에서 그럴 순 없지. 그런데 실제로 몇 곳에서 장례식을 치르고 있었다. 장례식에 참석한 사람들이 관을 어깨에 둘러메고 물속을 헤치며 걷는 모습이 보였다. 그들은 거기서 화장(火葬)을 했다. 거기서 10여 미터 떨어진 곳에서는 다른 사람이 조용히 목욕을 하고 있었다. 심지어 그 물로 목을 축이는 사람도 있었다.

《우파니샤드》[고대 인도의 철학서]에는 이런 구절이 나온다. "암흑에서 광명으로 나를 인도하소서." 그래서 나는 암흑에서 벗어나려고 했다. 카트만두로 날아가 만년설로 뒤덮인 히말라야 산맥을 올랐다. 내려오는 길에는 사람들이 북적이는 초크[도시 내에서 두 도로가 만나는 시장 거리]에 들러 설익은 버펄로 고기 한 접시를 순식간에 먹어치웠다. 초크에서 만난 티베트인들은 빨간 털실과 초록 플란넬로 만든 부츠를 신고 있었다. 나무로 된 발가락 부분을 유심히 살펴보니 위로 굽어 있어서, 그것을 신으면 썰매를 타고 달리는 기분이 들 것 같았다. 어느새 나는 사람들의 신발을 관찰하고 있었다.

그러고는 인도의 뭄바이로 갔다. 새해 전날 밤, 거리를 배회하며 보냈는데, 지나가는 소들, 특히 뿔이 긴 암소들을 요리조리 피하느라 몹시 피곤했다. 소음, 냄새, 형형색색의 불빛 때문인지 심한 두통이 몰려왔다. 다음에는 케냐로 가서 깊숙한 밀림 지대로 가기 위해 오랜 시간 버스를 탔다. 몸집이 엄청나게 큰 타조가 버스를 앞지르려고 했다. 핏불 테리어만 한 황새가 창밖에서 날아올랐다. 운전사가 마사이 전사들을 태우기 위해 차를 멈출 때마다 아프리카 원숭이, 비비 한두 마리가 버스에 올라타려고 했다. 운전사와 마사이 전사들은 마체테[날이 넓고 무거운 벌채용 칼로 무기로도 쓰인다]로 이들을 쫓아버렸다. 버스에서 쫓겨날 때 비비들은 자존심이 상한 표정으로 자기 어깨를 죽 훑어보았다. 미안한 생각이 들었다. 만약 내가 비비라면 어땠을까?

다음에는 이집트 카이로, 기자 고원으로 갔다. 대스핑크스 아래 사막의 유목민과 실크를 걸친 낙타가 함께 서 있었다. 우리는 모두 눈을 가늘게 뜨고 대스핑크스의 영원히 뜬 눈을 쳐다보았다. 태양은 머리 위에서 강렬하게 내리쬐고 있었다. 이 태양은 피라미드 건설에 동원된 수천 명의 사람들과 그 후에 이곳을 찾은 수백만 명의 사람들의 머리 위에도 강렬하게 내리쬐었을 것이다. 지금 그들을 기억하는 사람은 아무도 없다. 성경은 "모든 것이 헛되도다"라고 했다. 불교는 "모든 것이 현재로다"라고 했다. 사막은 "모든 것이 먼지로다"라고 했다.

그다음에는 예루살렘으로 갔다. 그곳에는 아브라함이 아들 이삭을 제물로 바쳤고 마호메트가 승천했다고 전해지는 바위의 돔이 있다. 코란에 따르면, 이 바위는 마호메트를 따라가기를 원했으나, 마호메트가 이를 밟고 올라섰다고 한다. 그 바위에는 마호메트의 발자국이 지금도 여전히 남아 있다. 마호메트는 맨발로 올라섰을까? 아니면 신발을 신고 올라섰을까? 점심때 어두컴컴한 식당에서 거무스름한 일꾼들에게 둘러싸여 지독하게도 맛없는 음식을 먹었다. 모두 지칠 대로 지쳐 보였다. 그들은 마치 좀비처럼 멍한 표정으로 음식을 천천히 씹었다. 인간은 왜 이처럼 힘들게 일해야 하는가? "들판의 백합을 보라. 그들은 수고도 아니하고 길쌈도 아니하느니라." 그럼에도 1세기 유대인 율법학자, 엘레아자르 벤 아자리아는 우리가 하는 일은 우리에게서 가장 신성한 부분이라고 했다. "모두가 자기 솜씨를 자랑한다. 하나님도 자신이 하는 일을 말한다. 하물며 인간이면 오죽하랴?"

이스탄불에서는 터키 커피에 취해 보스포루스 해협 주변의 꼬불꼬불한 거리에서 길을 잃기도 했다. 이슬람교 사원의 눈부신 첨탑들을 둘러보고 오스만 제국의 황제가 기거하던 톱카프 궁전의 황금 미로를 살펴봤다. 이곳에는 마호메트가 사용했다는 칼이 보관되어 있었다. 13세기 페르시아 시인 루미는 이렇게 읊었다. "밤에 잠들지 마라. 네가 잠들 때에, 네가 가장 원하는 것이 올 것이다. 곧 태양이 너를 따뜻하게 하여, 네가 경이로움을 볼 것이다."

그다음에는 로마로 갔다. 작은 트라토리아(trattoria)[간단한 음식을 제공하는 이탈리아 식당]에서 파스타 요리를 엄청나게 많이 먹고, 예쁜 여자들을 바라보고, 예전에 내가 본 적이 있는 신발들을 관찰하면서 며칠을 조용히 보냈다(로마제국 시대에 로마인들은 오른쪽 신발을 먼저 신어야 행운이 깃든다고 믿었다). 사람들이 붐빌 것으로 예상하고는 새벽 일찍 숙소에서 나와 유적지 맨 앞에 줄을 서려고 했다. 그런데 줄이 없었다. 로마에 갑자기 사상 유례가 없는 한파가

들이닥쳤기 때문이었다. 풀이 무성한 네로 황제의 침실 유적, 찬란했던 콜로세움의 잔해, 바티칸 궁전의 거대한 홀과 룸도 둘러보았다. 나는 이 모든 유적지들을 혼자서 독차지했다.

시스티나 예배당에서도 그랬다. 나는 미켈란젤로의 천장화 아래 홀로 서서, 심한 자기 불신에 빠져들었다. 가이드북을 읽어보니 미켈란젤로는 명작을 그리는 동안 빈곤에 시달렸다고 한다. 그의 등과 목에 통증이 심했고, 그의 머리와 눈으로 물감이 쉬지 않고 떨어졌다.

그는 주변 사람들에게 그림 그리는 일을 그만두고 싶어 미치겠다고 말했다. 미켈란젤로조차 자기 일을 사랑하지 않았다면, 우리 같은 평범한 사람은 어떤 희망을 품고 살아야 할까?

피렌체에서는 이 도시에서 추방당한 인간 혐오주의자, 단테를 생각하면서 며칠을 보냈다. 단테의 인간 혐오주의는 선천적인 것인가, 아니면 후천적인 것인가? 그것은 추방과 그에 따른 분노의 원인인가, 아니면 결과인가?

미켈란젤로의 '다비드상' 앞에서는 그의 분노한 눈빛에 충격을 받았다. 골리앗은 결코 다윗을 이길 수 없었을 것이다.

다빈치와 교감하기 위해 기차를 타고 밀라노로 갔다. 그가 직접 작성한 아름다운 노트를 보고는 다빈치만의 독특한 집착에 경이로움을 느꼈다. 특히 그는 인간의 발에 집착했다. 그는 인간의 발을 공학의 걸작품이며, 예술 작품이라고 했다.

내 어찌 이에 반론을 제기하겠는가?

밀라노에서의 마지막 날 밤, 라 스칼라(La Scala)에서 오페라를 감상했다. 이날 나는 브룩스 브라더스 양복을 꺼내 입고 턱시도를 갖춰 입은 이탈리아 남성과 보석으로 장식한 드레스를 입은 이탈리아 여성 사이를 당당하게 걸어갔다. 관객 모두가 《투란도트(Turandot)》를 넋을 잃고 감상했다. 칼라프가 〈네순 도르마(Nessun dorma)〉를 부르자("지거라, 별들이여, 동틀 녘엔 내가 승리하리니, 내가 승리하리니, 내가 승리하리니!"), 두 눈에 눈물이 고이기 시작했다. 오페라가 대단원의 막을 내리자, 나는 벌떡 일어나서 "브라비시모(Bravissimo)"를 외쳤다.

그다음에는 베네치아로 가서, 며칠 동안 마르코 폴로의 발자취를 따라 거닐며 노곤한 때를 보냈다. 그러다 로버트 브라우닝[영국 출생의 시인]이 살던 저택 앞에 이르렀다. 그때 그곳에서 얼마나 오랫동안 서 있었는지는 기억나지 않는다. "소박한 아름다움을 얻고 그밖에 다른 것을 얻지 못한다면 당신은 신이 창조하신 거의 최상의 것을 얻은 것이다."

이제 시간이 얼마 남지 않았다. 오리건의 고향집이 나를 부르고 있었다. 서둘러서 파리로 갔다. 판테온 지하 묘지로 내려가 루소의 목관과 볼테르의 석상에 살며시 손을 얹어보았다. "진실을 사랑하라. 그러나 허물을 용서하라." 내가 예약한 호텔은 아주 지저분했다. 창밖에는 겨울비가 억수처럼 내렸다. 노트르담 대성당에서 기도를 하고 루브르 박물관에서는 길을 잃어버리기도 했다. 셰익스피어 앤 컴퍼니 서점에 들러 책을 몇 권 사고는 제임스 조이스, 스콧 피츠제럴드가 잠시 쉬던 곳에 서보았다. 그러고는 센강을 따라 천천히 걸었다. 헤밍웨이와 도스 패소스가 서로 신약성서를 큰 소리로 읽어주던 카페에 들러 카푸치노 한 잔을 마셨다. 마지막 날에는 샹젤리제 거리에서 패튼 장군을 생각하며 파리의 해방자들이 힘차게 걷던 길을 따라 걸었다. "사람들에게 일을 어떻게 해야 하는지가 아니라 어떤 일을 해야 하는지 가르쳐줘라. 그리고 그들이 이루어낸 결과로 당신을 놀라게 하라."

다른 장군들과 다르게, 패튼 장군은 신발에 관심이 많았다. "단화를 신은 군인은 그저 군인일 뿐이다. 군인은 장화를 신을 때 전사가 된다."

그다음에는 뮌헨으로 갔다. 히틀러가 천장에 총을 쏴 폭동을 일으켜 2차 세계대전의 시발점이 된 유명한 뷔르거브로이켈러를 들렀다. 다하우(Dachau)[나치스의 강제수용소가 있던 곳]도 방문하고 싶었다. 하지만 길을 물을 때마다 사람들이 눈길을 돌리고 모르는 척했다. 베를린으로 가서는 체크포인트 찰리(Checkpoint Charlie)[통일 이전의 동서 베를린 경계에 있는 외국인 통행이 가능한 유일한 검문소]에서 방문 목적을 설명했다. 두꺼운 외투를 입은 넓적한 얼굴의 소련 경비원들은 여권을 살펴보고는 내 등을 가볍게 두드리며 사업 때문에 공산 진영인 동베를린에 가는 건지 물었다. 나는 "그렇지는 않습니다"라고 대답했다. 그들이 어찌어찌하여 내가 스탠퍼드 출신이라는 사실을 알아냈을 때 나는 잔뜩 겁을 먹었다. 내가 베를린에 도착하기 얼마 전, 스탠퍼드 학생 두 명이 한 10대 소년을 폭스바겐에 태우고 몰래 서독으로 데려오려고 했기 때문이다. 그 학생들은 아직도 석방되지 않은 상태였다.

하지만 경비원들은 손을 흔들며 통과시켜 주었다. 나는 이곳저곳을 걷다가 마르크스-엥겔스 광장 모퉁이에 도착했다. 주변을 둘러보았지만, 눈에 띄는 것은 아무것도 없었다. 사람도, 가게도, 나무도 보이지 않았다. 아시아 국가에서 봤던 빈곤이 생각났다. 여기에는 또 다른 종류의 빈곤이 있었다. 그것은 인위적인 빈곤, 예방할 수 있는 빈곤이었다. 멀리서 어린아이들이 뛰어노는 모습이 보였다. 그쪽으로 가서 아이들이 노는 장면을 카메라에 담았다. 여덟 살 정도 돼 보였는데, 둘은 남자아이이고, 하나는 여자아이였다. 빨간 털모자를 쓰고 분홍색 외투를 입은 여자아이가 나를 보자마자 빙그레 웃었다. 그 여자아이를 잊을 수 있을까? 아니면 그 아이가 신은 신발을 잊을 수 있을까? 그 신발은 판지로 만든 것이었다. 그리고 빈으로 갔다. 커피향이 가득한 빈의 사거리에는 스탈린, 트로츠키, 티토, 히틀러, 융, 프로이트가 살았다. 그들 모두가 역사적으로 중요한 순간에 김이 자욱한 카페에 앉아서 이 세상을 어떻게 구할 것인지 또는 끝낼 것인지 고민했다. 모차르트가 걸었다는 자갈길을 걷다가 내가 본 것 중에서 가장 아름다운 돌다리를 따라 운치가 가득한 다뉴브 강을 건넜다. 그러고는 베토벤이 자신에게 청각 장애가 온 사실을 처음 알게 된 곳으로 유명한 성 슈테판 성당의 우뚝 솟은 뾰족탑 앞에 섰다. 베토벤은 탑을 올려다보고 종탑 주변을 나는 새들을 보았을 것이다. 그러나 슬프게도 종소리는 듣지 못했을 것이다.

드디어 런던으로 갔다. 나는 서둘러서 버킹엄 궁전, 스피커스 코너, 해러즈 백화점에 들렀다. 하원의사당 건물에서는 좀 더 오랜 시간 머물기로 결심했다. 나는 눈을 감고서 위대한 윈스턴 처칠에 대해 생각했다. “여러분은 이런 질문을 할 것입니다, 우리의 목표는 무엇인가? 나는 한마디로 대답할 수 있습니다. 그것은 승리입니다. 승리. 우리는 어떤 대가를 지불하더라도, 어떤 폭력을 무릅쓰더라도 승리해야 합니다. 승리 없이는 우리의 생존도 없을 것이기 때문입니다.” 나는 셰익스피어 생가를 꼭 둘러보고 싶어서 스트랫퍼드행 버스를 타려고 했다. 하지만 시간이 너무 늦어 탈 수 없었다.

런던에서의 마지막 날 밤, 일지를 쓰면서 이번 여행을 되돌아보았다. 무엇이 이번 여행의 절정이 될 것인가?

그리스였다. 무조건 그리스여야 했다.

오리건을 떠날 때, 나는 두 가지 이유로 몹시 흥분했었다.

나는 일본 사람들 앞에서 나의 '미친 생각'을 발표하고 싶었다. 그리고 아테네의 아크로폴리스를 내 두 눈으로 직접 보고 싶었다.

히스로 공항에서 그리스행 비행기를 타기도 전에, 내 마음은 이미 아크로폴리스에 가 있었다. 그곳의 눈부신 기둥, 위대한 예술품을 통해 신성한 전율을 느끼는 순간을 상상해 보았다. 이러한 전율은 강렬한 인상이 되어 내게 다가올 것이다.

이는 나의 상상에 불과했을까? 마침내 나는 서양 문명의 발상지 앞에 섰다. 나는 그곳이 단순히 낯익은 곳이기를 바랐다. 그러나 그렇지 않았다. 아니, 예전에 와본 적이 있다는 생각마저 들었다.

빛바랜 계단을 오르면서 다른 생각도 들었다. 이곳은 바로 모든 것의 출발점이다.

왼쪽에는 파르테논 신전이 있었다. 플라톤은 파르테논 신전이 건설된 시기에 살았다. 그리고 오른쪽에는 아테나 니케의 신전이 있었다. 지금부터 25세기 전, 이 신전에는 승리(nike)를 전해주는 아테나 여신을 묘사한 아름다운 프리즈 장식이 있었다.

승리는 아테나 여신의 수많은 축복 중 하나다. 아테나 여신은 또한 거래의 해결사도 축복했다. 《오레스테이아(Oresteia)》에서 그녀는 "나는 칭송한다. 설득의 눈빛을"이라고 말했다. 어떤 의미로 그녀는 협상자들의 수호신이라 할 수 있다.

이처럼 대단한 장소에서 뿜어 나오는 기를 흡수하면서 얼마나 거기에 서 있었는지 모르겠다. 한 시간이었나? 세 시간이었나? 그날 이후 얼마나 지나서 니케의 신전을 무대로 전사가 왕에게 새로운 신발을 선물하는 장면이 나오는 아리스토파네스의 연극을 알게 됐는지 모르겠다. 내가 언제부터 이 연극이 내 성과 같은 나이츠(Knights)라고 불렸다는 사실을 알게 됐는지도 모르겠다. 다만 나는 발걸음을 돌리면서 대리석으로 된, 아테나 니케 신전의 정면을 보고 떠난 것을 기억한다. 그리스 장인들은 그곳을 아름다운 조각상으로 장식했는데, 거기에는 그 이유를 알 수 없지만 자세를 낮추고 신발 끈을 푸는 니케 여신도 있었다.

1963년 2월 24일. 이날은 나의 25번째 생일이었다. 나는 클레이본 스트리트를 따라 집으로 가고 있었다. 머리는 어깨에 닿을 정도로 길었고, 턱수염은 8센티미터나 자라 있었다. 어머니는 나를 보고는 울음을 터뜨리셨다. 여동생들은 나를 몰라보는 듯, 아니 내가 집을 떠나고 없다는 사실조차 몰랐다는 듯 눈을 깜박였다. 이윽고 서로 껴안고 소리를 지르고 큰소리로 웃었다. 어머니는 나를 자리에 앉힌 뒤 커피 한 잔을 따라주셨다. 어머니는 내가 어떻게 지냈는지 몹시 궁금해하셨다. 하지만 나는 몹시 지쳐 있었다. 여행 가방과 배낭을 거실에 두고 내 방으로 갔다. 나는 흐릿한 눈으로 블루 리본들을 바라보았다. "당신은 어느 회사에서 근무하십니까?"

그러다가 침대 위에서 몸을 잔뜩 웅크리자 잠이 쏟아졌다.

한 시간 뒤, 밖에서 어머니가 부르는 소리에 잠을 깼다. "벅, 저녁 먹어야지."

아버지는 일을 마치고 곧장 집에 오셨다. 주방으로 들어가자, 아버지는 나를 와락 껴안으셨다. 아버지는 자세한 이야기를 듣고 싶어 하셨다. 그리고 나도 자세히 말씀드리고 싶었다.

그런데 우선 한 가지 확인할 것이 있었다.
"아버지, 신발 왔어요?"

1963 성공할 수 있을까?

아버지는 이웃사람들을 초대해 '벅의 사진'을 보여주고 싶어 하셨다. 나는 아버지 말씀을 충실히 따라 환등기 앞에 서서 어둠을 즐기며 무심하게 전진 버튼을 눌렀다. 그리고 슬라이드에 나오는 피라미드, 아테나 니케의 신전에 대해 설명했다. 하지만 내 마음은 거기에 없었다. 내 마음은 오직 신발에 가 있었다.

오니쓰카 중역진을 설득한 지(혹은 내가 설득했다고 생각한 지) 4개월이 지났지만, 신발은 아직도 도착하지 않았다. 나는 황급히 편지를 써 보냈다. "안녕하세요. 지난 가을의 미팅과 관련해서 이렇게 글을 보냅니다. 샘플 제품이 아직 도착하지 않아서 확인차 연락드립니다." 나는 며칠 동안 쉬면서, 잠도 자고 빨래도 하고 오랜만에 친구들도 만났다.

오니쓰카는 곧 "며칠만 더 지나면 샘플 제품이 도착할 것"이라는 내용의 답신을 보내왔다.

나는 이 편지를 아버지께 보여드렸다. 아버지는 그것을 보시더니 얼굴을 찡그렸다가 낄낄 웃으시면서, "이런, '며칠만 더'라고? 벅, 그 50달러는 이미 없어진 지 오래다"라고 말씀하셨다.

나는 샘플 제품이 도착할 때까지(아니, 그것과는 무관하게) 당장 돈을 벌어야 했다. 나는 여행을 떠나기 전에 딘 위터 면접을 치른 적이 있었다. 그 기회를 다시 한 번 잡을 수도 있었다. 나는 텔레비전을 보고 있는 아버지 옆에서 앞으로의 계획을 이야기했다. 아버지는 의자를 앞으로 당기시고는 내가 먼저 자신의 오랜 친구이자 퍼시픽 파워 앤드 라이트(Pacific Power & Light)의 CEO 돈 프리스비를 만나서 의논하는 것이 좋겠다고 말씀하셨다.

나는 돈 프리스비를 잘 알았다. 대학 시절, 그의 회사에서 하계 인턴십을 한 적도 있었다. 나는 그분을 존경한다. 그리고 그분이 하버드 경영대학원을 나오신 것도 존경한다. 또한 나는 그분이 고속으로 뉴욕증권거래소 상장 기업의 CEO 자리에 오른 사실도 대단하게 여겼다.

1963년 어느 봄날, 프리스비는 갑자기 찾아온 나를 따뜻하게 맞이했다. 양손을 부여잡으며 악수를 하고는 사무실로 안내해서 자기 책상 건너편 의자에 앉도록 했다. 그리고 등받이가 높은 고급 가죽 의자에 앉아서 눈썹을 치켜 올리고는 "그래, 앞으로 무엇을 할 생각인가?"라고 물었다.

"솔직하게 말씀드려서, 저는 제가 무슨 일을 하고 경력을 쌓을지 잘 모르겠습니다." 나는 속삭이듯 덧붙였다. "제 인생에서요."

나는 딘 위터에서 일할 생각도 있고, 전기 회사나 대기업에서 일할 생각도 있다고 했다. 사무실 창문에서 비쳐 들어오는 햇빛이 그분의 무테안경에 반사돼 두 눈을 비추었다. 갠지스 강을 비추는 햇빛 같았다. "필, 모두 바람직하지 않은 생각이야."

"네?"

"자네가 그런 일을 해서는 안 되네."

"아, 네."

"사람들은 사는 동안 직업을 최소한 세 번은 바꾼다네.

자네가 지금 투자회사에 들어가면, 언젠가는 그곳을 떠나게 될 거야. 그러면 그다음 직업에서는 완전히 새로 시작해야 하네. 대기업에 가도 마찬가지야. 자네는 아직 젊어. 우선, 공인회계사(CPA) 자격을 따놓게. 지금 가지고 있는 MBA 학위와 함께 CPA라는 무기까지 장착하면 연봉 협상에서 유리한 고지를 점령할 수 있을 거네. 그러면 직업을 바꿀 때 적어도 연봉이 줄지는 않겠지. 후퇴하지는 않을 거라는 말이네."

상당히 현실적인 조언이었다. 확실히 나는 후퇴하는 것이 싫었다.

그러나 나는 회계학을 전공하지 않았다. CPA 시험을 볼 자격을 얻으려면 9학점을 더 따야 했다. 그래서 나는 포틀랜드주립대학교에서 회계학 과목 세 개를 등록했다. 아버지는 "학교를 더 다닌다고?"라고 못마땅한 듯이 말씀하셨다.

게다가 내가 다니려는 학교는 스탠퍼드나 오리건이 아니라 규모가 작은 포틀랜드주립대학교였다.

나는 9학점을 따고 나서 라이브랜드 로스 브로스 앤드 몽고메리(Lybrand, Ross Bros. & Montgomery, LBRM) 회계법인에서 일을 시작했다. 이 회사는 미국 8대 회계법인 중 하나지만, 포틀랜드 지사는 규모가 작았다. 파트너 회계사 한 명과 신참 회계사 세 명만 일하고 있었다. 나는 규모가 작은 게 오히려 장점이라고 생각했다. 서로 친밀하게 지낼 수 있고, 일을 배우는 데도 도움이 될 것으로 보였기 때문이다.

처음에는 그랬다. 내가 처음 맡은 고객은 비버튼에 있는 레저스 파인 푸드(Reser's Fine Foods)라는 회사였다. 나는 일을 혼자 처리하면서 나보다 세 살 많은 이 회사의 CEO 알 레저와 함께 귀중한 시간을 보냈다. 그에게서 많은 것을 배웠고, 그가 소지한 책을 차분히 읽어볼 시간을 가질 수 있었다.

그러나 곧 그런 시간을 충분히 갖기에는 일이 너무 많아졌다. 대형 회계 법인에 속한 작은 지사들이 갖는 공통적인 문제는 바로 일이 많다는 것이다. 잔업이 산더미처럼 몰려올 때면 정신을 차릴 수 없었다. 11월부터 4월까지 한창 바쁠 때는 쉴 틈이 없었다. 하루에 12시간, 일주일에 6일을 일해야 했다. 그러면 일을 배울 시간이 거의 없게 마련이었다.

게다가 우리는 분 단위 혹은 초 단위로 감시당했다. 11월 22일에 케네디 대통령이 비극적으로 암살당했을 때, 나는 하루 동안 휴가를 내려고 했다. 온 국민과 함께 텔레비전 앞에 앉아 애도하고 싶었다. 그러나 지사장은 이를 허락하지 않았다. 일이 먼저고 그다음이 애도라고 했다. “들판의 백합을 보라. 그들은 수고도 아니하고 길쌈도 아니하느니라.”

하지만 나는 두 가지 점에서 위안을 얻었다. 첫째는 돈이었다. 나는 매달 500달러를 벌었다. 또 다른 위안은 점심시간이었다. 나는 매일 정오가 되면 길을 따라 여행사까지 걸어갔다. 그러고는 창구에 걸어놓은 포스터 앞에서 월터 미티[터무니없는 공상을 하는 사람. 지극히 평범하게 살면서 자신의 삶에 흥분과 모험이 가득하다고 상상한다]처럼 서 있었다. 스위스, 타히티, 모스크바, 발리. 나는 공원 벤치에 앉아 땅콩버터를 바른 젤리 샌드위치를 먹으면서 홍보책자를 넘겨보았다. 지나가는 비둘기에게 물어봤다. “지금부터 불과 1년 전에, 내가 와이키키 해변에서 파도를 탔다는 사실을 너는 믿니? 이른 아침에 히말라야에서 하이킹을 하고는 버펄로 고기를 먹었다는 사실을 믿을 수 있겠니?”

그때가 내 인생에서 최고의 순간이지 않을까? 세계 여행을 떠났던 그때가 바로 내 인생의 절정이지 않을까?

비둘기들은 왓 프라깨우의 불상보다 더 반응이 없었다.

나는 내가 맞이한 스물다섯 번째 해의 처음 몇 달을 이렇게 보냈다. 비둘기에게 이런저런 질문을 하고, 차를 닦았다.

그리고 카터에게 편지를 보냈다.

“카터에게, 지금도 샹그릴라에 있니? 나는 지금 회계사가 되어서 아주 골치 아픈 일을 하고 있어.”

1964 자동차에서 신발을 팔다

크리스마스가 지났을 무렵, 우편물을 찾아가라는 통지가 왔다. 1964년 첫 주, 차를 몰고 해변에 있는 창고로 갔다. 날짜는 정확하게 기억나지 않지만, 이른 아침이었다. 나는 창고 직원이 문을 열기도 전에 그곳에 도착했다.

내가 통지서를 건네자, 직원이 창고에 들어가서는 일본 글씨가 찍힌 대형 박스를 가지고 나왔다.

나는 전속력으로 집으로 돌아왔다. 그리고 서둘러 지하실로 내려가 박스를 열어보았다. 그 속에는 신발 열두 켤레가 들어 있었다. 아이보리 화이트에 푸른 줄무늬가 새겨져 있는 운동화였다. 너무나도 아름다웠다. 아니, 아름다움 그 이상이었다. 피렌체나 파리에서도 이보다 더 아름다운 신발은 보지 못했다. 이 신발을 대리석 받침대에 올려놓거나 금테를 두른 유리 상자 속에 넣어두고 싶었다. 마치 작가가 새 수첩을 다루거나 야구 선수가 새 배트 세트를 다루듯이 신발을 전등에다 비춰보기도 하고, 신성한 물건처럼 껴안아보기도 했다.

나는 두 켤레를 오리건대학교 시절 나의 육상 코치인 빌 바우어만에게 보냈다.

바우어만 코치는 내가 사람들이 신고 다니는 신발에 처음으로 관심을 갖도록 해주신 분이다. 그래서 나는 주저하지 않고 일본에서 보내온 신발을 보냈다. 바우어만은 천재적인 코치이자 동기 부여의 대가로, 젊은 선수들을 가르치는 데 타고난 지도자였다. 그는 무엇보다 젊은 선수들의 기록을 향상시키는 결정적인 도구는 신발이라고 믿었다. 그는 사람들이 신발을 어떻게 신는지에 완전히 몰입해 있었다.

나는 오리건대학교에서 4년 동안 육상 선수로 뛰었는데, 당시 바우어만 코치는 라커룸에 들어와 선수들이 신는 신발을 몰래 가져가기로 유명했다. 그는 며칠 동안 선수들의 신발을 뜯어서 개조하고는 다시 꿰매서 제자리에 가져다 놓았다. 우리는 바우어만 코치가 개조한 신발을 신고 더 빨리 질주할 때도 있었지만, 발에서 피가 날 때도 있었다. 바우어만 코치는 결과에 상관없이 신발 개조를 멈추지 않았다. 그는 신발의 발등 부분을 떠받치고 중창(midsole)[신발 바닥을 더 두껍게 하기 위해 안창과 겉창 사이에 삽입한 창]에는 쿠션을 대고 앞발에는 더 많은 공간을 제공하기 위한 새로운 방법을 찾으려고 했다. 그는 선수들의 신발을 좀 더 날렵하고 푹신하고 가볍게 만들 방법을 찾기 위해 고심했다. 특히 신발을 가볍게 하는 데 많은 노력을 기울였다. 그는 1500미터를 달릴 때 신발이 28그램만 가벼워져도 25킬로그램의 충격 완화 효과가 있을 것이라고 했다. 농담이 아니었다. 그의 계산은 정확했다. 보통 선수가 183센티미터의 보폭으로 달린다면, 1500미터를 달릴 때 880스텝을 밟게 된다. 각 스텝에서 28그램을 덜어내면, 정확하게 25킬로그램이 나온다. 바우어만 코치는 신발이 가벼워야 달리는 사람의 부담이 줄어들고, 이를 통해 더 많은 에너지를 발산해 속력을 높일 수 있을 거라고 주장했다. 그리고 당연한 말이지만 속력이 승리를 보장한다. 그는 남한테 지는 것을 싫어했다(나는 이런 점을 바우어만 코치에게서 배웠다). 따라서 신발의 경량화(輕量化)는 그가 평생을 걸고 추구하는 목표가 되었다.

바우어만 코치는 경량화를 위해서는 무엇이든 했다. 신발을 가볍게 하는 것이라면 동물, 식물, 광물을 포함해 어떤 재료도 문제 삼지 않았다. 때로는 캥거루 가죽, 대구 껍질도 사용했다. 당신이 대구로 만든 신발을 신고서 세계에서 가장 빨리 달리는 선수와 경쟁해보지 않았다면, 세상을 살아왔다고 생각지 말라.

우리 육상 팀에는 바우어만 코치의 실험용 모르모트로 쓰이는 선수가 4~5명 있었다. 바우어만 코치는 이들 중 나를 가장 좋아했다. 내 발 모양과 보폭에 관심이 많았다. 무엇보다 나는 기록이 나쁘더라도 팀에 미치는 영향이 크지 않았다. 나는 그다지 뛰어난 선수가 아니어서 바우어만 코치로선 내 기록이 저조하더라도 하등의 지장이 없었다. 그는 나보다 재능이 뛰어난 선수에게는 위험한 도박을 하지 않았다.

그런 이유로 나는 1학년부터 3학년까지 바우어만 코치가 개조한 신발을 신고 셀 수 없이 달렸다. 4학년이 되자 바우어만 코치는 내가 신을 신발을 처음부터 완전히 새롭게 만들려고 했다.

일본에서 1년이 넘게 걸려서 나를 찾아온 새롭고도 신기한 타이거 운동화가 바우어만 코치의 호기심을 자극한 것은 지극히 당연한 일이었다. 물론 타이거 운동화는 바우어만 코치가 대구 껍질로 만든 신발만큼 가볍지는 않았다. 그러나 타이거는 잠재력을 지녔다. 일본인들은 타이거를 끊임없이 개선할 것이다. 게다가 가격도 비싸지 않다. 나는 이런 장점이 선천적으로 절약 정신이 투철한 바우어만 코치의 마음에 들 것이라고 믿었다.

타이거라는 브랜드 이름조차 바우어만 코치의 마음을 사로잡을 것 같았다. 그는 제자들을 '오리건의 남자들'이라고 불렀다. 때로는 제자들에게 '타이거(호랑이)'가 될 것을 주문했다. 지금도 나는 바우어만 코치가 라커룸에 들어와 시합을 앞둔 선수들에게 "전쟁터에 가서는 타이거가 돼라"고 독려하던 모습을 뚜렷이 기억한다(그는 타이거의 모습을 보여주지 못하는 선수는 '햄버거'라고 불렀다). 가끔 선수들이 시합 전에 제공되는 식사가 빈약하다고 불평하면 "타이거는 굶어야 최고의 사냥꾼으로 변신해"라고 불호령을 내리기도 했다.

일이 잘 풀리면 바우어만 코치가 자기가 키우는 타이거를 위해 타이거 운동화를 몇 켤레 주문할지 모른다.

아니, 바우어만 코치가 타이거를 주문하든 안 하든, 그의 관심을 끄는 것만으로도 충분했다. 그것만으로도 내가 곧 차리게 될 회사에 도움이 될 것 같았다.

돌이켜보면, 그 시절에 내가 한 모든 행동은 바로 바우어만 코치를 기쁘게 하고 싶은 간절한 마음에서 비롯됐다. 나는 아버지를 제외하고 그 어느 누구보다 바우어만 코치에게서 칭찬의 말을 듣고 싶어 했다. 그리고 아버지를 제외하고는 칭찬의 말을 하는 데 바우어만 코치보다 인색한 사람은 없었다. 절약 정신은 바우어만 코치의 모든 부분을 지배했다. 그는 신중하게 행동했고, 칭찬의 말을 마치 다이아몬드 원석처럼 입에 쌓아두었다.

경주에서 이겼을 때 바우어만 코치에게 "잘했어"라는 소리를 듣는 일은 아주 드물었다(바우어만 코치는 1500미터 4분 벽을 깬 선수에게나 그런 칭찬을 해줬다). 바우어만 코치는 대개 아무 말도 하지 않았다. 그는 너저분한 트위드 블레이저와 스웨터 조끼를 걸치고 찌그러진 야구 모자를 눌러쓴 채 스트링 타이(string tie)[가늘고 짧은 넥타이]를 바람에 나부끼면서 선수 눈앞에서 고개를 한 번 끄덕일 뿐이었다. 그것도 빤히 노려보면서 말이다. 그의 차가운 눈동자는 아무것도 놓치지 않았고, 아무것도 주지 않았다. 모두가 바우어만 코치의 위풍당당한 모습, 복고풍 스포츠형 헤어스타일, 엄격한 자세, 평평한 턱에 관해 말한다. 그러나 나를 사로잡은 것은 그의 순수한 남보라색 눈동자였다.

그의 눈동자는 첫날부터 나를 사로잡았다. 나는 1955년 8월 오리건대학교에 입학한 날부터 바우어만 코치를 존경했다. 그분을 두려워하기도 했다. 이런 존경과 두려움의 감정은 이후에도 사라지지 않고 계속 남았다. 나는 그분에 대한 존경심을 결코 버린 적이 없다. 그리고 그분에 대한 두려움을 떨쳐버리는 방법을 결코 찾지 못했다. 때로는 두려움이 줄어든 적도 있고, 때로는 두려움이 커진 적도 있다. 때로는 두려움이 내가 신은 신발에까지 미친 적도 있다. 그 신발은 그분이 맨손으로 손수 수선해준 것이었다. 이런 존경심과 두려움은 아버지와 나 사이에서 작용하는 이원적인 감정과도 비슷했다. 바우어만 코치와 아버지(두 분 모두 무뚝뚝하고, 남에게 지는 것을 싫어하고, 헤아릴 수 없는 성격의 소유자다) 사이에 단순한 우연의 일치가 있다면, 두 분 모두 이름이 빌이라는 사실이었다.

두 분에게는 완연한 차이점도 있었다. 푸줏간 주인의 아들로 태어난 아버지는 항상 남들의 존경을 받고 싶어 하셨다. 반면에 오리건 주지사의 아들로 태어난 바우어만 코치는 그런 존경 따위에는 관심이 없었다. 그는 오리건 길(Oregon Trail)[19세기 중엽의 미국 미주리 주에서 오리건 주에 이르는 3200킬로미터의 개척로]을 걸어온 전설적인 개척자의 손자이기도 했다. 개척자들이 길을 멈추었을 때, 오리건 동부의 작은 마을이 보였다. 그들은 이 마을을 '파슬(Fossil)'이라고 불렀다. 바우어만은 어린 시절을 그곳에서 보냈고, 결국 그곳으로 돌아갔다. 그의 마음 한 부분은 항상 파슬에 있었다. 그의 시대에 뒤떨어진 면모도 바로 여기서 비롯됐다는 생각이 들어서 우습기도 했다. 단단한 몸매, 갈색 피부, 고풍스러운 외모를 가진 그에게는 흔하지 않은 기개와 순수성, 고집이 있었다. 오늘날 이런 사람은 거의 찾아보기 힘들다.

또한 바우어만 코치는 전쟁 영웅이었다. 당연히 그랬다. 그는 제10산악사단 소령으로 복무했다. 바우어만 코치는 미국에서 가장 유명한 육상 코치였지만, 정작 본인은 자신을 육상 코치로 생각하지 않았다. 오히려 남들이 자신을 '코치'라고 부르는 것을 싫어했다. 그의 출신 배경이나 기질을 감안하면, 그가 육상을 목적을 달성하기 위한 수단으로 생각하는 것도 당연했다. 그는 자신을 '경쟁적 반응을 가르치는 교수'로 생각했다. 그가 하는 일은 선수들의 경쟁심을 자극해 오리건을 뛰어넘는 세계적인 선수로 성장시키는 것이었다.

이처럼 숭고한 사명감에도 불구하고 혹은 이런 사명감 때문에 오리건의 육상 시설은 누추하기 그지없었다. 눅눅한 목재 벽과 라커룸은 수십 년 동안 페인트칠을 하지 않은 상태였다. 라커룸에는 문이 따로 없었고, 오직 널빤지로 선수들이 비품을 두는 공간을 구분해놓았다. 선수들은 녹이 잔뜩 슨 못에 옷을 걸어두었다. 우리는 때로 양말도 신지 않고 달렸다. 하지만 어느 누구도 불평하지 않았다. 우리는 바우어만 코치를 장군처럼 숭배했고, 그의 지시에 신속하고도 맹목적으로 복종했다. 우리에게 바우어만 코치는 스톱워치를 가진 패튼 장군이었다.

다시 말하자면, 이럴 때 그는 신이 아닌 사람이었다.

바우어만 코치는 고대의 모든 신들과 마찬가지로, 산꼭대기에서 살았다. 그의 길쭉한 단층집은 오리건 캠퍼스가 내려다보이는 산꼭대기에 있었다. 그는 선수들이 자신의 올림포스 산에서 잠시 휴식이라도 취하면, 신처럼 보복을 가해왔다.

내가 기억하기로 그가 나한테 진정으로 화를 낸 것은 단 한 번뿐이었다.

2학년 때였다. 나는 힘든 일정 때문에 몹시 지쳐 있었다. 오전에는 수업을 듣고, 오후에는 연습을 하고, 밤새도록 숙제를 해야 했다. 어느 날 독감에 걸린 것 같아서 바우어만 코치 사무실에 들러 오후 연습에 참여할 수 없을 것 같다고 했다.

"뭐라고? 자네 팀 코치가 누구지?"

"바우어만 코치님이십니다."

"그래, 팀 코치로서 말하겠는데, 지금 당장 운동장으로 가게. 바로 오늘이 타임 트라이얼(time trial)[개인 기록을 측정하는 연습 경주]을 하기로 한 날 아닌가?"

눈물이 날 것만 같았다. 그러나 이를 악물고, 모든 감정을 달리기에 쏟아부었다. 그날 나는 개인적으로 그해 최고 기록을 세웠다. 트랙을 빠져나오면서 나는 바우어만 코치를 노려봤다. '이제 됐냐?' 바우어만 코치는 스톱워치를 확인한 뒤, 나를 바라보고는 고개를 끄덕였다. 그는 나를 시험했다. 나를 신발처럼 해체하고는 개조했다. 그리고 나는 견뎌냈다. 이후 나는 그가 말하는 진정한 '오리건의 남자'가 됐다. 그날부터 나는 타이거가 됐다.

바우어만 코치에게선 금세 연락이 왔다. 그는 다음 주에 열리는 오리건 실내 육상대회 때 포틀랜드에 올 계획이라며, 오리건대학교 팀이 머물기로 되어 있는 코즈모폴리턴 호텔에서 점심 식사를 함께하자고 했다.

1964년 1월 25일, 종업원의 안내를 받는 나는 상당히 긴장하고 있었다. 바우어만 코치가 햄버거를 고르자, 내가 쉰 목소리로 "두 개 주세요"라고 주문했던 기억이 난다.

우리는 잠깐 서로 안부를 물었다. 나는 바우어만 코치에게 세계 여행을 다녀온 것을 이야기했다. 고베, 요르단, 니케의 신전을 비롯해 이런저런 이야기를 했는데, 바우어만 코치는 특히 내가 이탈리아를 다녀온 것에 관심이 많았다. 그는 그곳에서 사선(死線)을 수없이 넘나들었지만, 그래도 좋은 추억을 갖고 있는 듯했다.

그는 드디어 나를 만난 목적에 관해 이야기했다. "자네가 보내준 일본 신발은 아주 좋아. 나도 자네 사업에 동참하고 싶네."

나는 바우어만 코치를 한참 쳐다봤다. 내 사업에 동참하고 싶다고? 그의 말을 이해하는 데 시간이 조금 걸렸다. 그는 단순히 자기 팀 선수들을 위해 타이거 운동화 몇 켤레를 주문하는 게 아니라, 내 파트너가 되기를 원했다. 신께서 회오리바람을 일으키면서 내 파트너가 되기를 요청했다. 이보다 더 놀라운 일이 있을까? 나는 말을 더듬으며, "예, 좋습니다"라고 대답했다.

나는 손을 내밀었다.

하지만 곧 손을 뺐다. "어떤 파트너십을 생각하십니까?"

나는 감히 신과 협상을 시도했다. 하지만 내가 먼저 조건을 제안할 용기까지는 없었다.

바우어만 코치도 마찬가지였다. 그는 생각에 잠기더니, "반반씩 하지"라고 대답했다. "자네가 반을 투자해야 하네."

"네, 알겠습니다."

"1차로 1000달러를 투자하지. 그러면 내가 500달러, 자네가 500달러를 내야 하네."

"네, 그렇게 하겠습니다."

여종업원이 햄버거 두 개에 대한 계산서를 가져왔을 때도 우리는 반반씩 냈다.

그다음 날 혹은 최소한 며칠이나 몇 주 뒤에 1차로 500달러씩 투자한 것으로 기억한다. 그런데 모든 문서는 내가 기억하는 것과 다르게 기록되어 있었다. 공문, 일지, 다이어리마다 이보다 훨씬 뒤에 투자가 이루어진 것으로 나와 있다. 내가 그런 식으로 기억하는 데는 그만한 이유가 있다. 그날 레스토랑을 떠날 때 바우어만 코치가 야구 모자를 눌러쓰고 스트링 타이를 바로잡으면서 이렇게 말했다. “내가 선임한 존 자쿠아 변호사를 만나도록 하지. 그가 우리 약속을 문서로 만드는 일을 도와줄 거네.”

이후로 어떤 일이 됐든, 모든 미팅은 그런 식으로 진행됐다.

해가 질 무렵에 나는 바우어만 코치의 돌로 만든 요새 같은 집 앞에 차를 세웠다. 그리고 늘 그랬듯 놀라움을 느꼈다. 그곳은 사람들이 찾지 않는 외딴 곳이었다. 코부르크 로드를 따라가다 매켄지 드라이브에 도착하면 꼬불꼬불한 비포장도로가 나온다. 이 길을 따라 숲이 가득한 언덕으로 몇 킬로미터를 올라가면 장미 덤불, 홀로 서 있는 나무들과 함께 공터가 나온다. 바로 그곳에 작지만 탄탄하게 지은 집이 주인의 무표정한 얼굴처럼 서 있다. 바우어만 코치는 이 집을 혼자서 맨손으로 지었다. 나는 주차를 하고는 바우어만 코치 혼자서 이처럼 힘든 일을 도대체 어떻게 해냈을까 궁금해했다. “산을 움직이려 하는 자는 작은 돌을 들어내는 일로 시작하느니라.”

나무로 만든 포치(porch)[건물 면에서 튀어나와 있으며 입구를 보호하는 역할을 한다]가 집 주변을 넓게 에워싸고 있었는데, 여기에는 캠핑용 의자가 몇 개 놓여 있었다. 이 또한 바우어만 코치가 직접 만들었다. 거기에 앉으면 매켄지 강 주변의 멋진 경치를 감상할 수 있었다. 그곳에 한참 있다 보면 바우어만 코치가 강의 양쪽 기슭에다 매켄지 강을 가져다 놓을 수도 있을 거라는 생각이 들었다.

바우어만 코치는 포치에 서 있었다. 그는 눈을 가늘게 뜨고 나를 보더니 계단을 내려와 내 차를 향해 걸어왔다. 그가 다가오면서 이런저런 잡담을 했는데 무슨 말을 했는지 지금은 기억나지 않는다. 나는 차 문을 닫고 자쿠아 변호사의 집으로 차를 몰았다.

자쿠아 변호사는 바우어만 코치의 변호사일 뿐 아니라 아주 친한 친구였다. 그는 바우어만 코치의 바로 이웃에 살고 있었다. 자쿠아 변호사 집으로 가면서, 그와의 만남이 과연 나에게 유익할지 생각해보았다. 바우어만 코치와는 잘 지낼 수 있었다. 그것은 확실하다. 그리고 계약 당사자는 우리 두 사람이다. 변호사들은 일을 엉망으로 만들어놓기 일쑤다. 변호사들은 일을 망쳐놓는 데 전문가들이다. 그리고 아주 친한 친구이자 변호사라고? 바우어만 코치는 내 마음을 편하게 해주려는 생각 따위는 전혀 하지 않았다.

오랫동안 침묵이 흐르는 가운데 나는 계속 눈앞을 주시하면서 바우어만 코치의 괴팍한 성격과 여기서 비롯된 모든 행동을 곱씹어보았다. 그는 항상 자신의 주장과 반대로 행동했다. 정말이지 항상 그랬다. 예를 들어, 바우어만 코치는 미국 대학에서 처음으로 휴식을 강조한 육상 코치다. 그는 연습만큼이나 회복을 중요하게 생각했다. 그러나 선수들을 훈련시킬 때 그는 호되게 몰아붙이기로 유명했다. 1500미터 경주에서 바우어만 코치의 전략은 단순했다. 처음 두 바퀴는 빨리 달린다. 세 번째 바퀴는 최선을 다해서 달린다. 네 번째 바퀴는 스피드를 세 배로 올린다. 이런 전략은 실천 불가능하다는 점에서 선종 불교와 성질이 비슷한 면이 있다. 그런데 우습게도 이 전략은 효과가 있었다. 그는 1500미터 4분 벽을 깬 선수를 그 어느 지도자보다 많이 육성했다. 그러나 나는 1500미터 4분 벽을 깨지 못했다. 그리고 지금은 마지막 바퀴에서 다시 한 번 힘이 부치지 않을까 싶다.

자쿠아 변호사는 현관에서 우리를 맞이했다. 나는 육상경기 대회에서 그를 한두 번 본 적 있었다. 그의 인상은 그리 좋지 않았다. 안경을 쓰고 이제 막 중년에 접어든 그는 내가 생각하는 변호사의 모습이 아니었다. 그는 균형 잡힌 몸매에 아주 건장한 남자였다. 나중에 알게 된 사실이지만, 고등학교 시절에 러닝백으로 이름을 날리던 미식축구 선수였고, 포모나 칼리지에서는 최고의 100미터 주자이기도 했다. 그는 운동선수처럼 힘을 실어 악수를 했다.

그날은 오리건의 전형적인 1월 날씨였다. 비가 보슬보슬 오고, 으스스했다. 우리는 벽난로 주변에 모여 앉았는데, 내가 본 벽난로 중에서 제일 큰 것이었다. 말코손바닥사슴도 너끈히 구울 수 있을 정도였다. 이글거리는 불꽃은 소화전만큼이나 두꺼운 통나무를 잡아먹을 듯 태우고 있었다. 자쿠아 변호사의 부인이 쟁반을 들고 들어왔다. 거기에는 핫초코 세 잔이 놓여 있었다. 그녀는 나에게 생크림이나 마시멜로를 좋아하는지 물었다. 나는 평소보다 두 옥타브나 높은 목소리로 "아뇨"라고 대답했다. 부인은 갸우뚱하더니 측은한 표정으로 나를 쳐다보았다. '이봐, 젊은이. 저 사람들이 자네를 잡아먹을지도 몰라.'

자쿠아 변호사는 핫초코를 한 모금 마시더니 입술에 묻은 크림을 닦아냈다. 그러고는 오리건 육상과 바우어만 코치에 관해 이야기를 꺼냈다. 그는 지저분한 청바지에 구겨진 플란넬 셔츠를 입고 있었다. 그가 변호사 같지 않다는 생각을 멈출 수 없었다.

자쿠아 변호사는 바우어만 코치가 어떤 아이디어를 두고 이처럼 흥분한 모습을 본 적이 없다고 말했다. 그 말을 들으니 기분이 좋아졌다. 자쿠아 변호사는 말했다. "바우어만 코치에게 50 대 50은 그다지 매력적인 조건이 아닐 것 같네. 그는 경영에 직접 뛰어드는 것을 원하지 않아. 그리고 나중에 경영권을 놓고 자네와 사이가 틀어지기를 원하지도 않고. 51 대 49가 어떤가? 그렇게 하면 자네가 경영권을 갖게 되지."

바우어만 코치는 나에게 유리한 쪽으로 결정을 한 것이다. 이런 결정은 그 자리에 모인 사람들 모두를 위한 것이기도 했다. 나는 그를 믿었다.

나는 "좋습니다. 그게… 전부인가요?"라고 말했다.

바우어만 코치는 고개를 끄덕이며, "동의하는 건가?"라고 물었다.

나는 "네, 동의합니다"라고 대답했다.

우리는 서류에 서명하고, 악수를 나눴다. 이로써 나는 전지전능한 바우어만 코치와 법적으로 구속력 있는 동업자 관계를 맺었다. 자쿠아 변호사 부인은 나에게 핫초코를 더 마실 것인지 물어봤다.

"네, 감사합니다. 그리고 마시멜로도 좀 주시겠습니까?"

그날 늦게 오니쓰카에 내가 미국 서부에서 타이거 신발을 독점 판매할 수 있는지 문의하는 공문을 보냈다. 그리고 타이거 300켤레를 가능한 한 빨리 보내줄 것을 요청했다. 한 켤레에 3달러 33센트로 잡으면, 300켤레는 대략 1000달러였다. 바우어만 코치가 투자했지만, 내 수중에 있는 자금을 합치더라도 1000달러가 되지 않았다. 나는 다시 한 번 아버지에게 손을 내밀었다. 그런데 이번에 아버지는 주저하셨다. 아버지는 내가 사업을 시작하는 것을 반대하지는 않았지만, 내가 해마다 손을 벌리는 것은 바라지 않으셨다. 뿐만 아니라 신발 사업은 쓸데없는 짓이라고 생각하셨다. 아버지는 집집마다 돌아다니면서 신발이나 팔라고 나를 오리건대학교와 스탠퍼드대학교에 보낸 게 아니라고 말씀하셨다.

나는 어머니를 쳐다보았다. 어머니는 여느 때와 마찬가지로 아무 말씀이 없으셨다. 그냥 곱게 웃기만 하셨다. 나는 어머니에게서 솔직하면서도 수줍어하는 성격을 물려받았다. 나는 어머니의 그런 표정까지도 물려받고 싶었다.

어머니를 처음 보았을 때 아버지는 어머니가 마네킹인 줄 알았다고 말씀하셨다. 아버지는 로즈버그에 단 하나 있는 백화점 주변을 걷다가 야회복을 입고 창가에 서 있는 여자 마네킹을 보았다. 그녀가 사람이라는 사실을 깨닫자마자 집에 와서 누이에게 그 아름다운 여성의 이름을 알아보라고 간청했다. 고모는 간신히 그녀의 이름을 알아냈다. 로타 햇필드였다.

8개월 뒤 아버지는 그녀에게 프러포즈를 하고, 그녀의 이름을 로타 나이트로 바꾸어놓았다.

지독한 가난에서 벗어나기 위해 변호사가 되려고 결심했을 때 아버지는 스물여덟 살이었다. 이제 막 스물두 살이 된 어머니는 그런 아버지보다 훨씬 더 가난한 집에서 태어났다(외할아버지는 기차 승무원이셨다). 가난은 아버지와 어머니가 지닌 몇 안 되는 공통점 중 하나였다.

여러 모로 볼 때 두 분은 '반대끼리는 서로 끌린다'는 속설을 입증하는 대표적인 사례였다. 어머니는 키가 큰 미인으로 야외 활동을 좋아하고, 잃어버린 마음의 평화를 되찾을 장소를 찾아 헤맸다. 아버지는 키가 작고 두꺼운 무테안경을 낀 사람들이 대개 그렇듯, 자신의 과거를 극복하고 존경받는 사람이 되고 싶어 했다. 그러다 보니 학업 성적과 일에서 다른 사람에게 지는 것을 싫어했다. 로스쿨 2년차 때는 C학점을 하나 받은 것을 가지고 두고두고 불평했다.

이처럼 상반된 성격 때문에 두 분은 다툴 때 서로 공통적으로 추구하는 가치에 의존하려고 했다. 그것은 바로 가정이 우선이라는 믿음이었다. 이런 믿음이 효과를 발휘하지 못할 때 우리 가족은 힘든 시간을 보내야 했다.

그러나 겉모습만 보고 어머니를 판단해서는 안 된다. 수시로 했던 화재 대피 훈련만큼 어머니의 성격을 제대로 보여주는 사례는 없을 것이다. 어머니는 수시로 내 침대 기둥에 줄을 묶고 2층 창문을 통해 내려오는 훈련을 시키셨다. 그때마다 어머니는 내가 줄을 타고 내려오는 시간을 재셨다. 이런 모습을 보며 이웃사람들은 무슨 생각을 했을까? 살다 보면 위급한 순간이 올 수도 있다. 어머니는 우리가 항상 그런 순간에 대비해야 한다고 생각하셨다.

그리고 또 하나. 어머니는 분명히 나를 소중하게 여기셨다.

내가 열두 살 때 일이다. 길 건너편에 사는, 내 가장 친한 친구인 재키 에머리 바로 옆집으로 레스 스티어즈라는 아이가 이사 왔다. 스티어즈의 아버지는 재키의 집 뒤뜰에 높이뛰기 기구를 설치하고는 높이뛰기를 가르쳐주었다. 재키와 나는 치열하게 경쟁했다. 우리 모두 137센티미터를 넘었다. 스티어즈의 아버지는 “아마 너희 둘 중 한 사람이 세계신기록을 깰 거야”라고 칭찬해주셨다(당시 세계신기록은 211센티미터였다. 그 기록을 스티어즈 아버지가 보유하고 있다는 사실은 나중에야 알게 됐다).

그런데 난데없이 어머니가 나타나셨다(평상복 바지에 여름 블라우스를 입고 계셨다). 나는 속으로 ‘우와, 큰일 났다’라고 생각했다. 어머니는 우리가 높이뛰기를 하는 모습을 유심히 보더니 스티어즈의 아버지에게 “막대기를 좀 더 위로 올려놓으세요”라고 말했다.

그러곤 그녀는 신발을 벗고 발가락을 출발점에 대더니 맹렬히 돌진해 152센티미터를 가뿐히 뛰어넘었다.

내가 어머니를 그때보다 더 사랑한 적이 있나 모르겠다.

그때 나는 어머니가 너무나도 멋져 보였다. 어머니는 숨은 육상 팬이셨다.

대학교 2학년 때였다. 발바닥에 사마귀가 났는데, 상당히 고통스러웠다. 족병 전문의는 나에게 수술을 권했다. 그러면 한 시즌을 통째로 날려버려야 했다. 어머니는 단호하게 “그렇게는 못 해요”라고 반박했다. 그러고는 당장 약국에 가서 사마귀 치료약 한 병을 사 오셨다. 어머니는 내 발에 매일 약을 발라주셨다. 그러곤 2주에 한 번씩 고기 써는 나이프로 사마귀를 조금씩 벗겨냈다. 결국 사마귀는 완전히 사라졌다. 그해 봄, 나는 내 생애에서 가장 좋은 기록을 세웠다.

이런 기억들 때문에 아버지가 내게 더 진지해질 필요가 있음을 상기시켰을 때 나는 어머니가 보여준 행동에 그다지 놀라지 않았다. 어머니는 태연하게 지갑을 열더니 7달러를 꺼내며 “림버 업 한 켤레 살게”라고 말씀하셨다. 그것도 아버지의 귀에 들릴 만큼 큰 소리로 말이다.

나는 어머니가 사이즈 6짜리 일본제 운동화를 신고 난로 혹은 부엌 싱크대 앞에 서 계시던 모습, 저녁을 준비하거나 설거지를 하던 모습을 영원히 잊을 수 없을 것이다.

얼마 지나지 않아 아버지는 내게 1000달러를 빌려주셨다. 이번에는 신발이 금방 도착했다.

1964년 4월, 나는 트럭을 한 대 빌려서 세관 창고로 달려갔다. 세관 직원은 대형 박스 열 개를 넘겨주었다. 나는 서

둘러 집으로 돌아와 지하실에서 박스를 열어보았다. 박스마다 타이거 운동화 30켤레가 각각 셀로판지에 포장되어 들어 있었다(예나 지금이나 신발 박스는 가격이 비싸다). 몇 분 뒤 지하실은 신발로 가득 찼다. 나는 그 신발들을 넋을 잃고 바라보았다. 신발을 샅샅이 들여다보고, 흥에 겨워 신발 위에서 몸을 데굴데굴 굴리기도 했다. 그러고는 어머니가 빨래를 할 수 있도록 세탁기나 건조기와는 최대한 멀리 떨어진 장소인 보일러 주변과 탁구대 아래에 신발을 가지런히 쌓아놓았다. 조심스레 한 켤레를 신어보았다. 그리고 원을 그리며 지하실 주변을 달렸다. 너무도 즐거운 마음에 하늘을 향해 뛰어오르기도 했다.

그로부터 며칠 뒤, 간절히 원하던 미국 서부 지역에서 오니쓰카 신발의 독점 판매를 승인한다는 공문이 왔다.

아버지의 강한 반감을 뒤로 하고 어머니의 전폭적인 지지에 힘입어 나는 회계 법인에 사표를 냈다. 그해 봄 내내 차 트렁크에 신발을 싣고 팔러 다녔다.

판매 전략은 간단했다. 그리고 상당히 효과가 있었다. 나는 몇몇 스포츠용품점에서 거절당하고는("이봐, 세상에 흔해빠진 게 운동화야!"), 북서 태평양 연안을 누비고 다니면서 육상 대회가 열리는 경기장은 모조리 찾아다니기로 결심했다. 나는 경기가 시작되기 전에 코치, 선수, 팬 들과 이야기를 나누고 내가 가져온 신발을 보여주었다. 그들의 반응은 거의 똑같았다. 나는 주문서를 작성하느라 정신이 없을 지경이었다.

포틀랜드로 차를 몰면서 림버 업이 날개 돋친 듯 팔리는 이유를 곰곰이 생각해보았다. 나는 백과사전을 제대로 팔지 못했다. 게다가 그 일을 싫어했다. 그나마 뮤추얼펀드는 좀 더 많이 팔았지만, 마음속으로는 그 일도 싫었다. 그런데 신발을 파는 일은 왜 좋아하는 것일까? 그 일은 단순히 제품을 파는 것이 아니기 때문이었다. 나에게는 달리기에 대한 믿음이 있었다. 나는 사람들이 매일 밖에 나가 몇 킬로미터씩 달리면, 세상은 더 좋은 곳이 될 것이라고 믿었다. 그리고 내가 파는 신발이 달리기에 더 없이 좋은 신발이라고 믿었다. 사람들은 내 말을 듣고 나의 믿음에 공감했다.

믿음, 무엇보다도 믿음이 중요했다.

때로는 타이거가 몹시 갖고 싶어서 나에게 편지를 쓰고, 전화를 하는 사람도 있었다. 그들은 타이거에 대한 소문을 듣고 꼭 한 켤레 갖고 싶다면서, 물건을 받을 때 운송인에게 대금을 지불하는 조건으로 신발을 보내줄 수 있는지 물었다. 나는 예상치도 않게, 우편 주문 사업을 시작하게 됐다.

때로는 집까지 찾아오는 고객도 있었다. 어느 날 밤 초인종이 울리자, 아버지는 투덜거리며 텔레비전 소리를 줄이고 안락의자에서 일어나 도대체 어떤 사람이 와 있는지 확인하러 현관으로 가셨다. 문 밖에는 깡말랐지만 다리 근육은 이상하리만큼 발달한 소년이 무언가 찔리는 듯한 눈빛을 하고 초조하게 서 있었다. 마치 싸구려 물건을 외상으로 사려는 표정처럼 보였다. 소년은 "여기 벅이라는 분 계세요?"라고 말했다. 아버지는 부엌에서 '하인들의 숙소'에 있는 내 방까지 돌아다니면서 나를 찾으셨다. 나는 소년을 집으로 안내하고는 소파에 앉으라고 권했다. 그러고는 소년 앞에 무릎을 꿇고 앉아 발 치수를 쟀다. 아버지는 호주머니에 손을 넣은 채, 잔뜩 의심스러운 표정으로 거래 과정을 꼼꼼히 지켜보셨다.

집으로 오는 사람들은 주로 입소문을 듣고 나를 찾았다. 예를 들면, 친구의 친구를 통해서였다. 내가 처음 만든 광고지를 보고 나를 찾아온 사람도 있었다. 내가 디자인하고 지역 인쇄소에서 찍어낸 인쇄물이었다. 광고지 맨 위에는 큰 글씨로 "아주 좋은 소식을 가지고 왔습니다! 유럽이 지배하던 운동화 시장에 일본이 도전장을 던졌습니다!"라고 적혀 있었다. 그리고 중간에는 이런 내용이 나온다. "나날이 발전하는 일본의 신생 기업이 자국의 저임금 노동자들을 활용해 품질 좋은 운동화를 6달러 95센트라는 아주 싼 가격으로 시장에 내놓았습니다." 맨 아래에는 내 주소와 전화번호가 적혀 있었다. 나는 이 광고지를 포틀랜드 전역에 뿌렸다.

1964년 7월 4일, 나는 오니쓰카가 보낸 타이거 300켤레를 모두 팔아치우고 900켤레를 추가 주문하기로 했다. 이를 위해 3000달러가 더 필요했는데, 이 돈을 충당하려면 아버지가 빌려준 얼마 남지 않은 현금뿐만 아니라 아버지의 인내심까지도 거덜 낼 지경이었다. 이제 아버지는 더 이상 나에게 현금을 지원하지 않겠다고 선언했다. 하지만 내가 오리건 퍼스트 내셔널 뱅크(the First National Bank of Oregon)에 대출 신청을 할 때 마지못해 보증을 서주기는 하셨다. 은행은 아버지의 평판만 보고 대출을 승인해주었다. 아버지가 늘 자랑스럽게 내세우던 사회적 지위가 빛을 발한 순간이었다. 그런 지위는 적어도 나한테는 대출금이 되어 다가왔다.

나한테는 존경할 만한 동업자와 탄탄한 은행과 함께 날개 돋친 듯 팔리는 제품이 있었다. 사업은 날로 발전했다.

실제로 운동화는 아주 잘 팔려서 영업사원을 고용해야 했다. 2명 정도. 캘리포니아에서 말이다.

그런데 어떻게 캘리포니아까지 신발을 가져갈 것인가가 문제였다. 나는 항공 요금을 감당할 형편이 안 됐다. 그렇다고 직접 운전해서 가자니 시간이 많이 걸렸다. 그래서 나는 2주에 한 번씩 주말마다 원통형 군용 배낭에 운동화를 잔뜩 넣고서 빳빳하게 다림질한 군복 차림으로 지역 공군 기지로 갔다. 헌병들은 군복을 보고는 손짓으로 샌프란시스코나 로스앤젤레스를 향해 가는 군용 수송기에 짐을 싣도록 안내해주었다. 그들은 나에게 아무것도 묻지 않았다. 로스앤젤레스에서는 스탠퍼드에서 사귄 친구, 척 케일의 집에서 묵으면서 지출을 크게 줄일 수 있었다. 그는 아주 좋은 친구였다. 내가 기업가 정신에 관한 세미나에서 운동화에 대한 보고서를 발표할 때 강의실까지 찾아와 격려해준 이도 케일이었다.

로스앤젤레스에서 주말을 보내는 동안, 악서덴틀 칼리지에서 열리는 육상 경기장에 갔다. 나는 여느 때와 마찬가지로 운동장 잔디밭에서 운동화를 선전하고 있었다. 그런데 갑자기 어떤 사람이 나를 향해 어슬렁거리며 다가와서 손을 내밀었다. 반짝이는 눈동자가 돋보이는 잘생긴 얼굴의 청년이었다. 정말 잘생긴 얼굴이었다. 차분한 귀공자의 표정인데도 눈가에 어딘지 모르게 슬픔이 배어 있었다. 그런데 어디서 많이 본 듯한 생각이 들었다.

"필?"

"네?"

"나, 제프 존슨이야."

그러고 보니 존슨이었다. 스탠퍼드 시절에 알고 지내던 친구였다. 그는 장래가 촉망되는 1500미터 육상 선수였다. 우리는 1500미터 경기에서 몇 번 경쟁한 적이 있었다. 케일과 함께 연습하고 나서 식사를 하며 어울리기도 했다. 나는 "제프, 그동안 어떻게 지냈어?"라고 물었다.

그는 "인류학을 공부했어"라고 대답했다. 존슨은 사회복지사가 될 계획이라고 했다.

나는 눈살을 찌푸리면서 "무슨 소리야? 농담하지 마"라고 말했다. 존슨에게 사회복지사라는 직업은 어울리지 않았다. 나는 그가 마약 중독자와 상담하는 모습, 고아들에게 일

자리를 얻어주는 모습을 상상할 수 없었다. 인류학자의 모습도 마찬가지였다. 그가 뉴기니에서 식인종과 이야기를 나누는 모습, 칫솔을 가지고 아나사지족의 거주지를 닦는 모습, 도자기 조각을 찾기 위해 염소 똥을 체로 쳐내는 모습도 상상할 수 없었다.

그도 이런 일들이 지겹다고 했다. 그리고 주말마다 자신의 열정을 좇아 신발을 팔러 다닌다고 했다. 나는 "안 돼!"하고 말했다.

"아디다스 운동화야"하고 그가 말했다.

"아디다스는 안 돼"하며 나는 손사래를 쳤다. 그러곤 "난 지금 여기 있는 일본 운동화를 팔고 있어. 나하고 같이 일하지 않을래?"라고 물었다.

나는 존슨에게 타이거 운동화를 내밀었다. 그리고 일본에 가서 오니쓰카를 방문한 이야기를 해주었다. 존슨은 타이거 운동화를 구부려보고, 밑창을 자세히 살펴봤다. 그러고는 만족스러운 듯 "아주 좋은데"라고 말했다. 그는 관심은 많지만 곧 결혼하기 때문에 새로운 일에 뛰어들기는 힘들 것 같다며 내 제안을 거절했다.

누군가에게 거절당한 것은 몇 달 만이었지만, 나는 마음에 두지 않았다.

너무나도 행복한 나날이었다. 게다가 내겐 여자 친구까지 생겼다. 하지만 신발을 팔러 다니느라 그녀와 함께 많은 시간을 보낼 수 없었다. 그 어느 때보다도 행복했지만, 이런 행복이 위험을 낳을 수도 있었다. 행복에 빠져들다 보면 감각이 둔해질 수도 있기 때문이다. 그때 나는 내게 끔찍한 편지가 올 것이라고는 전혀 생각지도 못했다.

그 편지는 롱아일랜드의 밸리 스트림 혹은 마사페쿠아 혹은 맨해싯 같은 작은 읍의 듣도 보도 못한 시골 마을의 고등학교 레슬링 코치에게서 왔다. 나는 그 내용을 이해하려고 편지를 두 번이나 읽어야 했다. 그 코치는 자신이 방금 일본에서 돌아왔다며, 일본에서 오니쓰카 중역진을 만났는데 자신이 미국 독점판매권을 부여받았다고 주장했다. 그는 내가 타이거 운동화를 판매하고 있다는 이야기를 들었는데, 이는 자신의 권리를 침해하는 행위라며 당장 중단할 것을 요청했다.

심장이 미칠 듯이 뛰었다. 나는 당장 사촌, 도그 하우저에게 전화했다. 그는 스탠퍼드 로스쿨을 졸업하고, 포틀랜드의 유력 로펌에서 근무하고 있었다. 나는 하우저에게 편지를 보여주고, 그 편지를 쓴 자에게 그런 요청을 당장 철회할 것을 요구하고 싶다고 말했다. 하우저가 물었다. "정확하게 무슨 말을 해야 하지?"

"블루 리본의 영업을 방해하면 법적으로 강력한 보복이 뒤따를 거라고 경고하고 싶어."

내 '사업'을 시작한 지 고작 2개월 만에 법적 분쟁에 휘말린 것이다. 내가 마냥 행복에 겨워 지낸 것에 대한 인과응보였을까?

나는 서둘러서 오니쓰카 측에 편지를 보냈다. "안녕하세요, 오늘 아침 저는 뉴욕 주 맨해싯에 사는 어떤 사람에게서 편지를 받고는 깊은 고민에 빠져들었습니다."

나는 답장을 기다렸다. 계속 기다렸다.

그리고 다시 편지를 썼다.

나니모(なにも, 아무런), 대답이 없었다.

한편, 하우저는 문제의 맨해싯 남자가 대단히 유명한 사람이라는 것을 알아냈다. 그는 고등학교 레슬링 코치가 되기 전에 소기의 성과를 거뒀던 말보로 맨 광고에 등장한 원조 모델들 중 한 사람이었다. 말, 모자, 풍경 등 그들은 카우보이의 모든 걸 만들어냈다. 나는 속으로 '멋있게 생겼겠군'이라고 생각했다. 이제부터 나는 그 가공의 카우보이와 전국적인 소모전을 벌여야 했다.

나는 크게 낙담해 불쑥불쑥 화를 내서 주변 사람들을 불편하게 만들었다. 여자 친구는 그런 나를 참아내지 못하고 떠나버렸다. 가족들과 함께 모여서 저녁 식사를 할 때면 어머니는 고기 찜 요리를 내 접시 주변에 가져다 놓으며 내 기색을 살피셨다. 아버지와 함께 앉아서 침울한 표정으로 텔레비전을 볼 때면 아버지는 "벅, 안 좋은 일 있니? 누구랑 다투기라도 한 거야? 기운 내"라고 말씀하셨다.

그러나 기운을 낼 수 없었다. 나는 밤마다 오니쓰카와의 미팅에 대해 곰곰이 생각했다. 그 회사 중역진은 나를 깍듯이 대접했다. 그들은 나에게 고개 숙여 인사했고, 나도 그렇게 했다. 나는 그들에게 마음을 열었고, 솔직하게 행동했다. 물론 엄밀히 말하자면, 그때 내가 블루 리본이라는 기업을 설립한 상태는 아니었다. 그러나 이를 두고 그들이 시시콜콜 따질 일은 아니었다. 이제 나는 기업을 설립했고, 이 기업은 단독으로 타이거 운동화를 미국 서부 지역에 들여왔다. 그리고 오니쓰카에서 기회를 준다면, 열 배는 더 많이 판매할 자신이 있었다. 그런데 나와의 관계를 끊으려고 한다고? 동부 카우보이 때문에 나를 버리려고 한다고?

여름이 지났지만, 오니쓰카에서는 아무런 연락도 없었다. 신발 사업을 포기해야 할지도 모르겠다는 생각이 들었다. 노동절(Labor Day)[9월의 첫째 월요일], 심경의 변화가 왔다. 도저히 포기할 수 없었다. 포기할 수 없다는 것은 일본으로 날아가야 한다는 것을 의미했다. 오니쓰카와 담판을 지어야 했다.

내 생각을 아버지께 말씀드렸다. 아버지는 그때도 여전히 내가 바보 같은 사업을 하는 것을 마음에 들지 않아 하셨다. 그러나 아버지가 진정으로 마음에 들지 않아 하는 것은 누군가가 자기 아들을 홀대하는 것이었다. 아버지는 얼굴을 잔뜩 찌푸리고는 “벅, 네가 일본에 한번 가봐야 할 것 같다”라고 말씀하셨다.

나는 어머니께도 내 생각을 말씀드렸다. 그랬더니 어머니는 “반드시 일본으로 가야겠구나”라고 말씀하셨다.

어머니는 차를 몰고 공항까지 나를 배웅해주셨다.

50년이라는 세월이 지났지만, 지금도 나는 그때 그 차 안에서의 시간을 뚜렷이 기억한다. 습기가 전혀 없는 아주 맑은 날씨였다. 기온은 섭씨 27도가 못 됐다. 어머니와 나는 아무런 말도 없이 햇빛 쨍쨍한 창밖을 조용히 바라보기만 했다. 예전에 어머니가 나를 육상 경기장에 데려다주실 때도 이런 침묵이 흐르곤 했다. 사실 대화를 나누기에는 내가 상당히 불안한 상태였다. 어머니는 나를 어느 누구보다 잘 이해하셨고, 내가 불안해할 때는 더욱 나를 배려해주셨다.

공항이 가까워지자 어머니는 침묵을 깨고 “그 사람들을 만날 때는 평소의 네 모습을 유지해야 한다”라고만 말씀하셨다.

나는 창밖을 내다보았다. 내 모습을 유지하라고? 그게 나한테 최선의 방법인가? 13세기 선종 승려, 도겐은 “자아를 연구하는 것은 자아를 잊어버리는 것”이라고 말했다.

내 모습을 훑어보았다. 평소의 내 모습이 아니었다. 나는 새로 산 짙은 회색 양복을 입고 작은 여행 가방을 들고 있었다. 호주머니 속에는 얼마 전에 구입한 책,《일본인과 사업하는 방법》이 있었다. 어디서 어떻게 그 책에 관해 들었는지는 머리를 아무리 쥐어짜도 기억나지 않는다. 그때 나는 검은 중절모를 쓰고 있었다. 이번 출장을 위해 특별히 구입한 것인데, 그 모자를 쓰면 나이 들어 보일 것 같다는 생각에서였다. 그런데 그 모자를 쓴 나는 정신 나간 사람처럼 보이기만 했다. 그때 나는 완전히 미친 사람, 쉽게 말해 르네 마그리트의 그림에 나오는 빅토리아 시대의 정신병원에서 탈출한 사람처럼 보였다.

비행기 안에서 나는《일본인과 사업하는 방법》을 읽으면서 시간을 보냈다. 눈이 피곤해지면 책을 덮고 창밖을 내다봤다. 그러다가 이런저런 생각을 하면서 다짐했다. 우선 내가 상처받았다는 것과 그들의 처사가 부당하다는 생각을 드러내지 않아야 한다. 그것은 내가 감정에 치우쳐서 이성적인 판단을 하지 못하는 사람으로 보이게 할 것이다. 감정에 치우치면 망한다. 냉정해져야 한다.

오리건대학교 육상 선수 시절을 떠올려보았다. 나는 나보다 훨씬 더 잘 달리고, 신체적으로도 훨씬 더 뛰어난 선수들과 경쟁했다. 그들은 앞으로 올림픽에 출전할 선수들이었다. 그런데도 나는 그런 불행한 현실을 잊으려고 노력했다. 사람들은 반사적으로 경쟁은 항상 좋은 것이고, 항상 최선의 결과를 내놓아야 한다고 생각한다. 그러나 이는 경쟁을 잊어버릴 수 있는 사람에게만 가능한 이야기다. 경쟁의 기술은 망각의 기술이다. 나는 이런 사실을 육상 경기를 통해 배웠다. 나는 나 자신에게 그때의 교훈을 상기시켰다. 우리는 자신의 한계를 잊어야 한다. 우리는 자신이 품었던 의혹을 떨쳐버려야 한다. 우리는 자신의 고통과 과거를 잊어야 한다. 우리는

'한 발짝도 못 뛰겠어'라는 내면의 외침, 애원을 무시해야 한다. 이런 것들을 잊어버리거나 떨쳐버리거나 무시하지 못하면, 우리는 세상과 타협해야 한다. 육상 경기 도중에 내 마음이 원하는 것과 내 몸이 원하는 것이 서로 일치하지 않을 때 나는 내 몸에 이런 말을 하곤 했다. '그래, 너 참 좋은 의견을 내놓았구나. 하지만 그래도 계속 달려보자.'

과거에 나는 이런 내면의 외침과 수없이 많이 타협했지만, 이제는 타협의 기술이 손쉽게 잡히지 않았다. 연습이 부족해서 기량이 떨어진 것은 아닌지 걱정됐다. 비행기가 하네다 공항에 착륙할 때쯤, 나는 실패하지 않으려면 옛날의 기술을 빨리 회복해야 한다고 다짐했다.

실패는 생각조차 하기 싫었다.

1964년 도쿄 올림픽이 곧 일본에서 열릴 예정이었다. 나는 고베의 새로 지어진 호텔에 적당한 가격으로 방을 잡았다. 고베 도심의 뉴포트 호텔이었는데, 거기에는 시애틀 스페이스 니들(Space Needle)의 맨 꼭대기 층처럼 회전식 레스토랑이 있었다. 미국 북서부의 분위기가 느껴져서 그런지 마음이 한결 차분해졌다. 짐을 풀기 전에 오니쓰카에 전화해 메시지를 남겨놓았다. "지금 일본에 도착했습니다. 한번 찾아뵙고 싶습니다."

그러고는 침대 끝에 앉아서 계속 전화를 쳐다봤다.

한참 뒤, 드디어 전화벨 소리가 울렸다. 새침한 목소리의 비서가 내가 연락을 취한 미야자키는 이제 그곳에서 근무하지 않는다고 말했다. 나쁜 소식이었다. 게다가 미야자키의 후임인 모리모토는 내가 본사를 방문하는 것을 원치 않았다. 훨씬 더 나쁜 소식이었다. 대신 비서는 모리모토가 다음 날 오전에 내가 머무는 호텔의 회전식 레스토랑에 차를 마시러 올 예정이라고 했다.

일찍 잠자리에 들었지만, 밤새 잠을 설쳤다. 자동차 추격전을 하는 꿈도 꾸고, 교도소에 수감되는 꿈도 꾸고, 누군가와 결투를 하는 꿈도 꾸었다. 큰 대회에 나가거나 데이트를 하거나 시험을 치르기 전날 밤에는 항상 이런 꿈을 꿨다. 새벽에 일어나 아침 식사로 계란 프라이를 얹은 밥, 생선구이와 함께 녹차 한 잔을 마셨다. 그러고는 《일본인과 사업하는 방법》에 나오는 중요한 구절들을 다시 한 번 확인했다. 면도를 하다가 한두 군데 상처가 나서 피를 멈추게 하느라고 애를 먹었다. 내 모습은 틀림없이 가관이었을 것이다. 마지막으로 정장을 입고 엘리베이터를 향해 어기적거리며 걸어갔다. 맨 꼭대기 층으로 가려고 버튼을 누를 때, 내 손은 백지장처럼 하얗게 질려 있었다. 모리모토는 정각에 도착했다. 그는 나와 비슷한 연배였지만, 나보다 훨씬 더 성숙하고 자신감 있어 보였다. 그는 주름진 스포츠 코트를 입고 있었는데, 얼굴도 약간 주름져 있었다. 우리는 창가의 테이블에 앉았다. 웨이터가 주문을 받으러 오기도 전에, 나는 먼저 말을 꺼냈다. 말하지 않으려고 다짐했던 내용까지 모두 토해냈다. 나는 내 영역을 침범하려는 동부 카우보이 때문에 엄청난 스트레스를 받았고, 작년에 오니쓰카 중역진과의 만남을 통해 신뢰 관계가 형성된 것으로 믿었고, 미야자키가 보낸 미국 서부 13개 주에 대한 독점판매권을 인정하는 공문으로 이런 믿음을 다시 한 번 확인할 수 있었다고 말했다. 따라서 이런 일을 겪게 되어 당혹스럽기 그지없다며, 신의에 입각해 올바른 결정을 해주기를 기대한다는 말도 했다. 모리모토는 상당히 불편해하는 것 같았다. 나는 길게 한숨을 쉬고는 더 이상 다그치지 않았다. 그러고는 이야기를 다른 방향으로 돌려서 지금 미국에서 타이거 판매가 호조를 보이고 있다고 했다. 그러다가 무심코 태평양 건너 일본에까지 명성이 알려진 전설적인 코치, 빌 바우어만이 내 파트너라는 사실도 말했다. 앞으로 기회가 주어진다면 내가 오니쓰카를 위해 할 수 있는 모든 것을 보여주고 싶다는 말로 이야기를 마무리했다.

모리모토는 차를 한 모금 마셨다. 내 이야기가 길어지자 그는 찻잔을 내려놓고는 창밖을 내다보았다. 우리는 고베의 상공을 서서히 회전하고 있었다. 잠시 뒤, 모리모토는 말했다. "제가 다시 연락드리겠습니다."

나는 그날 밤 또다시 뒤척이며 한숨도 자지 못했다. 날이 서서히 밝아올 때쯤 침대에서 일어나 창가로 가서 고베의 진한 자줏빛 바다에서 흔들거리는 배를 바라보았다. 고베의 풍경은 너무나도 아름다웠다. 하지만 안타깝게도 나는 그 아름다움을 만끽할 수 없었다. 실패한 자에게 세상은 아름답게 다가오지 않는다. 그리고 나는 엄청난 실패를 눈앞에 두고 있었다.

나는 모리모토가 오니쓰카는 동부 카우보이와 함께 갈 것이고, 이에 대해 유감스럽게 생각하지만 어쨌든 이번 일은 개인적인 일이 아니라 사업상의 일이라며 선을 그을 것이라고 예상했다.

오전 9시, 전화벨이 울렸다. 모리모토였다. "오니쓰카 회장님이 뵙자고 하십니다."

나는 정장을 입은 뒤 택시를 타고 오니쓰카 본사로 갔다. 모리모토는 예전에 와본 듯한 회의실에서 나를 테이블 가운데 자리로 안내했다. 이번에는 상석이 아니라 가운데 자리였다. 예전처럼 경의를 표하지는 않겠다는 의미였다. 그는 내 맞은편에 앉았다. 오니쓰카 중역진이 천천히 자리에 앉으며 나를 바라보았다. 사람들이 다 모이자 모리모토는 나를 보며 고개를 끄덕이고는 "자, 이제 시작하시죠"라고 말했다.

나는 또다시 정신없이 퍼붓기 시작했다. 그 내용은 전날 아침 모리모토에게 했던 말 그대로였다. 내 목소리가 최고조에 이르고 발언이 끝나갈 때쯤 그 자리에 있던 사람들 모두가 고개를 돌리더니 문 쪽을 쳐다보았다. 나 역시 하던 말을 멈추고 고개를 돌렸다. 갑자기 분위기가 가라앉았다. 이 회사의 설립자, 오니쓰카 회장이 등장한 것이다.

그는 감청색 이탈리아 정장을 입고 있었으며, 검은 머리카락이 보풀투성이 카펫처럼 두꺼웠다. 그가 등장하자 회의실 안에는 긴장감이 맴돌았다. 하지만 그는 이런 사실을 알아채지 못하는 듯했다. 자신이 가진 대단한 권력과 부에도 불구하고, 그의 말과 행동은 상당히 공손했다. 그는 잠시 머뭇거리다가 발을 끌며 회의실로 들어왔다. 나는 그에게서 보스 중의 보스, 신발업계의 쇼군 같은 분위기를 전혀 느낄 수 없었다. 그는 테이블 주변을 천천히 돌면서, 한 사람 한 사람과 짧게 눈인사를 나누었다. 내 차례가 되자 나한테는 고개를 숙이고 악수를 청했다. 그가 테이블 상석에 앉자, 모리모토가 내가 그 자리에 있는 이유를 설명하려고 했다. 오니쓰카 회장은 한 손을 들고는 말을 가로막았다.

오니쓰카 회장은 혼자서 오랫동안 열변을 토했다. 그는 얼마 전에 경이로운 미래에 대한 전망을 보았다고 말했다. 그는 "세상 사람들 모두가 항상 운동화를 신는 날이 올 것입니다"라고 말했다. 그는 잠시 말을 멈추고는 그 자리에 모인 사람들을 한 사람씩 바라보며 자기 말에 공감하는지 확인했다. 내 차례가 되자 그는 미소를 지었다. 나도 함께 미소를 지었다. 그는 눈을 두 번 깜박이고는 "당신을 보면 내 젊은 시절 모습이 떠올라요"라고 부드럽게 말했다. 그는 내 눈을 똑바로 쳐다봤다. 1초나 지났을까? 아니면 2초가 지났을까? 그는 모리모토에게 눈길을 돌리고 “서부 13개 주라고 말했나?”라고 물었다.

모리모토는 “네, 그렇습니다”라고 대답했다.

오니쓰카 회장은 두 눈을 지그시 감더니 고개를 숙이고는 잠시 생각에 잠겼다가 다시 고개를 들고는 나를 바라보았다. “좋습니다. 서부 쪽은 당신이 맡으세요.”

오니쓰카 회장은 레슬링 슈즈는 그 뉴욕 사람이 미국 전역을 대상으로 계속 판매권을 갖겠지만, 운동화는 동부 지역만 맡을 거라고 말했다.

그에게는 오니쓰카 회장이 직접 이번 결정을 알리겠다고 했다.

오니쓰카 회장이 일어나자, 모두들 일어났다. 그는 나와 인사를 나누고 그 자리를 떠났다.

회의실에 있는 사람들은 모두 숨을 크게 내쉬었다. “이제, 결정 났습니다”하고 모리모토가 말했다.

“1년 만에 말입니다”하고 그가 말을 덧붙였다. 바로 그 무렵에 오니쓰카에서도 이 문제가 재검토되고 있었던 것이다.

나는 모리모토에게 감사의 뜻을 표했다. 그리고 오니쓰카가 나에게 보여준 믿음에 반드시 보답하겠다고 말했다. 나는 테이블을 돌면서 모든 사람과 악수하고 고개 숙여 인사했다. 그리고 모리모토의 손을 잡고 힘차게 흔들었다. 나는 비서의 안내를 받아 옆방으로 가서 계약서에 서명했다. 자그마치 3500달러어치에 달하는 타이거 주문서를 첨부해서 말이다.

나는 내가 머무는 호텔까지 쉬지 않고 달렸다. 도중에 깡충거리기도 하고 무용수처럼 공중으로 뛰어오르기도 했다. 그러다가 난간 앞에 서서 바다를 바라보았다. 바다가 그렇게 아름다울 수 없었다. 배들이 상쾌한 바람을 맞아 미끄러지듯이 나아가고 있었다. 배를 타고 내해를 건너가고 싶었다. 한 시간 정도 지났을 때, 나는 바람에 머릿결을 휘날리며 뱃머리에 서 있었다. 배가 저녁놀을 향해 서서히 다가갈 때, 내 마음은 날아갈 듯이 기뻤다.

다음 날, 나는 도쿄로 가는 기차를 탔다. 드디어 구름 속으로 올라갈 때가 온 것이다.

모든 여행안내서는 밤에 후지산을 오를 것을 권했다. 후지산을 오르는 즐거움은 정상에서 떠오르는 해를 보는 게 절정이라고 했다. 나는 땅거미가 질 무렵, 후지산 기슭에 도착했다. 낮에는 후텁지근했는데, 공기가 점점 차가워지고 있었다. 버뮤다 반바지와 티셔츠를 입고 타이거 운동화를 신은 것이 후회됐다. 고무를 입힌 코트를 입고 산을 내려오는 사람을 보고는 그 사람에게 다가가서 코트를 3달러에 사고 싶다고 제안했다. 그는 나를 한 번 쳐다보고 자기가 입은 코트를 한 번 쳐다보더니 고개를 끄덕였다.

나는 일본에서는 거래를 하는 족족 성공했다!

밤이 되자 수백 명의 일본인과 외국 관광객이 줄을 지어 후지산을 올라가기 시작했다. 모두가 종이 달린 나무 지팡이를 들고 있었다. 영국에서 온 어느 노부부에게 그 지팡이에 관해 물었더니, 여성이 "악령을 쫓아낸대요"라고 알려주었다.

"이 산에 악령이 있다고요?"

"그런가 봐요."

나는 당장 지팡이를 샀다.

사람들이 노점에 모여 짚신을 사는 모습이 눈에 띄었다. 영국 부인은 후지산이 활화산이라 화산재와 그을음이 신발을 엉망으로 만든다고 설명해주었다. 그래서 등산객들이 1회용 짚신을 신는다는 것이었다.

나는 짚신도 샀다.

처음에는 아무런 준비가 되어 있지 않았지만, 이제는 모든 것을 제대로 갖추고 드디어 출발했다.

후지산에서 내려오는 길은 많지만 올라가는 길은 하나뿐이다. 여기에도 인생의 교훈이 있었다. 올라가는 길을 따라 설치된 표지판에는 정상까지 아홉 개의 휴게소가 있으며, 각각의 휴게소에서 음식과 쉼터를 제공한다는 내용이 여러 나라 언어로 적혀 있었다. 두 시간도 채 안 되어, 나는 3번 휴게소를 여러 번 통과했다. 일본인들은 수를 세는 방식이 서양인들과는 다른가? 불안감이 엄습했다. 서부의 13개 주가 실제로는 세 개를 의미하는 것은 아닌지 갑자기 궁금해졌다.

간신히 7번 휴게소에 도착해 일본 맥주 한 캔과 컵라면 한 개를 샀다. 소박한 저녁 식사를 하면서 또 다른 커플과 대화를 나누었다. 미국인이었는데, 나보다 어려 보였다. 학생인 것 같았다. 남자는 부유한 사립학교 학생 스타일을 하고 있었다. 그는 골프 바지와 테니스 셔츠를 입고 천으로 된 허리띠를 매고 있었다. 마치 부활절 달걀의 화려한 색상을 옷에다 연출한 것 같은 모습이었다. 여자는 순수한 비트족이었다. 찢어진 청바지에 색 바랜 티셔츠를 입고 자유분방한 헤어스타일을 연출했다. 눈과 눈 사이가 넓고, 눈동자는 에스프레소 커피처럼 검은 갈색이었다.

두 사람은 모두 산을 오르느라 땀을 많이 흘리고 있었다. 그들은 내게 땀을 별로 흘리지 않는다고 했다. 나는 어깨를 으쓱하면서 오리건대학교 육상 선수 출신이라고 했다. “800미터 선수였어요.”

그러자 남자가 얼굴을 찌푸렸다. 여자는 "와, 대단하네요"라며 감탄했다. 우리는 맥주를 마신 뒤 함께 산을 올랐다.

그녀의 이름은 새러였다. 그녀는 말 목장으로 유명한 메릴랜드 출신이라고 했다. 나는 속으로 부자들이 많은 곳이라고 생각했다. 새러는 어릴 때부터 승마를 배웠고 지금도 말안장에서 많은 시간을 보낸다고 했다. 그녀는 자기가 좋아하는 말에 관해 많은 이야기를 했다. 그녀는 말들을 아주 가까운 친구처럼 생각하는 것 같았다.

나는 새러의 집안에 관해 물었다. 새러는 "아버지가 캔디바 회사를 경영하세요"라고 말했다. 그 이야기를 듣는데 웃음이 나왔다. 나는 시합에 출전하기 전 새러 집안에서 판매하는 캔디바를 즐겨 먹었다. 새러는 회사를 차린 사람이 자신의 할아버지라고 했다. 그러면서 부랴부랴 자기는 돈에 관심이 없다는 말을 덧붙였다.

나는 새러의 남자 친구가 또다시 얼굴을 찡그리는 모습을 보았다.

새러는 여자 대학인 코네티컷 칼리지에서 철학을 공부하고 있었다. 새러는 "뭐 그렇게 좋은 학교는 아니에요"라고 쑥스럽게 말했다. 언니가 4학년에 재학 중인 스미스 칼리지에 가고 싶었지만, 입학을 거절당했다고 했다.

나는 웃으며 말했다. "거절당한 충격에서 아직 헤어나지 못하고 있는 것처럼 보이네요."

"근처에도 못 갔어요."

"거절하는 것도 쉽지 않아요."

"누가 아니래요."

새러의 목소리는 독특했다. 어떤 단어는 특히 이상하게 발음해서 그것이 메릴랜드 억양인지, 언어 장애 때문인지 알 수 없었다. 이유야 어찌됐든 그런 발음이 나에게는 사랑스럽게 느껴졌다.

새러는 내가 무슨 일로 일본에 왔는지 물었다. 나는 내가 경영하는 신발 회사를 살리기 위해 왔다고 했다. 새러는 놀란 얼굴로 말했다. "회사를 경영한다고요?" 그녀는 자기 집안 사람, 회사 설립자, 제조업계의 우두머리를 떠올리고 있는 것 같았다.

"예, 제 회사요."

"그래서 회사를 살리셨어요?"

"네, 그런 셈이죠."

"미국 남자들은 모두 경영학을 공부하려고 해요. 그래서 은행원이 되려고 하죠. 모두 똑같은 일을 해요. 생각만 해도 아주 지겨워요."

나도 맞장구쳤다. "지겨운 건 딱 질색입니다."

"아하, 그래서 당신은 반항을 꿈꾸는 거군요."

나는 가던 길을 멈추고, 지팡이를 땅에 꽂았다.

내가 반항을 꿈꾼다고? 내 표정은 따뜻해졌다.

정상이 가까워질수록 길은 점점 좁아졌다. 나는 히말라야에서 걷던 오솔길이 생각난다고 했다. 새러와 그녀의 남자 친구는 나를 뚫어지게 바라보면서 "히말라야라고요?"라고 소리쳤다. 새러는 정말 깊은 인상을 받은 듯했다. 그리고 남자 친구는 정말 조바심을 냈다. 정상이 서서히 눈에 들어오자, 길이 점점 험준해졌다. 새러가 내 손을 잡더니 말했다. "일본에는 이런 속담이 있어요." 그러자 남자 친구가 어깨너머로 우리와 주변에 있는 모든 사람들을 보며 말했다. "후지산에 한 번도 오르지 않는 자는 바보요, 두 번 오르는 자도 바보다."

어느 누구도 웃지 않았다. 나는 그러고 싶었지만 말이다. 정상에 이르자 커다란 도리이가 보였다. 우리는 그 옆에 앉아서 해가 떠오르기를 기다렸다. 하늘이 이상해졌다. 아주 어둡지도 않고, 아주 밝지도 않았다. 해가 지평선 위로 서서히 모습을 드러냈다. 나는 새러와 그녀의 남자 친구에게 일본인들은 도리이를 이승과 저승 사이에 있는 신성한 경계로 생각한다고 설명했다. "우리는 세속에서 신성한 곳으로 건너갈 때마다 도리이를 보게 될 겁니다." 새러는 흥미로워했다. 나는 그녀에게 선종의 대가들은 산이 흐른다고 믿는다고 말했다. 다만 우리 인간의 유한한 감각으로는 이런 흐름을 제대로 인식할 수 없을 뿐이다. 그런데 바로 그 순간, 후지산이 흐르고 있는 것처럼, 그래서 우리가 이승 건너편의 파도를 탄 것처럼 느껴졌다.

올라가는 길과 달리 내려오는 길은 힘이 들지도, 시간도 많이 걸리지도 않았다. 산 아래에서 나는 새러와 부활절 달걀에게 고개 숙여 작별 인사를 했다. 새러가 말했다.

"이제 어디로 가세요?"

"오늘밤은 하코네 여관에서 머무를 생각이에요."

"음, 그럼 내일 같이 다니는 거 어때요?"

나는 잠시 멈칫하고서 남자 친구의 반응을 살폈다. 그는 여전히 얼굴을 찡그리고 있었다. 드디어 나는 그가 새러의 남자 친구가 아니라는 사실을 깨달았다. 부활절 달걀이여, 즐거운 시간을 보내기를.

우리는 여관에서 이틀을 보냈다. 많은 이야기를 나누고 웃다 보니 사랑의 감정이 싹텄다. 이 순간이 지나가지 않았으면. 그러나 어느 순간이든 지나가게 마련이다. 나는 도쿄에 가서 집으로 가는 비행기를 타야 했다. 새러는 일본에서 아직 둘러보지 못한 곳으로 갈 예정이었다. 우리는 다시 만날 약속은 하지 않았다. 새러는 자유분방한 여자였다. 그녀에게 계획 따위는 아무런 의미도 없었다. 새러는 "안녕히 가세요"라고 말했다.

나는 일본어로 "만나서 너무너무 즐거웠습니다(はじめまして)"라고 답했다.

비행기에 오르기 몇 시간 전, 아메리칸 익스프레스 사무실에 들렀다. 언젠가는 새러가 제과 회사 집안에서 보낸 돈을 받기 위해 그곳에 올 것이 분명했다. 나는 새러에게 "대서양 연안으로 가려면, 포틀랜드를 지나야 하는데 중간에 내릴 생각은 없으세요?"라는 메모를 남겼다.

집에 돌아온 나는 오랜만에 가족들과 함께 저녁 식사를 하면서, 좋은 소식을 전했다. 나에게 여자 친구가 생겼다는 소식이었다.

그러고는 또 다른 좋은 소식을 전했다. 나는 기어이 회사를 살리고 말았다.

쌍둥이 여동생들이 말똥말똥한 눈으로 나를 쳐다봤다. 여동생들은 매일 전화기 옆에 쪼그리고 앉아서 전화벨이 울리자마자 달려들었다. 나는 여동생들에게 "그 여자 이름은 새러야. 전화가 오면 제발 친절하게 받아줘"라고 말했다.

몇 주 뒤, 일을 마치고 집에 왔는데, 새러가 어머니, 여동생들과 함께 거실에 앉아 있었다. 새러는 "많이 놀랐죠?"라고 물었다. 그녀는 내가 남긴 메모를 보고 나를 다시 만나기로 마음먹었다고 했다. 공항에서 내리자마자 전화를 했는데, 전화를 받은 여동생 조앤은 여동생이 있어야만 하는 이유를 몸소 보여주었다. 조앤은 즉시 차를 몰고 공항으로 달려가 새러를 집으로 데리고 왔다.

나는 활짝 웃으며 어색하게 새러를 껴안았다. 옆에서 어머니와 여동생들이 지켜보고 있었다. 나는 "같이 산책이나 할까요?"라고 물었다.

나는 '하인들의 숙소'에서 그녀가 입을 만한 재킷을 꺼내 건넸다. 그리고 우리는 보슬비를 맞으면서 근처 숲속의 공원으로 걸어갔다. 새러는 멀리 있는 후드산을 보며, 후지산과 꼭 닮았다고 했다. 우리는 후드산을 바라보면서 일본에서의 추억을 떠올렸다.

나는 새러에게 어디에서 머물 것인지 물어봤다. 그녀는 "멍청하기는"하고 말했다.

새러는 손님방에서 2주일 동안 가족처럼 지냈다. 나는 그녀가 언젠가 우리 가족이 될지도 모른다는 생각이 들었다. 새러가 별로 매력적이지 않은 나이트 집안에 매력을 느끼는 것은 뜻밖이었다. 잔뜩 경계하는 여동생들, 수줍어하는 어머니, 권위적인 아버지를 생각하면 식구들 중 누구 한 사람도 그녀와 어울리지 않았다. 특히, 아버지가 문제였다. 새러의 존재 자체가 아버지의 가슴속에 맺힌 응어리를 건드리는 것 같았다. 새러의 자신만만한 모습은 잘나가는 제과 회사 집안이라는 쟁쟁한 가문에 대한 자부심에서 비롯됐을 것이다. 그녀에게는 숨길 수 없는 자신감이 있었다. 그렇게 자신만만한 사람은 평생 한두 번 만나기도 쉽지 않다.

확실히 새러는 내가 만난 사람들 중에서 베이브 페일리[미국 사교계의 명사이자 패션 아이콘]와 헤르만 헤세를 아무렇지도 않게 입 밖에 낼 수 있는 유일한 사람이었다. 새러는 두 사람 모두에게 찬사를 보냈지만, 특히 헤세를 동경했다. 그녀는 언젠가 헤세에 관한 책을 쓰고 싶다고 했다. 어느 날 저녁 식사 자리에서 “헤세가 했던 말이 생각나네요. 행복이란 무엇이 아니라 어떻게에 있다”라고 애교 있는 목소리로 말한 적도 있다.

그때 나이트네 집안사람들은 고기를 씹으면서 우유를 홀짝홀짝 마시고 있었다. 아버지만 침묵을 깨고는 “아주 재미있네요”라고 말씀하셨다.

나는 새러를 세계를 무대로 활동하는 블루 리본의 본사, 즉, 지하실로 안내하고는 회사가 돌아가는 모습을 보여주었다. 나는 새러에게 림버 업을 한 켤레 선물했다. 그녀는 나와 함께 바닷가로 드라이브를 갈 때면 그것을 신었다. 우리는 험버그 산에도 올라갔다. 부채 모양의 해안 지대에서 게 잡이도 하고, 숲속에서 월귤나무 열매도 땄다. 키가 24미터에 달하는 가문비나무 아래 서서 월귤나무 열매를 사이에 두고 키스도 했다.

새러가 메릴랜드로 돌아갈 시간이 가까워지자, 깊은 상실감이 몰려왔다. 새러가 떠난 뒤 나는 이틀에 한 번씩 편지를 썼다. 태어나서 처음 써보는 연애편지였다. “사랑하는 새러에게, 그날 당신과 함께 도리이 곁에 앉아 있던 순간이 생각납니다.”

새러는 항상 금방 답장을 보냈다. 그녀는 편지에 영원히 사랑한다고 썼다.

1964년 크리스마스 때쯤, 새러가 돌아왔다. 이번에는 내가 공항으로 마중 나갔다. 집으로 오는 길에, 새러는 비행기를 타기 전에 가족들과 심한 말다툼을 했다고 했다. 그녀의 부모님은 내가 그녀와 사귀는 것을 반대했다. 새러의 부모님은 나를 인정하지 않았다.

새러가 말했다. “아버지가 막 소리를 지르셨어.”

"뭐라고 말씀하시면서?"

새러는 아버지 목소리를 흉내내 말했다. "너, 후지산 녀석을 당장 그만 만나. 그 녀석은 사업만 생각할 놈이야!"

몸이 움츠러드는 것 같았다. 나는 두 가지 점에서 상황이 안 좋게 돌아가고 있다고 생각했다. 하지만 후지산 등정이 그 중 하나라는 사실은 알아차리지 못했다. 후지산을 오른 게 왜 잘못된 일이지?

"그럼 집은 어떻게 빠져나왔어?"

"오늘 아침 일찍, 오빠가 몰래 공항까지 태워줬지."

나는 새러가 나를 정말 좋아하는지, 아니면 반항의 기회로 생각하는 건지 궁금했다.

낮에는 블루 리본 일 때문에 바빠서 새러는 주로 어머니와 있었다. 밤이 되면 우리는 시내에서 저녁을 먹고 술도 마셨다. 주말에는 후드 산에서 스키를 탔다. 새러가 집으로 돌아갈 때가 되자, 나는 다시 울적해졌다. 또 편지를 보냈다. "사랑하는 새러에게, 보고 싶어. 사랑해."

새러는 곧 답장을 보냈다. 그녀도 나를 무척 보고 싶어 했다. 그녀도 나를 무척 사랑한다고 했다. 겨울비가 내릴 때쯤, 새러의 편지에는 조금 차가운 기운이 스며 있었다. 그녀의 열정이 식은 듯했다. 아니, 내가 그렇게 생각한 건지도 모른다. 나는 '나만의 상상일 수도 있어'라고 생각했다. 그러나 나는 확인하고 싶었다. 나는 새러에게 전화를 했다.

나만의 상상이 아니었다. 새러는 나와의 관계를 많이 고민했는데, 우리 두 사람이 서로 잘 어울리는지 헷갈린다고 했다. 새러는 내가 자기와 어울릴 만큼 지적이고 세련된 사람인지 확신이 서지 않는다고 했다. 그녀는 내가 항의하고 협상하기도 전에 전화를 끊어버렸다.

나는 새러에게 다시 한번 생각해주기를 애원하는 장문의 편지를 타이프라이터로 쳐서 그녀에게 보냈다.

새러는 곧 답장을 보내왔는데, 도저히 아닌 것 같다고 했다.

오니쓰카에서 또다시 신발을 보내왔다. 하지만 일이 손에 잡히지 않았다. 몇 주를 지하실, '하인들의 숙소'에서 멍하니 보냈다. 하루 종일 침대에 누운 채 내가 받은 블루 리본들을 쳐다보았다.

가족들에게 아무 말도 하지 않았지만, 모두가 알고 있었다. 가족들은 자세한 내용을 묻지도 않았고, 알려고 하지도 않았다.

그러나 여동생 진은 그렇지 않았다. 어느 날 내가 외출했을 때, 진은 내 책상을 뒤져 새러에게서 온 편지를 찾아냈다. 내가 집에 돌아와 지하실로 내려가자, 진이 나를 찾아왔다. 진은 내 옆에 조심스럽게 앉아서 새러의 편지를 모두 읽었다고 했다. 물론 마지막 이별의 편지까지도 읽었다고 했다. 내가 눈길을 돌리자, 진이 말했다. "오빠가 행복하려면 그 여자와 헤어지는 게 나을 거야."

갑자기 눈물이 났다. 나는 고마운 마음에 고개를 끄덕였다. 나는 무슨 말을 해야 할지 몰라서 진에게 블루 리본에서 아르바이트할 생각이 있는지 물어봤다. 일이 많이 밀려서 누군가의 도움이 필요했다. 나는 쉰 목소리로 물었다. "너는 우편물에 관심이 많으니까 비서 일이 맞을 거야. 시간당 1달러 50센트 어때?"

진은 깔깔거리며 웃었다.

이렇게 해서 여동생 진이 블루 리본의 첫 번째 직원이 됐다.

1965 자기자본 딜레마

1965년 초, 제프 존슨에게서 편지가 왔다. 악서덴틀 칼리지에서 우연히 만난 뒤 존슨에게 선물로 타이거 한 켤레를 보냈는데 이제야 그것을 신고 달려봤다는 내용이었다. 그는 신발이 대단히 마음에 든다고 했다. 그리고 다른 사람들도 타이거를 마음에 들어 한다고 했다. 사람들은 그에게 잠깐 서보라고 하면서 신발을 유심히 관찰하고는 어디서 그런 멋진 신발을 샀는지 물어본다고 했다.

나를 만난 이후 존슨은 결혼을 했다. 그리고 곧 아이가 태어날 예정이었다. 그는 사회복지사로 일하면서 얻는 수입 외에 부수입을 올릴 만한 일을 찾고 있었다. 존슨의 눈에는 타이거가 아디다스보다 장점이 더 많아 보였다. 나는 존슨에게 답장을 보내며 러닝화 한 켤레당 1달러 75센트, 스파이크 한 켤레에 2달러를 받는 영업사원직을 제의했다. 당시 나는 비상근 영업사원을 모집하고 있었다. 이 금액은 기준으로 자리 잡았다.

존슨은 곧 나의 제의를 수락하는 편지를 보냈다.

존슨의 편지는 계속 이어졌다. 아니, 폭주했다. 분량으로도 그랬고, 수적으로도 그랬다. 처음에는 두 쪽이었지만, 나중에는 네 쪽, 여덟 쪽이 됐다. 처음에는 사나흘에 한 번씩 편지가 왔다. 하지만 그 간격이 점점 줄어들어 우편함에서 그가 보낸 편지가 거의 매일 폭포수처럼 떨어졌다. 당연히 편지마다 발신인 주소가 같았다. 'P.O. Box 492, Seal Beach, CA 90740'. 나는 도대체 내가 이런 사람을 왜 고용했는지 알 수 없었다.

물론 존슨의 열정은 높이 평가했다. 그리고 그의 열정을 흠잡을 생각은 추호도 없었다. 하지만 나는 그가 일에 금방 싫증을 내는 것은 아닌지 걱정됐다. 20번째 편지인가 25번째 편지를 받고서, 존슨에게 어딘가 불안한 구석이 있는 것은 아닌지도 걱정됐다. 나는 존슨이 모든 일을 그처럼 숨 가쁘게 처리하는 이유가 궁금했다. 존슨이 나에게 급하게 보고하거나 물어볼 만한 일들이 바닥나는 것은 아닌지도 걱정됐다. 또한 그에게 우표가 동난 것은 아닌지도 걱정됐다.

존슨을 생각할 때마다, 그가 편지를 써서 그것을 봉투에 집어넣는 모습이 떠올랐다. 그는 그 주에 타이거를 몇 켤레 팔았는지 보고했다. 그날 타이거를 몇 켤레 팔았는지도 보고했다. 고등학교 육상 대회에서 누가 타이거를 신었으며, 그들이 몇 등 했는지도 보고했다. 자신의 담당 구역을 캘리포니아를 넘어 애리조나나, 가능하다면 뉴멕시코까지 확대했으면 좋겠다고 말했다. 블루 리본이 로스앤젤레스에서 소매점을 열었으면 한다고 건의했다. 자기가 달리기 잡지에 광고를 게재할까 생각하고 있는데, 내 생각은 어떤지 물었다. 자기가 달리기 잡지에 광고를 게재했는데, 반응이 좋았다고 보고했다. 지난번 보낸 편지에 답장하지 않은 이유를 물었다. 자기를 격려해달라고 요구했다. 지난번 격려해달라는 호소에도 불구하고 내가 아무런 반응을 하지 않은 것을 두고 불평했다.

나는 나 자신이 편지를 성실하게 쓰는 사람이라고 생각했다(세계 여행을 떠난 동안에도 집에 편지와 엽서를 엄청나게 많이 보냈다. 새러에게도 편지를 자주 보냈다). 처음에는 존슨의 편지에 충실히 답장하려고 했다. 그런데 존슨의 편지는 한 통을 읽기도 전에 항상 또 다른 편지가 나를 기다리고 있었다. 그가 보내는 편지의 양 자체가 나를 질리게 만들었다. 자기를 격려해달라고 했지만, 왠지 모르게 그렇게 하고 싶지 않았다. 매일 밤 나는 지하 사무실에 있는 검정색 로열 타이프라이터 앞에 앉아서 롤러에 종이를 돌돌 감아 넣고는 "친애하는 제프에게"라고 쳤다. 그러곤 곧 종이를 뽑아버렸다. 나는 존슨이 보낸 50가지 질문 중에 무엇부터 대답해야 할지 알 수 없었다. 그래서 자리에서 일어나 다른 일을 처리했다. 그러면 그다음 날 존슨에게서 편지가 하나 더 왔다. 아니 두 통이 더 있을 때도 있었다. 곧 세 통이 쌓였다. 나는 곧 작가에게나 찾아오는 극심한 슬럼프에 빠져들었다.

나는 진에게 '존슨 파일'을 처리해줄 것을 부탁했다. 진은 "좋아"라고 대답했다.

그러나 한 달도 채 지나기 전에 진은 몹시 화난 표정으로 파일을 내밀고는 "이 월급으로는 이 일을 할 수 없어"라고 말했다.

언제부터인가 나는 존슨이 보낸 편지를 처음부터 끝까지 읽지 않았다. 하지만 그의 편지를 대충 읽기만 해도 그가 주중에는 파트타임, 주말에는 풀타임으로 타이거를 팔고 있으며, 로스앤젤레스에서 사회복지사 일을 계속하기로 결심했다는 것을 알 수 있었다. 나는 존슨이 도대체 어떤 사람인지 헤아릴 수 없었다. 다만 존슨이 사교적인 사람으로는 여겨지지 않았다. 사실 그가 조금은 염세적인 사람으로 느껴졌다. 바로 그 점이 내가 그를 좋게 생각하는 이유 중 하나였다.

1965년 4월, 존슨이 사회복지사 일을 그만두었다는 소식을 전했다. 존슨은 그 일을 싫어하면서도 참고 지냈는데, 샌퍼낸도 밸리의 어느 여자로 인해 그의 인내심이 결국 한계에 이르렀다고 했다. 그 여자가 자살하겠다고 엄포를 놓아서 존슨은 면담 날짜를 잡았다. 면담 당일, 그는 그 여자가 그날 정말 자살할 것인지 알아보기 위해 먼저 전화를 했다. 그 여자가 사는 곳까지 운전해서 가는 시간과 연료비를 낭비하고 싶지 않아서였다. 그런데 그 여자와 존슨의 상관은 존슨의 이런 태도를 아주 안 좋게 봤다. 그들은 이런 태도가 사회복지사 업무에 관심이 없다는 증거라고 간주했다. 존슨도 이를 굳이 부정하지 않았다. 존슨은 실제로 사회복지사 일에 관심이 없었다. 편지로 그는 자기도 자신의 미래에 대해 누구보다도 잘 안다고 말했다. 사회복지사는 존슨에게 맞지 않았다. 그는 사람들의 문제를 해결하기 위해 이 세상에 태어난 사람이 아니었다. 그가 관심이 있는 건 사람들의 발이었다.

존슨은 육상 선수가 되는 것은 신의 선택을 받은 것이며, 달리기는 올바른 정신을 바탕으로 제대로 된 자세로 달리는 신비로운 운동이라고 생각했다. 다시 말하자면, 달리기는 명상 혹은 기도 같다고 했다. 그는 달리기 선수가 열반에 이르도록 돕는 것이 자신의 소명이라고 생각했다. 나 역시 인생의 많은 부분을 달리기 선수와 함께했지만, 이처럼 순수한 이상주의자는 존슨을 제외하고는 만나보지 못했다. 내가 육상계의 신으로 여기는 바우어만 코치조차 달리기라는 스포츠를 존슨만큼 경건하게 생각하지는 않았다.

1965년에만 하더라도 달리기는 스포츠로 여겨지지도 않았다. 달리기는 인기 종목이 아니라 그저 그런 종목이었다. 그때는 운동장이 아닌 곳에서 5000미터를 달리는 것은 미친 사람이 미친 에너지를 발산하는 짓으로 여겨졌다. 당시 사람들은 즐거움을 얻기 위한 달리기, 운동을 하기 위한 달리기, 엔도르핀을 분비하기 위한 달리기, 건강하고 오래 살기 위한 달리기는 생각지도 못했다.

때로는 달리기 선수를 흉내 내기 위해 운동장 밖에서 달리는 사람도 있었다. 그러면 운전자들은 속도를 줄이고 경적을 울리며 "말이나 타"라고 외치고는 맥주나 청량음료를 던지기도 했다. 실제로 존슨은 펩시콜라를 여러 번 뒤집어썼다고 했다. 그는 이 모든 것을 바꾸고 싶어 했다. 그는 세상에서 억압받는 달리기 선수들을 위로하고 그들에게 빛을 내리고 공동체 속에서 그들을 다정하게 끌어안고 싶었다. 존슨은 또 다른 의미의 사회복지사였던 셈이다. 다만 그는 달리기 선수하고만 관계를 맺고 싶어 했다.

무엇보다도 존슨은 이 일로 생활을 꾸려가고 싶어 했지만, 1965년에 이는 거의 불가능한 일이었다. 하지만 존슨은 나를 통해, 블루 리본을 통해 구원의 길을 찾았다고 믿었다.

나는 존슨이 이런 생각에서 벗어나도록 최선을 다했다. 기회만 있으면 나와 회사를 향한 존슨의 열정을 식히려고 했다. 존슨이 보내는 편지에 답장하지 않았을 뿐 아니라, 전화도 하지 않았고, 방문이나 초대도 하지 않았다. 하지만 내가 속여서는 안 되는 진실만큼은 분명하게 전달했다. "우리 회사가 빠르게 성장하고 있지만, 지금 블루 리본은 퍼스트 내셔널 뱅크에서 대출받은 1만 1천 달러를 상환해야 해. 회사의 현금 흐름은 마이너스야."

하지만 존슨은 끊임없이 자기가 블루 리본에서 정규직으로 일할 수 있는지 묻는 편지를 보냈다. "나는 타이거를 통해 성공할 수 있기를 바라. 타이거를 통해 소매점을 운영하는 것뿐만 아니라 달리기, 학업 같은 다른 일을 할 수 있는 기회도 있을 거야."

나는 고개를 가로저었다. 나는 그에게 블루 리본은 타이타닉처럼 침몰하고 있다고 말했다. 그런데도 그는 계속 1등석을 요구했다.

나는 포기할 수밖에 없었다. '아 그래, 어쩔 수 없지. 우리 배가 침몰하면, 같이 망해서 서로 위로해야지.'

1965년 늦은 여름, 존슨의 요청을 받아들여 그를 블루 리본의 첫 번째 정규직원으로 채용하기로 했다. 우리는 편지로 연봉을 협상했다. 그는 사회복지사로 일하면서 한 달에 460달러를 받았지만, 400달러로도 생활할 수 있다고 했다. 나는 마지못해 합의했다. 그의 요구가 지나치다는 생각이 들었지만, 존슨은 생각이 많고 변덕스러운 사람이고 블루 리본은 자리가 잡히지 않은 회사였다. 어떤 이유로든 나는 존슨이 블루 리본에 오래 머물지는 않을 것이라고 판단했다.

회계사인 나는 항상 이런 위험을 인식했지만, 기업가인 나는 가능성만 봤다. 나는 이 두 가지를 절충하면서 블루 리본을 계속 꾸려갔다.

이후, 존슨에 대해서는 전혀 생각할 겨를이 없었다. 그때 블루 리본은 더 큰 문제에 부딪혔기 때문이다. 내가 거래하는 은행은 나 때문에 골치를 앓고 있었다.

나는 첫해에 매출 8000달러를 기록한 뒤(이윤은 250달러에 불과했다.) 두 번째 해에는 1만 6천 달러가 될 것으로 예상했다. 은행 측은 이를 아주 걱정스러운 추세라고 단정 지었다.

나는 은행 담당 직원에서 물었다. "매출이 100퍼센트 상승하는데, 걱정스럽다니요?"

은행 직원은 "자기자본에 비해 매출이 너무 빨리 증가하고 있어요"라고 대답했다. "작은 회사가 어떻게 그렇게 빨리 성장할 수 있어요? 작은 회사가 빨리 성장하려면 자기자본을 확충해야 해요. 이는 회사 규모와는 상관없이 항상 적용되는 원칙이에요. 재무 여건을 고려하지 않은 성장은 위험합니다."

"생명체는 성장하게 되어 있습니다. 기업도 성장하게 되어 있고요. 생명체나 기업이나 성장하지 못하면 죽게 마련입니다."

"우리는 그렇게 보지 않아요."

"당신 말은 육상 선수에게 너무 빨리 달린다고 야단치는 것과 같아요."

"이건 달리기하고는 달라요."

나는 '당신은 세상 모든 것이 다르게만 보이세요?'라고 말하고 싶었지만, 꾹 참았다.

나는 매출이 증가하면 수익이 증가하고, 궁극적으로는 회사가 발전한다고 철석같이 믿었다. 그러나 그 시절 은행은 지금의 투자 은행과는 달랐다. 그들의 근시안적 사고는 기업의 현금 잔고에만 집중됐다. 그들은 현금 잔고 수준을 벗어나는 성장을 허용하지 않았다.

나는 은행 직원에게 신발 사업에 대해 몇 번이고 되풀이해 설명했다. 나는 블루 리본이 지속적으로 성장하지 못하면, 블루 리본이 서부 지역에서 타이거 운동화를 판매하기 위한 최적의 기업이라는 점에 대해 오니쓰카를 설득할 수 없다고 말했다. 그러면 오니쓰카는 나 대신에 다른 사람을 찾을 것이다. 그러면 시장점유율이 가장 높은 아디다스와의 경쟁은 아예 해보지도 못하고 끝날 것이다.

은행 직원은 꿈쩍도 하지 않았다. 그는 아테나 여신과는 다르게 설득의 눈빛을 칭송하지 않았다. 그는 "당신은 천천히 가야 합니다. 그런 속도로 성장하기에는 자기자본이 충분하지 않습니다"라는 말만 되풀이했다.

자기자본. 나는 이 단어를 혐오하게 됐다. 은행 직원은 이 단어를 내 머릿속에서 잊히지 않는 멜로디가 될 때까지 계속 되풀이했다. 자기자본. 나는 아침에 양치질을 하면서도 이 단어를 들었다. 자기자본. 나는 밤에 베개를 치면서도 이 단어를 들었다. 자기자본. 이것은 실질적인 단어가 아니라 관료주의에 입각한 헛소리이고, 나한테 없는 현금을 완곡하게 표현한 단어이기 때문에 이것을 입에 담는 것조차 싫어졌다. 이것은 내가 사업에 직접 재투자하기 위한, 묶여 있지 않은 돈이라고 했다. 이게 말이나 되는 소리인가?

현금을 가지고 아무것도 하지 않고 그냥 놔두는 것은 나한테는 말도 안 되는 소리였다. 물론 보수적이고 신중하게 경영하라는 주문이라는 것은 잘 알았다. 그러나 보수적이고 신중한 기업가들은 길거리에 널려 있다. 나는 액셀러레이터를 세게 밟고 싶었다.

어쨌든 은행 직원을 만날 때마다 나는 잠자코 그가 하는 말을 묵묵히 듣기만 했다. 그러고는 내 생각대로 사업을 꾸려갔다. 나는 오니쓰카에 타이거 운동화를 예전보다 두 배로 늘려 주문했다. 그러고는 해맑은 표정으로 은행을 찾아가서 신용장 발급을 요청했다. 은행 직원은 매번 충격 받은 얼굴로 "얼마가 필요하다고요?"라고 되물었다. 나는 은행 직원의 그런 모습에 나 역시 충격 받은 척하면서 "제 생각에 은행은 지혜롭게 판단할 필요가 있습니다"라고 말했다. 나는 은행 직원을 구슬리기도 하고, 굽실거리기도 하고, 협상하기도 해서 결국 대출 승인을 받아냈다.

나는 신발을 팔아 대출금을 모두 갚고는 처음부터 다시 그 짓을 되풀이했다. 오니쓰카에는 예전보다 두 배만큼 주문하고, 은행에는 가장 좋은 정장을 입고 해맑은 표정을 짓고서 찾아갔다.

그 은행 직원의 이름은 해리 화이트였다. 믹서에서 자갈이 굴러가는 듯한 목소리를 내는 옆집 아저씨 같은 50대 남자였다. 그는 은행에서 일하는 것을 좋아하지 않는 것 같았다. 특히 나 같은 사람은 맡고 싶지 않은 것 같았다. 하지만 그는 자기 의지와는 상관없이 나를 맡을 수밖에 없었다. 원래는 켄 커리가 내 담당이었다. 아버지가 더 이상의 보증 서기를 거부하자, 커리는 아버지에게 전화해 "빌, 우리끼리 하는 얘긴데 말입니다. 아드님의 회사가 망하면, 당신이 책임지게 되어 있습니다. 알고 계시죠?"라고 말했다.

아버지는 "아니, 무슨 말씀이세요? 말도 안 됩니다"라고 말씀하셨다.

커리는 아버지와 아들 간의 내전에 말려들기 싫어서 나를 화이트에게 넘겨버렸다.

화이트는 퍼스트 내셔널 부장이었지만, 이런 직책은 큰 의미가 없었다. 그에게는 실질적인 권한이 없었다. 그의 상관인 밥 월리스는 직원들을 달달 볶기로 악명이 높았다. 월리스는 화이트를 감시하고 사소한 일에도 책임을 물었다. 그를 피곤하게 하고, 결과적으로 나를 피곤하게 했던 사람은 바로 월리스였다. 자기자본을 맹목적으로 숭배하고 성장을 무시하는 사람도 바로 월리스였다.

떡 벌어진 어깨에 싸움 깨나 할 것 같은 얼굴에다 오후 5시의 닉슨 대통령처럼 수염이 듬성듬성 자라 있는 월리스는 나보다 열 살은 많아 보였다. 그런데도 그는 자신을 은행의 천재 소년으로 생각했다. 그는 차기 은행장을 꿈꿨다. 신용 위험도가 높은 대출은 은행장으로 가는 길에 가로놓인 주요 장애물이었다. 그는 누구에게든 대출을 제공하는 것을 꺼렸다. 특히 현금 잔고가 항상 0을 맴도는 나에게는 더욱 그랬다. 그는 나를 언제 닥칠지 모르는 재앙으로 간주했다. 비수기에 매출이 떨어지면 내 사업은 망할 것이고, 은행 로비에는 팔리지 않은 신발이 가득 쌓일 것이다. 그리고 은행장 자리는 허망한 꿈이 되어 사라질 것이다. 월리스는 후지산 정상에서의 새러처럼 나를 반항아로 보았다. 다만, 그는 이를 칭찬의 의미로 생각하지 않았다. 결과적으로 보면 새러도 칭찬의 뜻으로 생각하지 않은 셈이다.

물론, 월리스가 자기 생각을 나에게 매번 직접적으로 전달한 것은 아니다. 주로 중간에 있는 사람, 즉 화이트를 통해 전달했다. 화이트는 나와 블루 리본을 믿었다. 그렇지만 매번 슬픈 표정으로 고개를 가로저으며 결정하는 것도 월리스, 수표에 서명하는 것도 월리스라고 했다. 그러고는 월리스는 필 나이트의 팬이 아니라고 했다. 나는 화이트가 사용한 '팬'이라는 단어가 적절한 표현이고, 깊은 감동과 희망을 주는 표현이라고 생각했다. 키가 크고 마른 체형인 그는 운동선수 출신으로 스포츠 이야기를 좋아했다. 당연히 우리 둘은 서로 통하는 데가 있었다. 반면에, 월리스는 야구장이나 축구장에 한 번도 가보지 않은 사람 같았다. 혹시 신발이나 스포츠용품을 압류하러 간다면 모를까.

월리스는 블루 리본에 대한 대출을 다른 곳으로 떠넘길 수만 있다면, 쌍수를 들고 아주 기뻐했을 것이다. 그러나 1965년에는 그럴 만한 곳이 없었다. 그때 오리건에서는 퍼스트 내셔널이 내가 대출을 받을 수 있는 유일한 곳이었다. 월리스도 이런 사실을 알고 있었다. 당시 오리건은 지금보다 경제 규모가 작아서 은행이 퍼스트 내셔널과 유에스 뱅크 두 곳만 있었다. 유에스 뱅크는 이미 대출을 거절했다. 퍼스트 내셔널마저 거절하면 나는 끝장이었다(오늘날에는 자기가 살고 있는 주가 아닌 다른 주의 은행과 거래하더라도 아무런 문제가 없다. 당시 은행 규정은 지금보다 훨씬 더 까다로웠다).

또한 벤처캐피털 같은 수단도 없어서 야심찬 젊은 기업가가 의지할 수 있는 곳이 많지 않았다. 은행에서 자리를 차지한 사람들은 대개 위험을 싫어하고 창의성이라고는 눈곱만큼도 없었다. 다시 말하자면, 그들은 보수적인 은행업자들이었다. 물론 윌리스도 예외가 아니었다.

설상가상으로 오니쓰카는 항상 늦게 신발을 보내왔다. 이는 판매할 시간이 부족해서 결과적으로 대출금을 상환할 돈을 마련할 시간이 항상 부족하다는 것을 의미했다. 개선을 요구했지만, 오니쓰카는 아무런 대답도 없었다. 때로는 대답을 하더라도 내가 처한 상황을 충분히 이해하지 못하는 것 같았다. 나는 미친 듯이 전보를 쳐서 최근에 발송한 제품이 어디쯤 도착했는지 문의했지만, 그들의 반응은 미쳐버릴 정도로 둔감했다. "문의하신 제품은 며칠만 더 기다리면 도착할 것입니다." 마치 119에 전화를 걸고는 상대방의 하품 소리를 듣는 것 같았다.

나는 이 모든 문제점과 블루 리본의 불투명한 미래를 감안하면 회사가 망할 경우에 대비해 안정적인 직업을 갖는 것이 좋겠다는 결론을 내렸다. 존슨이 블루 리본에 헌신하겠다고 생각했을 무렵, 나는 새로운 분야에 진출했다.

그때까지 나는 CPA시험에서 네 개 부문에 합격했다. 시험 결과와 이력서를 몇몇 회계 법인에 보내고 서너 군데에서 면접을 치른 뒤, 프라이스 워터하우스(Price Waterhouse)에서 일하기로 했다. 좋든 싫든 간에, 나는 공식적으로 자격증을 가진 회계사가 됐다. 그해 세금 신고서에 내 직업은 자영업자 혹은 기업가가 아니었다. 세무서는 나를 회계사, 필립 나이트로 간주했다.

나는 이런 변화에 개의치 않았다. 월급의 상당 부분을 신생기업 블루 리본에 투자해 소중한 자기자본을 확충하고 기업의 현금 잔고를 증가시켰다. 프라이스 워터하우스 포틀랜드

지사는 내가 회계사로 처음 일한 라이브랜드와 다르게 규모가 어느 정도 됐다. 회계사도 네 명에 불과한 라이브랜드와는 다르게 30여 명이나 됐다. 나한테 바람직한 환경이었다.

거기서 하는 일도 나한테 잘 맞았다. 프라이스 워터하우스의 거래처에는 내가 관심을 가질 만한 신생 기업과 이미 자리를 잡은 기업이 섞여 있어 고객층이 다양했다. 고객 기업들은 목재, 물, 전력, 식품 등을 포함해 온갖 종류의 제품을 판매했다. 나는 회계 장부를 통해 고객 기업들의 내부를 자세히 들여다보면서, 그들이 어떻게 살아남았는지 혹은 어떻게 사라졌는지 공부했다. 그리고 어떻게 제품을 팔았는지, 어떻게 어려움에 처했는지, 어떻게 어려움에서 빠져나왔는지도 배웠다. 나는 무엇이 기업을 움직이게 하는지, 무엇이 기업을 망하게 하는지 자세히 기록했다.

그러면서 자기자본 부족이 기업이 망하는 주요 요인이라는 사실을 확인하고 또 확인했다.

회계사들은 대체로 팀 단위로 일한다. A팀의 팀장은 델버트 헤이즈였는데, 그는 프라이스 워터하우스에서 가장 뛰어난 회계사였을 뿐 아니라 단연코 가장 다채로운 성격의 소유자였다. 신장 188센티미터, 체중 136킬로그램의 거대한 몸뚱이를 값싼 폴리에스테르 양복에 소시지처럼 넣고 다녔던 그는 재능, 위트, 열정이(그리고 식욕까지도) 대단한 인물이었다. 그에게는 스프레드시트를 검토하면서 큰 샌드위치와 음료를 단숨에 처리하는 것보다 더 즐거운 일이 없었다.

나는 숫자에 밝은 다른 회계사들을 많이 봤지만, 헤이즈의 숫자 감각은 정말 탁월했다. 그는 길게 나열된 평범해 보이는 숫자들 속에서 가공되지 않은 아름다움의 원석을 식별해냈다. 그는 시인이 구름을 바라보거나 지질학자들이

암석을 바라보는 것처럼 숫자를 바라봤다. 그는 숫자를 통해 랩소디(rhapsody), 진리를 이끌어냈다.

불가사의한 예측도 했다. 헤이즈는 미래를 예측하는 데 숫자를 사용했다.

나는 헤이즈가 불가능하리라고 생각했던 것을 해내는 모습을 거의 매일같이 보았다. 그는 회계를 예술로 승화시켰다. 덕분에 나와 다른 회계사까지도 예술가가 된 기분이었다. 나로선 생각지도 못했던 놀랍고도 고상한 발상이었다.

물론 숫자가 아름답다는 사실은 나도 알고 있었다. 숫자가 암호를 나타내고 숫자의 배열 뒤에는 우아한 플라톤 철학이 숨어 있다는 사실은 회계학 시간에 어느 정도는 배웠다. 육상을 하면서도 그랬다. 트랙을 달리면 숫자를 열렬히 존경하게 된다. 왜냐하면 당신이 기록한 숫자가 당신의 모든 것을 말해주기 때문이다. 기록이 저조한 데는 부상, 피로, 실연 같은 여러 가지 이유가 있다. 그러나 어느 누구도 이런 것에 관심을 갖지 않는다. 사람들은 결국 당신이 기록한 숫자만을 기억한다. 나는 이런 현실 속에서 살았다. 예술가 헤이즈는 내가 이런 현실을 깨닫도록 했다.

안타깝게도 나는 헤이즈가 비극적인 예술가, 반 고흐처럼 자아를 파괴하는 예술가가 되지 않을까 두려웠다. 그는 회사에서 단정하지 못한 옷차림, 축 처진 자세, 좋지 않은 행동으로 점수를 많이 까먹고 있었다. 또한 고소 공포증, 뱀 공포증, 벌레 공포증, 폐쇄 공포증 등 온갖 종류의 공포증을 다 가지고 있었다. 그러다 보니 상관이나 동료들을 당황스럽게 하는 일이 잦았다.

그중에서 다이어트에 대한 공포증이 가장 심각했다. 프라이스 워터하우스는 헤이즈를 파트너 회계사로 승진시키는 것을 고려했다. 그러나 회사는 그의 체중을 관대히 봐줄 수 없었다. 파트너 회계사가 136킬로그램에 달하는 체구를 가진 것을 너그럽게 봐주기는 어려웠다. 헤이즈가 그처럼 많이 먹게 된 것은 회사의 이런 평가 때문일 가능성도 컸다. 이유야 어찌 됐든, 헤이즈는 확실히 많이 먹었다.

퇴근 시간이 되면 헤이즈는 후배 회계사들에게 자기 이야기를 끝없이 늘어놓곤 했다. 그는 쉬지 않고 지껄였다. 후배 회계사들은 그를 엉클 리머스[농장에서 일하는 늙은 흑인으로 아이들에게 동물 이야기를 들려준다]라고 불렀다. 하지만 나는 그렇게 부르지 않았다. 나는 헤이즈의 명연설을 가볍게 생각한 적이 한 번도 없다. 그의 이야기에는 사업에 관한 소중한 지혜(무엇이 회사를 성공하게 만드는가, 회사 장부에서 정말 중요한 것은 무엇인가)가 들어 있었다.

헤이즈 군단의 보병이 아닐 때는 예비군 훈련을 받아야 했다(이 훈련은 제대하고 7년 동안 받아야 했다). 이 훈련은 매주 화요일 밤 7시부터 10시까지 진행됐는데, 이 시간만큼은 내가 하던 업무에서 벗어나 나는 나이트 중위가 되었다. 우리 부대는 항만 노동자들로 구성되어 있었는데 우리는 내가 오니쓰카가 보낸 제품을 가져오는 곳에서 축구장 몇 개를 사이에 두고 떨어져 있는 창고 지역에 자주 배치됐다. 우리는 밤마다 배에 물건을 싣거나 내리는 일과 지프와 트럭을 점검하고 보수하는 일을 했다. 그리고 PT 체조, 팔굽혀펴기, 턱걸이, 윗몸 일으키기, 달리기도 했다. 어느 날 나는 중대원들을 이끌고 6.5킬로미터 달리기를 했다. 처음부터 빠른 속도로 달리면서, 그 속도를 꾸준히 높여갔다. 내가 앞으로 힘차게 달려가자, 중대원들은 점점 멀어졌다. 어떤 중대원이 숨을 헐떡거리면서 다른 중대원에게 "나이트 중위가 보조를 맞출 때 아주 가까이에서 들었어. 난 그처럼 숨을 깊이 들이쉬는 사람은 본 적이 없어"라고 말했다.

1965년에 내가 승리감에 도취된 것은 그때뿐일 것이다.

때로는 화요일 밤 예비군 훈련이 교실에서 진행되는 경우도 있었다. 강사들은 주로 군사 전략에 관해 이야기했는데, 나한테는 흥미진진한 강의였다. 그들은 주로 과거의 유명한 전투를 분석하는 것으로 강의를 시작했다. 그러다 주제에서 벗어나 베트남전쟁으로 옮겨가기 일쑤였다. 베트남전쟁은 점점 가열되고 있었다. 미국은 거대한 자석에 빨려들기라도 하듯이 그 전쟁에 빠져들었다.

나는 베트남전쟁이 싫었다. 단순히 이 전쟁이 잘못된 것이라는 생각 때문만은 아니었다. 이 전쟁은 어리석고 소모적이었다. 나는 어리석은 것을 싫어했고, 낭비하는 것도 싫어했다. 무엇보다도 이 전쟁은 내가 거래하는 은행의 원칙을 다른 전쟁보다 더 많이 따르는 전쟁이었다. 승리를 위해 싸우지 말고 패배를 피하기 위해 싸워라. 이것은 지는 전략임에 틀림없었다.

가끔 헤이즈가 고객사를 방문할 때면, 나는 그와 동행하곤 했다. 그는 후배 회계사들 중에 나를 가장 좋아했는데 사무실 밖에서는 더 그랬다.

나는 헤이즈와 함께 출장을 갔을 때 한번은 블루 리본에 관해 이야기했다. 그는 블루 리본에서 성공의 가능성을 보았다. 하지만 실패의 가능성도 보았다. “숫자는 거짓말을 하지 않아. 경제가 안 좋은데 회사를 차린다고? 그것도 신발 회사를? 게다가 현금 잔고는 거의 제로 수준이고?” 그러고는 자신의 거대한 곱슬머리를 가로저었다. 그러나 헤이즈는 나한테는 상당한 유리한 조건이 한 가지 있다고 했다. 바로 내가 육상계의 전설, 바우어만 코치와 동업 관계라는 것이다.

이는 숫자로 설명할 수 없는 자산이었다.

나의 자산은 그 가치가 날로 높아지고 있었다. 바우어만 코치는 1964년 올림픽에 참가하기 위해 자신이 지도하는 선수들을 이끌고 일본에 가 있었다(당시 바우어만 코치가 지도한 선수들 중 빌 델린저와 해리 제롬이 메달을 땄다). 바우어만 코치는 올림픽 경기가 끝나자 모자를 바꿔 쓰고는 블루 리본의 사절이 됐다. 그는 부인과 함께 오니쓰카를 방문해 그곳 사람들과 즐거운 시간을 가졌다(예전에 바우어만 코치와 코치의 부인은 크리스마스 경비를 모으던 계좌에서 500달러를 떼어 블루 리본에 투자하기로 의견을 모았다).

두 분은 VIP 대우를 받으면서 공장을 둘러보았다. 모리모토의 소개로 오니쓰카 회장을 만나기도 했다. 이 두 나이 든 거물들은 친밀하게 우의를 다졌다. 두 사람은 신발에 평생을 걸었고, 동시대에 전쟁을 경험했다. 두 사람은 지금도 여전히 일상생활을 전쟁처럼 생각했다. 오니쓰카 회장에게는 패배한 자의 집요함이 있었다. 바우어만 코치는 특히 이 점에 주목했다. 오니쓰카 회장은 바우어만 코치에게 전쟁의 폐허 속에서 신발 회사를 설립한 이야기를 해주었다. 일본의 대도시에서 여전히 미군이 떨어뜨린 폭탄에서 폭약 연기가 피어오를 때, 오니쓰카 회장은 농구화를 만들기 위해 절간의 초로 뜨거운 왁스를 만들고 이것을 자신의 발에 부어 오니쓰카의 첫 번째 족형을 만들었다. 이렇게 제작된 농구화는 팔리지 않았지만, 그는 포기하지 않았다. 러닝화로 방향을 바꾼 뒤 타이거는 신발의 역사를 만들어갔다. 1964년 올림픽 경기에서 일본 육상 선수들은 모두 타이거를 신고 있었다.

오니쓰카 회장은 바우어만 코치에게 타이거의 독특한 밑창에 대한 영감은 스시를 먹을 때 떠올랐다고 했다. 그는 큼지막한 나무 접시와 문어 다리를 보고는 이와 비슷하게 생긴 빨판을 육상 선수가 신는 신발의 밑창에 적용하면 어떨까 생각했다. 바우어만 코치는 그의 이야기를 깊이 새겨들었다. 그때 그는 영감은 흔해빠진 것에서 올 수도 있다는 사실을 배웠다. 영감은 우리가 먹는 것에서도 올 수 있고, 집 주변에 놓여 있는 것에서도 올 수 있다.

오리건으로 돌아온 바우어만 코치는 새로운 친구, 오니쓰카 회장과 오니쓰카 공장의 생산팀과 즐거운 마음으로 편지를 주고받았다. 그는 오니쓰카 제품에 대한 여러 아이디어와 수정안을 보냈다. 바우어만 코치는 사람들의 피부 속은 같지만 발 모양은 같지 않다고 생각했다. 미국인들은 일본인들과 신체적으로 달랐다. 미국인들은 키가 크고 체중이 많이 나갔다. 따라서 미국인들은 일본인들과 다른 신발을 신어야 했다. 바우어만 코치는 타이거를 열 켤레도 넘게 뜯어보고는 이것을 미국 고객들의 요구에 맞게 제작하는 방법을 찾으려고 했다. 그는 이를 위해 엄청난 양의 노트를 작성했다. 그리고 이 모든 것을 일본에 아낌없이 넘겨주었다.

유감스럽게도, 바우어만 코치는 나와 마찬가지로 자신이 오니쓰카와 아무리 좋은 관계를 가졌더라도 일단 태평양을 건너 미국으로 오고 나면 상황이 달라진다는 사실을 곧 체험하게 됐다. 바우어만 코치가 편지를 보내도 오니쓰카는 답장이 없었다. 혹시 답장을 하더라도, 모호하거나 무뚝뚝하게 거절하는 내용이었다. 때로는 오니쓰카가 내가 존슨을 대우하는 방식으로 바우어만 코치를 대우하는 것 같아서 섭섭한 마음이 들기도 했다.

그러나 바우어만 코치는 나와 달랐다. 그는 거절을 마음 깊이 담지 않았다. 그는 답장이 없더라도 계속 편지를 보냈다. 더 많은 단어에 밑줄을 긋고, 더 많은 느낌표를 달아서 말이다. 이럴 때 바우어만 코치는 꼭 존슨 같았다.

바우어만 코치는 신발 개조 실험을 결코 중단하지 않았다. 그는 계속해서 타이거를 뜯어보고, 자기 육상 팀의 젊은 선수들을 실험용 쥐처럼 이용했다. 1965년 가을 육상 대회가 열리는 동안, 바우어만 코치는 자기 선수들이 참가하는 모든 경기를 두 가지 관점에서 바라보았다. 하나는 선수들의 성적이고, 다른 하나는 선수들이 신은 신발의 성능이었다. 바우어만 코치는 발의 아치를 받쳐주는 방법, 경주로에 밑창을 밀착시키는 방법, 발가락을 적절히 끼우는 방법, 발등을 굽히는 방법을 메모했다. 그러고는 자신이 발견한 내용을 메모 노트와 함께 일본으로 보냈다.

결국 그의 노력은 빛을 보았다. 오니쓰카는 바우어만 코치의 연구를 반영해 미국인의 체형에 맞는 시제품을 만들었다. 시제품을 보면, 신발 깔창은 더욱 부드러워졌고 아치를 더 많이 받쳐주고 아킬레스건의 긴장을 줄이기 위한 힐 웨지(heel wedge)가 있었다. 바우어만 코치는 시제품을 받고서는 미친 듯이 들떴다. 그는 시제품을 더 많이 보내달라고 요청했다. 그러고는 자기가 가르치는 선수들에게 그 실험용 신발을 주었다. 선수들은 그것을 신고 경쟁에서 승리하기 위해 힘차게 달렸다.

바우어만 코치는 항상 가장 나은 방법으로 작은 성공을 이루어냈다. 그 무렵 그는 선수들의 에너지와 지구력을 증진하는 스포츠 특효약도 실험하고 있었다. 내가 오리건대학교 육상 선수로 활동할 때, 그는 운동선수들은 염분과 전해질을 끊임없이 보충해야 한다고 강조했다. 그는 선수들에게 자신이 발명한 약, 바나나로 만든 찐득찐득한 덩어리, 레모네이드, 홍차, 벌꿀과 함께 이름을 알 수 없는 몇 가지 성분을 복용하도록 지시했다. 그는 신발을 가지고 이런저런 실험을 하면서도 스포츠 음료 제조법도 연구했다. 이 음료는 맛이 없었지만, 효과는 좋았다. 바우어만 코치는 게토레이도 만들려고 한 것이다.

바우어만 코치는 시간이 날 때마다 헤이워드 필드를 찾아 그곳 표면을 만지작거렸다. 헤이워드는 물기가 많은 성지였다. 그러나 바우어만 코치는 이런 여건 때문에 선수들의 기록이 저조해져서는 안 된다고 믿었다. 비가 올 때마다(유진의 날씨는 늘 그랬다) 헤이워드 트랙은 베네치아 운하를 방불케 했다. 그는 고무처럼 탄력 있는 재료를 사용하면 운동장을 말리고 청소하기가 쉬울 것이고, 선수들의 발에 가해지는 부담이 덜할 것이라고 생각했다. 그래서 그는 콘크리트 믹서를 구입해 바닥을 폐타이어와 갖가지 화학제품으로 채워 넣었다. 그러고는 딱 맞는 점도와 질감을 찾기 위해 몇 시간에 걸쳐 시행착오를 반복했다. 그는 이 마녀의 비약(秘藥)에서 나오는 연기를 마셔서 몸이 상한 적이 한두 번 아니었다. 집요한 완벽주의 때문에 항상 극심한 두통에 시달렸고 시력이 감퇴됐으며 걸음걸이까지 절뚝거리게 되었다.

나는 얼마 지나지 않아 바우어만 코치가 폴리우레탄까지도 발명하려고 했다는 사실을 알게 됐다.

언젠가 나는 바우어만 코치에게 하루 24시간 동안에 어떻게 이처럼 많은 일을 할 수 있는지 물어봤다. 선수들을 지도하고, 선수들이 출전하는 경기장에 가고, 실험을 하고, 가족을 부양하는 등 그는 몸이 열 개라도 모자랄 것처럼 보였다. 바우어만 코치는 가볍게 투덜거렸다. '아무 일도 아닌 것을 가지고'라고 말하는 것 같았다. 그러고는 작은 목소리로 덧붙였다. "책도 쓰고 있는걸."

나는 깜짝 놀라서 "책이라고요?"라고 말했다.

"조깅에 관한 책이야." 역시 퉁명스러운 목소리였다.

바우어만 코치는 올림픽에 참가하는 엘리트 선수만 스포

츠맨인 것은 아니라는 생각을 늘 가슴에 품고 있었다. "우리 모두가 스포츠맨이지. 우리에게 신체가 있는 한, 우리는 스포츠맨이야." 그는 이런 생각을 많은 독자에게 전하기로 결심했다. 나는 "재미있겠는데요"라고 대답했다. 하지만 나의 늙으신 코치 선생님은 엷은 독자층을 겨냥하고 계셨다. 세상에 어느 누가 조깅에 관한 책을 읽으려고 하겠는가?

1965

오니쓰카와의 계약 기간이 끝날 때가 가까워졌다. 나는 계약 갱신을 원하는 내용의 편지를 기대하면서 날마다 우편물을 확인했다. 오니쓰카가 갱신을 원하지 않더라도 어쩔 수 없었다. 그저 이런 사실을 알게 된 것만으로도 다행이었다. 물론 나는 여전히 새러의 편지도 기다리고 있었다. 그녀가 마음을 돌리기를 기대하면서 말이다. 그리고 늘 그랬듯, 은행에서 내 사업을 더 이상 환영할 수 없다는 내용의 편지를 보내올 것에 대비해 마음의 준비를 단단히 해두고 있었다.

그러나 날마다 우편함에 있는 편지는 존슨이 보낸 것뿐이었다. 존슨은 바우어만 코치와 마찬가지로 도대체 잠을 자지 않는 것 같았다. 존슨이 끊임없이 편지를 보내는 이유를 달리 설명할 수 없었다. 대부분의 편지에 관심을 가질 만한 내용이 없었다. 존슨이 보낸 편지는 별 쓸모도 없는 업무 관련 정보와 부수적인 여담, 썰렁한 농담으로 가득 채워져 있었다.

때로는 손으로 그린 삽화도 있었다. 때로는 뮤지컬에 나오는 가사도 있었다.

때로는 시도 있었다.

어니언스킨지(onionskin)[반투명한 광택 있는 필기 용지]에 수동식 타이프라이터로 글씨를 마치 점자처럼 격렬하게 찍어댄 이 편지는 몇 가지 스토리를 담고 있었다. 아니, '우화'라는 표현이 더 적절할 것이다. 존슨은 어떻게 그 사람에게 타이거를 팔았는가? 앞으로 그 사람은 X켤레를 더 주문할 것 같다. 따라서 존슨의 계획은…. 존슨은 모 고등학교의 감독을 쫓아다니며 타이거 여섯 켤레를 팔려고 했다. 그런데 결국 열세 켤레나 팔았다.

때로 존슨은 가장 최근에 게재한 광고나 롱 디스턴스 로그(Long Distance Log)[장거리 주자들의 클럽], 혹은 〈트랙 & 필드 뉴스(Track & Field News)〉에 게재할 생각인 광고에 관해 아주 짜증날 정도로 자세히 설명했다. 광고에 들어갈 타이거 운동화 사진을 보여주기도 했다. 그는 집에 간이 사진관을 만들었다. 그리고 신발이 매혹적으로 보이도록 검정 스웨터를 배경으로 소파 위에 얹어놓고 사진을 찍었다. 나는 다만 달리기에 심취한 사람들만 보는 잡지에 광고를 내려는 이유를 도대체 알 수 없었다. 아니, 광고를 하려는 생각 자체를 이해할 수 없었다. 더 이상 말하지 않겠다. 그런데 존슨은 광고에 관심이 많았고, 맹세코 광고가 효과 있을 것이라고 믿었다. 좋다. 뭐, 그런 존슨을 막을 마음은 조금도 없었다.

존슨의 편지는 내가 그의 편지에 답장을 보내지 않는 것에 대한 빈정거림 혹은 솔직한 푸념으로 끝을 맺었다. 그는 예전에 보낸 편지를 가지고도 물고 늘어졌다. 그다음에는 추신이 나왔다. 때로는 추신들이 탑을 쌓을 만큼 많이 나오기도 했다. 그러곤 마지막으로 격려의 말을 호소했다. 물론 나는 그런 말을 해주지 않았다. 내겐 그런 말을 해줄 만한 시간이 없었다. 뿐만 아니라 그런 말은 내 체질에도 맞지 않았다.

이제 와서 돌이켜보면 그때 그렇게 행동한 게 나의 진정한 모습인지, 내가 바우어만 코치와 아버지를 따라하려고 했던 것인지 잘 모르겠다. 과연 내가 두 분들의 과묵한 자세를 모방하려고 한 걸까? 과연 나는 내가 존경하는 사람들을 모방하면서 살아온 걸까? 당시 나는 처칠, 케네디, 톨스토이의 전기와 장군, 사무라이, 쇼군에 관한 이야기를 닥치는 대로 읽었다. 나는 극단적인 상황에서 발휘되는 리더십에 매료됐다. 전쟁은 가장 극단적인 상황이다. 사업은 전쟁이나 마찬가지다. 누군가 사업은 총탄 없는 전쟁이라고 했다. 나는 그 말에 공감한다.

예로부터 인간은 헤밍웨이의 기본 덕목, 즉 압력에 굴하지 않는 우아함을 갖춘 전사의 등장을 기다렸다(헤밍웨이는 《파리는 날마다 축제》를 나폴레옹이 좋아했던 지휘관인 네이 원수의 동상을 바라보면서 썼다고 했다). 영웅은 말을 많이 하지 않았다. 그들은 입이 싼 사람이 아니다. 그들은 다른 사람의 섬세한 점까지 관리하지 않았다. "사람들에게 일을 어떻게 해야 하는지가 아니라 어떤 일을 해야 하는지를 가르쳐줘라. 그리고 그들이 이루어낸 결과로 당신을 놀라게 하라." 나는 존슨에게 답장을 하지 않았다. 그에게 이것저것을 요구하며 괴롭히지도 않았다. 나는 그에게 어떤 일을 해야 하는지 말하고, 그가 나를 놀라게 하기를 기대했다.

과묵하게 있으면서 말이다.

존슨에게도 장점이 있었다. 존슨은 더 많은 대화를 원했지만, 대화가 부족하다고 해서 낙담하지는 않았다. 오히려 대화가 부족했기 때문에 동기를 부여받았다. 그는 자신은 지나칠 정도로 꼼꼼하고, 나는 그렇지 않다는 것을 알고 있었다. 그리고 주변 사람(나, 내 여동생, 존슨과 나의 친구들)에게 불평을 많이 했지만, 나의 관리 스타일이 자신을 자유롭게 해준다는 것도 알았다. 나는 존슨이 하고 싶은 대로 하도록 내버려두었고, 존슨은 무한한 창의성과 에너지로 보답했다. 그는 일주일에 7일 일하며 블루 리본을 선전하고 타이거를 판매했다. 제품이 잘 팔리지 않는 날에는 꼼꼼히 고객 데이터 파일을 작성했다.

존슨은 고객의 신상 정보, 신발 사이즈, 선호하는 신발에 관한 내용을 담은 고객 카드를 작성했다. 그는 이렇게 만든 데이터 파일을 가지고 모든 고객과 수시로 연락을 주고받았다. 고객들은 자신이 특별한 대우를 받고 있다고 생각했다. 존슨은 고객들에게 크리스마스카드, 생일 카드도 보냈다. 고객들이 큰 대회 혹은 마라톤 경기를 마치고 나면, 축하와 격려의 말을 전했다. 나는 존슨에게서 편지를 받을 때마다 그것은 존슨이 그날 보낸 수십 통의 편지 중 하나에 불과하다는 사실을 잘 알고 있었다. 존슨은 고등학교 육상 스타에서 주말에 조깅을 즐기는 80대 노인에 이르기까지 각계각층의 수많은 고객과 편지를 주고받았다. 그들은 존슨에게서 꼬리에 꼬리를 물고 들어오는 편지를 받으면서 나와 똑같은 생각을 했을 것이다. '도대체 이 사람은 이럴 시간이 어디서 나지?'

그러나 많은 고객이 나와는 다르게 존슨의 편지를 기다렸고, 답장을 보냈다. 그들은 존슨에게 자신의 삶, 고통, 부상에 관해 이야기했다. 이런 소식을 들을 때마다 존슨은 깊은 위로의 뜻을 전하고 어려움을 함께 나누려고 했다. 특히 부상에 대해서는 더욱 그랬다. 1960년대에는 육상 선수 혹은 운동선수의 부상에 관해 아는 사람이 많지 않았다. 그래서 존슨의 편지에는 다른 곳에서 찾기 힘든 소중한 정보가 많았다. 나는 부상에 대한 법적 책임 문제로 잠깐 걱정하기도 했다. 또한 언젠가 버스를 빌려 부상을 당한 사람들을 싣고서 병원에 갈 계획이라는 편지를 받게 되지 않을까도 걱정했다.

고객들 중에는 타이거에 대한 의견을 말해주는 사람도 있었다. 존슨은 고객들의 피드백을 모아 새로운 디자인을 고안했다. 예를 들어, 타이거 운동화의 쿠션이 얇다고 불평하는 고객이 있었다. 그는 보스턴 마라톤에 참가할 계획인데, 타이거를 신으면 완주할 수 있을 것 같지 않다고 말했다. 그래서 존슨은 구두 수선공을 찾아 샤워용 슬리퍼의 고무창을 타이거 운동화에 대달라고 했다. 결과는 대성공이었다. 존슨이 임시방편으로 만든 운동화에는 바닥 전체에 최신식 중창 쿠션이 장착됐다(오늘날 이것은 육상 선수들이 신는 트레이닝화의 표준이 됐다). 존슨이 임시로 만든 밑창은 대단히 역동적이고 부드럽고 기발해서 존슨의 고객은 보스턴 마라톤에서 자신의 최고 기록을 달성했다. 존슨은 나에게 이런 성과를 전하고 오니쓰카에 알려야 한다고 주장했다. 몇 주 전 바우어만 코치도 나에게 자신이 작성한 노트를 전해줄 것을 부탁한 터였다. 나는 '맙소사! 미친 천재가 한 번에 한 사람씩 나타나고 있군!'이라고 생각했다.

가끔은 존슨의 편지 친구가 점점 많아지는 게 걱정되기도 했다. 블루 리본은 미국 서부 13개 주에서만 영업하게 되어 있는데 단 한 사람의 정규직원, 존슨은 이런 제한을 무시하고 있었다. 존슨의 고객은 동부 카우보이의 중심지인 이스턴 시보드(Eastern Seaboard)[미국 동부 대서양 연안] 전역을 포함해 37개 주에 퍼져 있었다. 동부 카우보이가 자기 구역에서 영업 활동을 하지 않았기 때문에 존슨이 그곳을 침범했더라도 피해가 가지는 않았을 것이다. 그러나 나는 잠자는 사자를 건드리기 싫었다.

그렇다고 해서 존슨에게 내가 우려하는 것을 말할 생각은 전혀 없었다. 나는 여느 때와 마찬가지로 존슨에게 아무 말도 하지 않았다.

그해 여름이 시작되었을 때, 나는 부모님 집의 지하실을 블루 리본의 본사로 이용하기에는 공간이 충분하지 않다는 결론을 내렸다. '하인들의 숙소'도 내가 생활하기에는 비좁았다. 나는 시내에 새로 지은 깔끔한 고층 건물의 방 한 칸짜리 아파트를 월세로 얻었다. 월세는 200달러로 상당히 비쌌지만, 어쩔 수 없었다. 테이블, 의자, 킹사이즈 침대, 소파 같은 가구를 매월 사용료를 내고 대여받아 멋지게 배치했다. 가구가 충분한 것 같지는 않았지만, 나의 진정한 가구는 신발이었기 때문에 아무런 문제가 되지 않았다. 태어나서 처음으로 얻은 독신자용 아파트는 바닥부터 천장까지 신발로 가득 채워졌다.

존슨에게는 새 주소를 알려주지 말까 생각하다가, 알려주기로 했다.

새 우편함에는 곧 편지가 넘쳐나기 시작했다. 발신인 주소 P.O. Box 492, Seal Beach, CA 90740.

물론 나는 어떤 편지에도 답장을 보내지 않았다.

당시 존슨이 보낸 편지 중 내가 무시하지 않은 편지가 딱 두 통이 있다. 첫 번째 편지에는 존슨도 이사를 갔다는 내용이 적혀 있었다. 그는 아내와 이혼 절차를 밟고 있었다. 그는 이혼한 뒤에도 계속 실 비치에 살 계획이며 작은 아파트를 얻을 거라고 했다.

며칠 뒤, 그는 편지로 교통사고를 당했다는 소식을 알려왔다.

사고는 이른 아침에 샌버너디노 북부 어딘가에서 일어났다. 존슨은 도로 경주가 열리는 곳으로 가던 길이었다. 물론 거기서 달리기를 하면서 타이거를 판매할 생각이었다. 잠깐 졸음운전을 했는데, 깨어나 보니 자기 몸과 1956년형 폭스바겐 버그가 뒤집힌 채 공중을 날아가고 있었다. 차가 중앙분리대를 치고 구르다가 제방 아래로 떨어지기 직전에 존슨은 차에서 튕겨 나왔다. 존슨은 공중제비를 하다가 바닥에 떨어져 하늘을 바라보았다. 쇄골, 발, 두개골이 심하게 다친 상태였다.

존슨의 말에 의하면 두개골이 드러날 정도였다고 했다.

안타깝게도 얼마 전에 이혼한 상태라서 존슨이 건강을 회복할 때까지 그를 돌봐줄 사람이 아무도 없었다.

이 불쌍한 청년은 세상에서 가장 슬픈 컨트리 노래의 주인공이 됐다.

이런 재난에도 불구하고, 존슨은 실의에 빠지지 않고 밝게 지냈다. 그는 자기가 맡은 일을 즐거운 마음으로 잘 처리하고 있다는 내용의 편지를 계속 보내 나를 안심시켰다. 그는 새로 이사한 아파트 주변을 느릿느릿 돌아다니면서 주문을 받고 제품을 배송하고 고객들과도 계속 편지를 주고받았다. 그는 편지 심부름을 해주는 친구가 있어서 P.O. Box 492는 여전히 잘 굴러가고 있으니 걱정하지 말라고 했다. 그러나 별거 수당, 자녀 양육비뿐 아니라 막대한 치료비를 감당해야 하기 때문에, 블루 리본의 장기적인 전망이 궁금하다고 했다. 나라고 해서 블루 리본의 미래를 어떻게 알겠는가?

나는 거짓말을 하지 않았다. 정말 그랬다. 어쩌면 동정심 때문에, 혹은 깁스를 한 채 혼자 외롭게 남아 자신과 회사를 살리기 위해 죽을힘을 다하고 있는 존슨 때문에, 낙관적인 말을 했는지도 모르겠다. 나는 앞으로 몇 년 지나면 블루 리본이 어느 정도 자리 잡은 스포츠용품 회사가 되어 있을 것이라고 말했다. 서부 지역에 영업소를 몇 개 설치할 것이다. 그리고 언젠가 일본에도 사무소를 개설할 것이다. 나는 존슨에게 보내는 편지에서 "당치 않아 보이기도 하지만, 목표로 설정할 만한 가치는 있어 보여"라고 적었다.

마지막 문장은 완전히 옳은 말이었다. 그것은 목표로 설정할 만한 가치가 있었다. 블루 리본이 파산하면, 나도 파산해 한 푼도 없는 거지가 될 것이다. 그러나 나는 다음 사업에 써먹을 아주 소중한 지혜를 얻을 것이다. 지혜는 무형의 자산이지만, 그래도 사업에 따르는 위험을 정당화시켜 줄 수 있는 자산이다. 블루 리본에서 얻은 경험은 앞으로 인생의 또 다른 위험(결혼, 라스베이거스에서의 도박, 악어 레슬링 등)에서보다 더 확실한 결과를 얻는 데 도움이 될 것이다. 다만, 바라는 게 있다면 내가 만약 실패할 운명이라면 가급적 빨리 실패하는 것이었다. 그래야만 어렵게 얻은 교훈을 써먹을 만한 충분한 시간을 가질 수 있을 테니까. 나는 목표를 두고 많은 생각을 하고 싶지 않았다. 그러나 이번 목표는 그것이 '실패할 거라면 빨리 하자'는 마음속의 구호가 될 때까지 계속 내 머릿속을 맴돌았다.

편지를 마무리하면서, 존슨에게 1966년 6월 말까지 타이거를 3250켤레 팔면(나의 계산상, 거의 불가능한 숫자였다), 그토록 집요하게 졸라대던 타이거 소매점을 열어주겠다고 적었다. 맨 밑에는 추신까지 적었다. 나는 그가 이 추신을 달콤한 캔디를 먹듯이 허겁지겁 읽어댈 것임을 알고 있었다. "신발을 빠른 시일 내에 많이 팔면, 소득세 문제로 세무사를 만나야 할 거네."

존슨은 내가 세금과 관련해 조언한 것을 가지고 비꼬듯이 감사의 말을 전하며, 반격을 가해왔다. 그는 "총소득이 1209달러이고, 총지출이 1245달러이기 때문에 세금 신고를 하지 않을 것"이라고 했다. 그는 몸도 마음도 상했다며, 자기는 완전히 빈털터리라고 했다. 그러고는 편지를 마치면서 "격려가 되는 소식을 전해주길 바라네"라고 적었다.

하지만 나는 답장을 하지 않았다.

존슨은 그럭저럭 목표량을 달성했다. 6월 말까지 타이거 운동화 3250켤레를 판 것이다. 그리고 건강도 많이 좋아졌다. 그는 이제 나한테 약속에 대한 책임을 지라고 큰소리쳤다. 노동절이 다가올 무렵, 존슨은 샌타모니카의 피코 대로 3107번지에 작은 가게를 빌려서 블루 리본의 첫 번째 소매점을 열었다.

존슨은 이 가게를 육상 선수들의 성역으로 바꾸어놓았다. 그는 중고 가게에서 안락의자를 구입해 육상 선수들이 들러 편안하게 이야기를 나눌 수 있는 멋진 공간을 창조했다. 선반을 만들고 거기에다 육상 선수들이 반드시 읽어야 하는 책을 꽂아놓았다. 그 책들은 대부분 초판으로, 자기 서재에서 가져온 것들이었다. 그는 가게 벽을 타이거를 신은 선수들의 사진들로 도배해버렸고, 프런트에는 타이거 운동화를 새겨놓은 티셔츠를 비치하고는 친한 고객들에게 나눠주었다. 또한 검정 래커 칠을 한 벽에 타이거 운동화를 진열하고는 줄을 세워놓은 촛불로 은은하게 비추었다(유행의 첨단을 걷는 모습이었다). 육상 선수들에게는 이처럼 멋진 성역, 단지 신발을 파는 것만이 아니라 그들과 그들이 신은 신발을 칭송하는 장소가 세상 그 어디에도 없었을 것이다. 육상 선수들의 컬트 교주가 되기로 큰 뜻을 품은 존슨이 드디어 자기 교회를 갖게 된 셈이다. 예배는 월요일부터 토요일, 아침 9시부터 오후 6시까지 열렸다.

존슨이 가게를 열었다는 소식을 처음 편지로 전했을 때, 나는 아시아 국가에서 봤던 사원이나 신전을 떠올리고는 존슨의 가게가 그곳에 어떻게 필적할 것인지 몹시 궁금했다. 그러나 거기까지 찾아갈 시간이 없었다. 프라이스 워터하우스에서 일을 끝내고 헤이즈와 술을 마시고, 주말에는 블루 리본과 관련된 일들을 처리하고, 매달 14시간씩 예비군 훈련을 받아야 했다. 나는 체력이 바닥난 상태였다.

바로 그때 존슨이 아주 중요한 편지를 보냈다. 나는 어쩔 수 없이 당장 비행기에 몸을 싣고 존슨에게 날아가야 했다.

존슨의 고객이자 편지 친구들은 이제 수백 명에 이르렀다. 그들 중에는 롱아일랜드의 고등학생도 있었는데, 이 학생이 존슨에게 보내는 편지에서 본의 아니게 우리가 걱정할 만한 소식을 알려왔다. 이 학생은 최근에 자기 팀의 트랙 코치가 새로운 경로로 타이거를 구입했다는 소식을 전했다. 밸리 스트림 혹은 마사페쿠아 혹은 맨해싯의 레슬링 코치에게서 말이다.

동부 카우보이가 돌아온 것이다. 그는 〈트랙&필드〉에 광고까지 실었다. 존슨이 동부 카우보이의 구역에서 밀렵할 때, 동부 카우보이는 우리가 밀렵한 것을 밀렵하고 있었던 것이다. 그동안 존슨은 엄청난 고객 기반을 다져왔다. 그는 집요하고도 공격적인 마케팅을 바탕으로 타이거를 널리 알려왔다. 그런데 동부 카우보이가 덤벼들어 한꺼번에 낚아채려 한다고?

전화로 이야기할 수도 있었는데 내가 왜 로스앤젤레스행 비행기에 급히 몸을 실었는지는 지금도 잘 모르겠다. 어쩌면 존슨의 고객처럼, 공동체 의식이 발동했는지도 모르겠다. 비록 두 사람만의 공동체이지만 말이다.

우리는 오랜만에 만나자마자 지쳐 쓰러질 때까지 바닷가를 달렸다. 그다음에는 피자를 한 판 사서 존슨의 아파트로 갔다. 그 아파트는 남자가 혼자 살기에 안성맞춤이었다. 작고 어둡고 물건이 별로 없어서, 내가 세계 여행을 떠났을 때 머물던, 불필요한 구석이 전혀 없는 호스텔처럼 보였다.

물론 존슨만의 분위기를 보여주는 측면도 있었다. 도처에 신발이 놓여 있었다. 존슨은 기본적으로 신발 속에서 살고 있었다. 구석구석마다 신발이 놓여 있고, 방바닥에는 발 디딜 틈이 없을 정도로 신발들이 널려 있었다. 여기저기 해체된 신발도 많이 보였다.

신발이 없는 자리에는 그가 손수 만든 책꽂이가 있고, 책들이 빽빽하게 꽂혀 있었다. 콘크리트 블록 바닥 위의 널빤지에도 책들이 널려 있었다. 존슨은 내용이 가벼운 책들은 읽지 않았다. 존슨이 소장한 책들은 철학, 종교, 사회학, 인류학과 관련된 두꺼운 서적과 고전문학 작품들이었다. 나도 책읽기를 좋아하지만, 존슨은 책읽기에 관한 한 나보다 한 단계 위에 있었다.

가장 인상에 남는 것은 집 전체를 뒤덮는 으스스한 보라색 불빛이었다. 그 빛의 출처는 283리터짜리 바닷물 수조였다. 존슨은 소파에 놓인 물건들을 한쪽으로 치우더니 나보고 앉으라고 했다. 그러고는 수조를 어루만지면서 그것에 관해 설명했다. 이혼한 지 얼마 안 된 남자들은 나가서 사람들을 만나길 좋아하지만, 존슨은 밤마다 실 비치 부둣가에서 희귀한 물고기를 낚으며 시간을 보냈다. 그는 '슬럽 건(slurp gun)'이라는 장비를 가지고 물고기를 낚았는데, 그것을 내 눈앞에 대고 실제로 흔들어 보였다. 슬럽 건은 세상에 처음 나온 진공청소기처럼 보였다. 나는 작동법을 물었다. 존슨은 "노즐 부분을 수심이 얕은 물에 대고 물고기를 플라스틱 튜브로 빨아들이는 거야. 그러면 여기 보이는 작은 방으로 가게 되지. 그다음에는 그놈을 양동이에 던져 넣고 질질 끌면서 집으로 오면 돼"라고 설명했다.

존슨은 해마, 벵에돔을 비롯해 자신이 모아놓은 다양한 해양 생물들을 자랑스럽게 보여주었다. 그는 자기가 아주 소중하게 여기는 새끼 문어를 가리키며 '스트레치(Stretch)'라고 이름을 지었다고 했다. 그러고는 "저놈 지금 나한테 밥 달라고 저러는 거야"라고 말했다.

존슨은 종이 부대를 가져오더니 살아 있는 게를 끄집어 냈다. 그러고는 "자, 스트레치!" 하고 말하면서 게를 수조 위에 매달아 늘어뜨렸다. 새끼 문어는 전혀 움직이지 않았다. 게는 다리를 꿈틀거리면서 모래를 뿌려놓은 수조 바닥으로 내려갔다. 스트레치는 여전히 움직이지 않았다.

나는 "혹시 죽은 거 아냐?"라고 물었다.

존슨은 "이제 보라고"라고 말했다.

당황한 게는 숨을 곳을 찾아 좌우로 춤을 췄다. 그러나 숨을 곳이라고는 전혀 없었다. 그리고 스트레치는 그런 사실을 잘 알고 있었다. 몇 분 지나자 스트레치의 몸에서 무엇인가가 서서히 모습을 드러냈다. 그것은 촉각 혹은 촉수였다. 스트레치는 그것을 게를 향해 펼치더니 껍질을 가볍게 두드렸다. 존슨은 스트레치의 아버지라도 된 것처럼 의기양양하게 웃으면서 "이봐, 스트레치가 게에게 독을 주입하고 있어"라고 설명했다. 우리는 게가 춤을 천천히 멈추고 전혀 움직이지 않자 스트레치가 게 주변에 있던 촉각인지 촉수를 점잖게 접고는 큰 바위 아래 모래에 파놓은 자기만의 동굴 속으로 게를 집어넣는 모습을 지켜보았다.

이 장면은 우울한 인형극 혹은 가부키(かぶき)[일본의 전통 가무극] 같았다. 어리석은 희생자와 작은 크라켄(kraken)[전설상의 바다 괴물]이 주인공으로 등장했다. 이것은 바로 우리의 딜레마를 암시하는 것 아닌가? 어떤 생명체가 다른 생명체에게 먹히는 과정 말이다. 이것은 이빨과 발톱이 피로 물든 자연을 상징한다. 그 장면이 블루 리본과 동부 카우보이의 관계를 말해준다는 느낌을 지울 수 없었다.

그날 밤 우리는 존슨의 식탁에 앉아서 롱아일랜드의 고등학생이 보낸 편지를 검토했다. 먼저 존슨이 큰 소리로 읽고 내가 작은 소리로 읽었다. 그다음에는 우리가 무엇을 해야 할 것인지 의논했다.

"벅, 일본으로 가보는 게 어때?"

"뭐라고?"

"일본으로 가서 우리가 지금까지 해온 일을 말하는 거야. 그리고 우리의 권리를 요구하는 거지. 이번에 동부 카우보이를 아주 날려버리자고. 동부 카우보이가 타이거를 본격적으로 팔기 시작하면, 그 친구를 그만두게 할 방법이 없을 거야. 지금 확실하게 선을 그어두지 않으면, 다음 기회는 없을 거야."

나는 "일본에 갔다 온 지 얼마 되지 않았는데" 하고 말했다. 그리고 다시 갈 돈도 없었다. 나는 블루 리본에서 번 돈 전부를 회사에 재투자했다. 월리스에게 또다시 대출을 요청하는 것은 불가능했다. 생각만 해도 끔찍했다. 시간도 없었다. 프라이스 워터하우스는 1년에 2주 휴가를 준다. 그리고 나처럼 2주 동안 예비군 훈련을 받는 사람에게는 1년에 1주 휴가를 준다. 나는 1주 휴가를 이미 써먹었다.

나는 존슨에게 말했다. "소용없는 일이야. 동부 카우보이는 우리보다 먼저 오니쓰카와 관계를 맺었어."

존슨은 전혀 흔들리지 않고 나를 괴롭히는 데 썼던 타이프라이터를 꺼내더니 내가 오니쓰카 간부들 앞에서 발표해야 할 자료를 작성하기 시작했다. 스트레치가 게를 먹는 동안, 우리는 피자를 먹어가며 밤늦도록 작전을 구상했다.

다음 날 오후 오리건으로 돌아와 프라이스 워터하우스에 출근해 사무장을 만났다. "2주 동안 휴가를 써야겠어요. 지금 당장요."

그는 서류를 살펴보다가 고개를 들고는 나를 쏘아보았다. 해고될지도 모른다는 생각이 들었다. 그런데 그는 목청을 가다듬더니 이상한 말을 중얼거렸다. 무슨 말인지 알아들을 수 없을 정도였다. 아마도 사무장은 내가 제대로 된 이유도 대지 않으면서 강력하게 휴가를 요구하는 모습을 보고는 내가 심각한 문제에 빠졌다고 생각하는 것 같았다.

나는 한 발짝 뒤로 물러서서 항의하려다가 입을 다물었다. '시간을 주기만 한다면, 그냥 자기 마음대로 생각하도록 내버려두자.'

사무장은 얼마 남지 않은 머리카락을 손으로 쓸어 넘기면서 한숨을 쉬고는 이렇게 말했다. "가시게. 행운을 비네. 모든 일이 잘 해결되길 바라네."

나는 신용카드로 비행기 표를 샀다. 항공 요금을 1년 안에 납부하는 조건이었다. 지난번 일본을 방문했을 때와는 다르게, 이번에는 먼저 전보를 쳤다. 나는 곧 일본에 갈 계획이고, 미팅을 원한다고 적었다.

오니쓰카는 그렇게 알고 준비하겠다는 답신을 보냈다.

그러나 그들은 모리모토가 나를 안내하지는 않을 것이라고 알려왔다. 오니쓰카는 수출과장을 새로 발령했다.

그의 이름은 기타미였다.

기시간(きしかん). '데자뷰'에 해당하는 일본어다. 나는 또다시 일본행 비행기를 탔다. 또다시 《일본인과 사업하는 방법》을 보면서 밑줄을 쳐가며 외웠다. 또다시 고베로 가는 기차를 탔다. 또다시 뉴포트 호텔에 체크인을 하고 내 방으로 들어갔다.

나는 결전을 앞두고, 택시를 타고 오니쓰카로 갔다. 지난번 회의실로 안내할 줄 알았는데, 예상이 빗나갔다. 그들은 내가 지난번에 다녀간 건물 일부를 리모델링했다. 회의실은 완전히 새로워졌다. 더 깔끔해졌고 더 커졌을 뿐 아니라 의자도 직물 시트 의자에서 가죽 시트 의자로 바뀌었다. 테이블도 훨씬 더 길어졌다. 예전보다 훨씬 더 멋있었지만, 친숙한 느낌은 들지 않았다. 나는 혼란스럽기도 하고, 분위기에 압도당하기도 했다. 오리건 주에서 열리는 육상 대회를 준비하다가 마지막 순간에 그 대회가 로스앤젤레스 메모리얼 경기장에서 치러진다는 소식을 들은 기분이었다.

어떤 사람이 회의실로 걸어와서는 손을 내밀었다. 기타미였다. 그의 검정색 구두는 반짝반짝 빛이 났고, 머릿결은 더 빛이 났다. 빳빳한 검은 머리카락을 뒤로 빗어 넘겼는데, 머리카락 한 올 흐트러져 있지 않았다. 확실히 그는 눈을 감고 아무 옷이나 집어 입은 듯한 모리모토와는 대비됐다. 나는 기타미의 외모에 기가 꺾였다. 그는 따뜻하게 미소를 지으면서 자리에 편하게 앉으라고 했다. 그러고는 나에게 방문한 이유를 물었다. 그제야 나는 자신만만해 보이는 겉모습과 달리, 그가 회사에서 확실하게 자리를 잡지 못했다는 것을 알았다. 그는 새로운 일을 맡았고 아직 많은 자산을 갖고 있지 않았다. 내 머릿속에 갑자기 자기자본이라는 단어가 떠올랐다.

또한 내가 기타미에게 중요한 사람이라는 확신이 들었다. 나는 큰 고객이 아니지만, 그렇다고 해서 작은 고객도 아니었다. 위치는 정말 중요하다. 다시 말하자면, 나는 미국에서 신발을 팔고 있었다. 미국 시장은 오니쓰카의 미래에 상당히 중요한 곳이다. 아마도 기타미는 지금 당장은 나를 잃고 싶지 않을 터이다. 그는 오니쓰카가 동부 카우보이에게 옮겨갈 때까지는 나를 붙잡으려고 할 것이다. 지금 당장은 내가 자산이고, 신용이었다. 이 말은 내가 처음 생각했던 것보다 더 나은 카드를 쥐고 있다는 의미다.

기타미는 모리모토보다 영어를 잘했지만, 일본인 특유의 억양이 많이 남아 있었다. 나는 비행기 여행, 날씨, 타이거 판매에 관해 이런저런 이야기를 나누며 분위기에 적응했다. 그러는 동안에 다른 중역진이 들어와 각자 자리에 앉았다. 드디어 기타미도 의자에 등을 기대고 앉았다. 그가 말했다. "자, 앉으세요."

"오니쓰카 회장님은요?"

"오니쓰카 회장님은 오늘 참석하지 않으십니다."

이런 빌어먹을. 나는 오니쓰카 회장이 바우어만 코치뿐만 아니라 나한테도 호의를 베풀어주기를 잔뜩 기대하고 있었다. 기대는 빗나갔다. 결국 동지도 없이 나 혼자서 익숙하지 않은 회의실에 갇히게 됐다. 나는 정신없이 발표를 하기 시작했다.

나는 기타미와 중역진에게 블루 리본은 지금까지 괄목할 만한 발전을 이루어냈다고 했다. 우리는 탄탄한 고객 기반을 구축해 주문량을 모두 팔아 치웠으며, 앞으로도 견실한 성장을 이어갈 것이라고도 했다. 우리는 1966년에 4만 4천 달러어치를 팔았고, 1967년에는 8만 4천 달러어치를 팔 것으로 전망했다. 샌타모니카에서 소매점을 열었고, 앞으로의 발전을 위해 다른 지역에서 소매점을 열 계획이라고 덧붙였다. 이 모든 설명을 마친 뒤 나는 몸을 앞으로 내밀면서 "우리는 타이거 운동화를 미국 전역에서 독점판매하기를 간절히 바랍니다. 그렇게 하는 것이 오니쓰카에도 좋을 것으로 생각합니다"라며 마무리 지었다.

동부 카우보이에 대해서는 일절 언급하지 않았다.

나는 사람들의 표정을 살펴보았다. 모두가 딱딱한 표정을 하고 있었다. 특히 기타미가 가장 그랬다. 그는 아주 간단명료하게 그렇게는 할 수 없다고 말했다. 오니쓰카는 우리보다 규모가 크고 탄탄한 판매업자를 원했다. 그래야만 오니쓰카가 원하는 양을 소화할 수 있을 것이라고 설명했다. 오니쓰카를 안심시키려면 동부 지역에 사무소가 있어야 했다.

나는 잔뜩 흥분해서 더듬거리며 말했다. "저, 저희 블루리본도 동부 지역에 사무소가 있습니다."

기타미는 놀란 표정을 지었다. "아, 그래요?"

"네, 그렇습니다. 우리는 동부, 서부에 사무소가 있고, 곧 중서부에도 사무소를 열 계획입니다. 분명히 말씀드리지만, 우리는 미국 전역을 대상으로 판매할 역량이 됩니다." 나는 말을 마치며 주변을 둘러보았다. 사람들의 표정이 조금은 환해졌다.

"네, 알겠습니다. 우리가 몰랐던 내용이네요."

기타미는 오니쓰카가 나의 제안을 신중하게 검토할 것이라고 말했다. 우리는 서로 인사를 나누고 회의를 마쳤다.

나는 호텔까지 걸어갔다. 고베에서의 두 번째 밤을 방 안을 왔다 갔다 하면서 보냈다. 다음 날 아침 일찍, 오니쓰카에서 다시 만나자는 연락이 왔다. 기타미는 나에게 미국 전역에 대한 독점판매권을 부여했다.

계약 기간은 3년이었다.

계약서와 5000켤레에 대한 주문서에 사인할 때, 나는 최대한 태연하게 보이려고 했다. 5000켤레를 주문하려면 2만 달러가 필요하지만, 내 수중에는 그 돈이 없었다. 기타미는 동부 지역 사무소로 5000켤레를 보내겠다고 했는데, 그 사무소도 없기는 마찬가지였다.

나는 기타미에게 동부 지역의 정확한 주소를 전보로 알려주겠다고 약속했다.

미국으로 돌아오는 비행기에서 태평양 위에 떠 있는 구름을 바라보며 후지산 정상에 올랐던 때를 회상했다. 새러가 내가 이렇게 대단한 일을 해낸 모습을 본다면 어떻게 생각할까? 동부 카우보이는 오니쓰카에서 비보를 듣고는 어떻게 생각할까?

나는《일본인과 사업하는 방법》을 눈에 띄지 않는 곳에 잘 두었다. 내 수하물은 각종 기념품들로 가득했다. 어머니, 여동생, 햇필드 할머니에게 줄 기모노가 있었고, 내 책상 위에 걸어둘 작은 사무라이 검도 있었다. 하지만 뭐니 뭐니 해도 일제 소형 텔레비전이 최고였다. 나는 살짝 웃으면서, 이 모든 게 전리품이라고 생각했다. 그러나 태평양 한복판을 지날 때쯤, '승리'에 따르는 부담감이 나를 내리누르기 시작했다. 그처럼 엄청난 금액을 빌려달라고 하면 월리스는 어떤 표정을 지을까? 월리스가 거부하면 그다음에는 어떻게 해야 할까?

그가 승인하더라도 동부 지역에 사무소를 어떻게 열어야 할까? 주문한 신발이 도착하기 전에 사무소를 열어야 한다. 누가 사무소를 꾸려 나가지?

붉게 타오르는 곡선 모양의 지평선을 바라보았다. 지구상에는 에너지가 넘치고 무턱대고 미친 듯이 열심히 일하는 떠돌이가 한 사람 있다. 바로 그가 신발이 도착하기 전에 동부로 달려가야 한다.

나는 스트레치가 대서양 바닷물을 좋아할지 궁금했다.

나는 동부 지역 사무소 문제를 깔끔하게 처리하지 못했다.

존슨이 어떤 반응을 보일지 대충 짐작이 갔다. 그래서 두려웠다. 나는 존슨에게는 전체적인 내용을 전하지 않고, 뒤로 미루기만 했다. 그냥 오니쓰카와의 미팅은 잘 끝났고, 미국 전역에 대한 독점판매권을 얻어냈다는 내용만 간단하게 전했다. 그 정도로 해두기로 했다. 나는 동부로 보낼 다른 사람을 찾을 수 있을 것이라는 희망을 품었다. 그렇지 않으면, 월리스가 계획 전체를 날려버릴 것이다.

그리고 실제로 다른 사람을 찾았다. 그런데 장거리 주자 출신이었던 그 사람은 동부로 가기로 했다가 불과 며칠 뒤에 마음을 바꾸었다. 나는 좌절과 혼란 속에서 시간을 보내다가, 샌타모니카 가게의 존슨을 대체할 인물을 찾는 게 훨씬 더 쉽겠다는 결론을 내렸다. 로스앤젤레스에서 고등학교 육상 코치로 일하는 존 보크에게 의향을 물었다. 그는 내 친구의 친구인데, 이 기회를 놓치지 않으려고 했다. 보크는 의욕에 불타올랐다. 그가 의욕에 불타 있는 것을 어떻게 알았느냐고? 그다음 날, 보크는 존슨의 가게에 가서 자기가 그 가게를 새로 맡기로 되어 있다고 했다. 당연히 존슨은 깜짝 놀랐다. "뭐라고요? 당신이 새로 맡는다고요?"

"당신은 동부로 갈 거라면서요. 제가 이 가게를 새로 맡기로 했습니다."

존슨은 전화를 걸러 가면서 계속 확인했다. "내가 언제, 어디로 간다고요?"

나는 존슨과의 전화통화도 깔끔하게 마무리하지 못했다. 나는 존슨에게 "아하, 내가 방금 전화하려고 했어. 참 미안하게 됐어"라고 말했다. 내가 일을 미숙하게 처리해 그런 소식을 그런 식으로 전하게 되어 미안하다고 했다. 그리고 오니쓰카에 우리가 이미 동부 지역에 사무소를 개설한 것처럼 거짓말을 할 수밖에 없었다고 설명했다. 그러다 보니 일이 이처럼 꼬이게 됐다는 말도 덧붙였다. 신발은 곧 뉴욕항에 도착할 것이고, 존슨이 아니면 사무실을 설립하고 신발을 판매하는 일을 맡아서 해줄 사람이 아무도 없다고도 했다. 블루 리본의 운명은 존슨의 어깨에 달려 있다고도 했다.

처음에 존슨은 깜짝 놀랐다. 그다음에는 화를 냈다. 그다음에는 충격을 받았다. 감정이 이렇게 변하는 데 1분도 채 걸리지 않았다. 나는 당장 비행기를 타고 존슨의 가게로 날아갔다.

존슨은 동부 지역에서 살고 싶지 않다고 말했다. 그는 캘리포니아를 사랑했다. 그는 캘리포니아를 떠나서 살아본 적이 없었다. 캘리포니아에서는 1년 내내 달리기를 할 수 있다. 그리고 내가 아는 한, 존슨은 달리기를 하지 않고는 살아갈 수 없는 사람이다. 이런 사람이 찬바람이 쌩쌩 부는 동부에서 어떻게 살아갈 수 있겠는가? 존슨의 이야기는 쉬지 않고 계속됐다.

그런데 존슨이 갑자기 태도를 바꾸었다. 존슨의 성역이라 할 수 있는 가게 한가운데에서 존슨은 들릴락 말락 한 목소리로 지금 블루 리본은 운명의 갈림길에 놓여 있다며, 자신은 블루 리본에 재정적으로나 정신적으로 많은 것을 투자했다고 말했다. 동부 지역 사무소를 설치하고 꾸려나갈 사람이 자기 말고 아무도 없다는 점도 인정했다. 나는 그저 잠자코 기다렸다.

기다리고 또 기다렸다.

드디어 존슨이 말했다. "좋아. 가겠어."

"정말? 너무너무 고마워."

"그런데 어디야?"

"어디라니?"

"나보고 가라고 했잖아?"

"항구가 있는 동부 지역이라면 어디든지 괜찮아. 메인 주의 포틀랜드에는 가지 말고."

"왜?"

"서로 다른 두 개의 포틀랜드에 사무소를 둔 회사? 아마 일본 사람들이 아주 헷갈려 할 거야."

좀 더 의논한 결과, 우리는 뉴욕과 보스턴이 가장 적합하다는 데 의견을 모았다. 특히 보스턴이 좋을 것 같았다. 우리 두 사람 중 누군가가 "보스턴에서 주문이 많이 들어와"라고 말했다.

존슨은 단호히 말했다. "좋아, 보스턴으로 가지."

나는 존슨에게 보스턴의 단풍 사진이 크게 실려 있는 여행 팸플릿을 여러 장 내밀었다. 속이 보이는 행동이었지만, 그만큼 절실했다.

존슨은 무슨 생각으로 팸플릿을 가져왔는지 물어봤다. 나는 존슨이 올바른 결정을 할 것으로 믿었다고 했다.

존슨은 큰소리로 웃었다.

넓은 아량으로 그런 결정을 해준 존슨이 무척 고마웠다. 존슨이 더욱 좋아졌다. 아마도 그의 헌신적인 애정 때문이었을 것이다. 이제까지 내가 존슨을 무성의하게 대한 게 후회됐다. 답장 없는 수많은 편지들. 누가 봐도 존슨은 신뢰할 만한 팀플레이어였다.

그런데, 그런 존슨이 며칠 후 갑자기 그만두겠다고 협박했다.

물론, 편지를 통해서였다. 존슨은 "나는 지금까지 우리가 거둔 성공에 많은 기여를 했다고 생각해. 또한 앞으로 우리가 적어도 2년 동안에 이루어낼 성공에도 많은 역할을 할 것으로 생각해"라고 적었다.

그는 나에게 두 가지 최후통첩을 전했다.

1. 존슨은 블루 리본의 정식 동업자가 된다.
2. 월급을 600달러로 인상한다. 여기에 타이거 판매량이 6000켤레가 넘는 부분에 대해 발생하는 이익의 3분의 1을 지급한다.

존슨은 이 두 가지 요구 사항이 받아들여지지 않으면 회사를 그만두겠다고 했다.

나는 바우어만 코치에게 전화해서 첫 번째 정규직원의 반란 소식을 알렸다. 바우어만 코치는 조용히 들으며 상황을 여러 측면에서 면밀히 검토하더니 평결을 냈다. 기본적으로 '아무도 그를 원하지 않는다'는 것이었다.

나는 존슨이 필요하다는 걸 깨달았다. 회사 지분을 주는 식으로 존슨을 달래볼까 생각했다. 이것을 좀 더 면밀히 따져봤지만, 답이 나오지 않았다. 바우어만 코치나 나나 각자 지분에서 일정 부분을 떼어놓고 싶지가 않았다. 존슨의 최후통첩은 내가 받아들이고 싶더라도 재고할 수 없는 주장이었다.

당장 팰로앨토로 날아가 자기 아버지 집에서 연좌농성을 벌이고 있는 존슨을 만났다. 존슨은 우리 두 사람의 대화에 아버지인 오언이 참여하기를 원한다고 말했다. 미팅은 오언의 사무실에서 가졌다. 처음에는 아버지와 아들의 너무나도 닮은 외모에 놀라 멍하니 서 있었다. 두 사람은 외모와 목소리뿐 아니라 여러 가지 습관까지 닮아 있었다. 그러나 닮은 점은 그게 전부였다. 오언은 처음부터 소리를 크게 지르며 공격적으로 나왔다. 그가 이번 반란의 배후 조종자라는 사실을 어렵지 않게 알 수 있었다.

오언은 영업사원이었다. 그는 녹음 장치를 판매했는데, 자기 분야에서 크게 성공한 사람이었다. 대부분의 영업사원들과 마찬가지로, 그는 인생을 긴 협상 과정이라고 생각했다. 그리고 그는 이런 과정을 즐겼다. 다시 말하자면, 나하고는 정반대의 사람이었다. '자, 이제 시작이다.' 협상의 달인과 길고도 힘든 전투가 시작됐다. 이 전투는 과연 어떻게 끝날 것인가?

오언은 자기 아들이 블루 리본을 위해 한 모든 일을 나열하는 것으로 이야기를 시작했다. 그는 블루 리본이 지금의 위치에 오른 데는 자기 아들의 공이 컸다고 주장했다. 나는 고개를 끄덕이고는 이야기를 계속하게 내버려두었다. 한쪽에 떨어져 가만히 앉아 있는 존슨과는 눈을 마주치지 않으려고 했다. 이 모든 것이 두 부자가 사전에 만들어놓은 각본에 따라 움직이는 것은 아닌지 의심됐다. 지난번 일본 출장을 가기 전에 나하고 존슨이 그랬던 것처럼 말이다. 오언이 이야기를 마무리하면서, 지금까지의 공헌도를 볼 때 자기 아들은 블루 리본의 정식 파트너가 되어야 한다고 주장했다. 나는 목청을 가다듬고 존슨은 블루 리본에 없어서는 안 되는 꼭 필요한 존재이며, 존슨이 블루 리본에 중요하고도 가치 있는 일을 해왔음을 인정했다. 그때부터 내 말이 점점 빨라지기 시작했다. "사실 블루 리본의 매출액은 4만 달러인데, 부채는 이보다 많습니다. 그래서 지금은 나누어줄 것이 없습니다. 지금 우리는 있지도 않은 파이를 어떻게 나눌 것인가를 두고 싸우고 있는 겁니다."

또한 바우어만 코치가 블루 리본의 지분을 양도할 생각이 전혀 없기 때문에, 나도 내 지분을 양도할 수 없다고 했다. 내가 지분을 양도하면, 나 자신이 만들어낸 것에 대한 지배력을 넘겨주는 결과가 된다. 이것은 있을 수 없는 일이다.

나는 대안으로 존슨의 월급을 50달러 인상하겠다고 제안했다. 오언은 그간의 수많은 협상을 통해 갈고닦은 험악하고도 강렬한 눈빛으로 나를 노려보았다. 그는 내가 월급을 더 많이 인상해주기를 바랐다. 그러나 이번만큼은 굽힐 수 없었다. 줄 수 있는 것이 없었기 때문이다.

"그래도 싫으면 그만두세요." 포카드(four of a kind)[같은 숫자 네 개를 말하는데, 포카드 패는 상대방이 추측하기가 아주 힘들다]였다. 그는 나를 제압하기 어려웠을 것이다.

오언은 자기 아들에게로 눈길을 돌렸다. 사실 그나 나나 결국에는 존슨이 이 문제를 결정지을 사람이라는 것을 처음부터 알고 있었다. 존슨의 얼굴에선 두 가지 상반된 요구가 그의 마음을 얻기 위해 싸우고 있는 모습이 보였다. 존슨은 내 제안을 받아들이고 싶지 않았다. 그러나 포기하고 싶지도 않았다. 그는 블루 리본을 사랑했다. 그는 블루 리본이 필요했다. 그는 블루 리본만큼 자기한테 잘 맞는 곳은 이 세상 어디에도 없다고 생각했다. 그에게 블루 리본은 우리 세대의 젊은이들이 주로 선택해야 했던 고달픈 회사 생활의 유일한 대안이었다. 그는 내가 답장하지 않는 것을 가지고 수만 번은 불평을 늘어놓았다. 하지만 그런 자유방임형 경영 스타일이 오늘날의 존슨을 만들었다. 이런 자유를 누릴 만한 곳을 찾기는 불가능에 가까웠다. 그는 몇 초 동안 고민하더니 나에게 손을 내밀고 악수를 청했다. "좋아. 그렇게 하겠어."

우리는 10킬로미터 달리기와 함께 협정에 서명했다. 내가 기억하기로 그날 달리기의 승자는 바로 나였다.

동부 지역에 존슨을 배치하고, 보크가 존슨의 가게를 인수하면서, 블루 리본에는 직원들이 넘쳐나게 됐다. 바로 그때 바우어만 코치에게서 전화가 왔다. 직원을 한 사람 더 고용하라는 것이었다. 제프 홀리스터라는 친구였는데, 바우어만 코치가 가르친 선수 출신이었다.

나는 어느 햄버거 가게에서 홀리스터를 만났다. 어쨌든 서로 이야기가 잘됐다. 내가 점심 밥값을 내려고 지갑을 열다가 돈이 없어 당황하자, 홀리스터가 기꺼이 자기가 내겠다고 했다. 그를 뽑지 않을 수 없었다. 나는 그를 블루 리본의 세 번째 정규직원으로 뽑고는 캘리포니아 전역에서 타이거를 판매하도록 했다.

얼마 지나지 않아, 바우어만 코치가 또 전화를 해서 다른 사람을 고용하라고 부탁했다. 불과 몇 개월 만에 직원을 네 배로 늘리라고? 코치님은 나를 제너럴 모터스 회장쯤으로 생각하고 계시는 건가? 내가 주저하는데, 바우어만 코치가 지원자의 이름을 알려주었다.

"밥 우델."

물론 나는 그 이름을 알고 있었다. 아니, 오리건 사람은 모두 그 이름을 알고 있었다. 우델은 1965년도 바우어만 코치의 제자들 중 가장 뛰어난 선수였다. 그냥 스타 선수 정도가 아니라 의지가 굳세고 감동을 주는 선수였다. 오리건대학교가 전국 대회 3년 연속 우승을 노릴 때, 멀리뛰기 종목에서 혜성처럼 등장한 우델은 의기양양하던 UCLA 선수를 상대로 통쾌한 승리를 거두었다. 나도 그 자리에 있었다. 나는 우델의 경기 모습을 보면서, 깊은 인상을 받았다.

그다음 날 텔레비전에서는 오리건 어머니날 기념식장에 있었던 사고 소식을 전했다. 우델은 친구 20여 명과 함께 오리건대학교 캠퍼스를 감아 도는 밀레이스(Millrace) 하천에 가라앉은 무대차를 끌어올리고 있었다. 그들이 그것을 뒤집으려고 하는데, 누군가가 발을 헛디뎠다. 그러자 다른 누군가가 균형을 잃었고, 또 다른 누군가가 손을 놓쳤다. 사람들은 비명을 지르며 모두 도망쳤다. 이때 무대차가 넘어지면서 우델을 덮쳤고, 우델은 요추를 크게 다쳤다. 우델이 다시 걸을 수 있을 가능성은 거의 없었다.

바우어만 코치는 우델의 치료비를 모금하기 위해 밤 시간에 헤이워드 필드에서 육상 대회를 열었다. 그리고 우델의 일자리를 알아보고 있었다. 그는 “지금 그 불쌍한 친구가 부모님 집에서 휠체어에 앉아 벽만 쳐다보고 있네”라고 말하였다. 우델은 바우어만 코치에게 육상부의 보조 코치로 일할 수 있는지 조심스럽게 물었다고 했다. 바우어만 코치는 고개를 저었다. “벅, 그건 아니라고 생각해. 하지만 그 친구는 블루 리본을 위해서는 무언가를 할 수 있을 것 같아.”

나는 당장 우델에게 전화했다. 사고 소식을 들었다며 너무 안됐다는 말을 할 뻔했지만, 하려던 말을 급히 중단했다. 그런 말을 하는 게 적절한지 확신이 서지 않았다. 마음속으로 몇 가지 말을 준비했지만, 하나같이 적절하지 않은 것 같았다. 도저히 무슨 말을 해야 할지 알 수 없었던 것은 그때가 처음이었다. 입을 떼지 못한 채 몇 시간은 지난 것 같았다. 어느 날 갑자기 걸을 수 없게 된 육상 스타에게 뭐라고 할 수 있겠는가? 나는 일에 관련된 말만 해야겠다고 생각했다. 나는 우델에게 바우어만 코치가 그를 추천하면서 블루 리본에 그가 일할 만한 자리가 있는지 물었다고 했다. 그러고는 같이 점심 식사를 하자고 권했다. 그는 흔쾌히 그러자고 했다.

우리는 다음 날 포틀랜드 북쪽 교외 지역에 위치한 비버튼의 샌드위치 가게에서 만났다. 우델은 그곳까지 직접 운전해서 왔다. 그는 벌써 장애인용 자동차, 머큐리 쿠거를 조작하는 데 익숙해져 있었다. 사실, 우델이 먼저 와서 기다렸고, 내가 15분 정도 늦게 도착했다.

휠체어가 아니었으면, 우델을 알아보지 못했을 것이다. 그를 텔레비전에서 여러 번 봤지만 실제로는 단 한 번 봤을 뿐이다. 커다란 시련을 겪고 나서 그는 엄청나게 말라버렸다. 그는 체중이 27킬로그램이나 빠졌다고 했다. 날렵했던 모습은 이제 눈에 띄지 않았다. 그러나 새까맣고 촘촘한 곱슬머리는 지금도 여전했다.

그는 내가 그리스의 어느 시골 마을에서 봤던 헤르메스(Hermes)[그리스 신화 속 신들의 전령인 그는 웅변, 음악, 운동 경기의 수호신으로 유명하다]의 반신상처럼 보였다. 그의 검은 눈동자는 강인함과 명민함을 잃지 않았지만, 거기에 슬픔이 묻어 있었다. 존슨과 닮은 점이 많았다. 어쨌든 그는 내 마음을 사로잡았다. 나는 친밀감을 느꼈다. 약속에 늦어서 미안했다.

점심 식사는 면접 심사를 위한 자리였으니 형식을 갖춰야 했다. 우리는 이런 사실을 잘 알고 있었다. 그러나 '오리건의 남자들'은 자신들만의 방식이 있다. 우리 두 사람은 바우어만 코치의 문하생이라는 사실을 차치하더라도 무엇보다 서로 죽이 잘 맞았다. 우리는 바우어만 코치 이야기를 하면서 많이 웃었다. 바우어만 코치가 제자들을 강인하게 키운다면서 고문하던 다양한 방법들을 추억하면서 말이다. 바우어만 코치가 난로에 시뻘겋게 달군 열쇠를 사우나에서 벌거벗은 채 앉아 있던 제자들의 몸에 눌러대던 일이 떠올랐다. 우리 모두가 그런 고문의 피해자였다. 우델에 대해 전혀 몰랐더라도 같이 일하고 싶은 생각이 금방 들었을 것이다. 그를 만나서 기뻤다. 그는 나하고 잘 맞는 사람이었다. 블루 리본이 앞으로 어떻게 될 것인가에 대해서는 확신이 서지 않았다. 그러나 블루 리본이 어찌 되든 간에, 나는 우델이라는 사람을 놓치고 싶지 않았다.

나는 우델에게 오리건대학교 유진 캠퍼스에서 조금 떨어진 곳에 블루 리본의 두 번째 소매점을 설치하고 이를 맡아줄 것을 제의했다. 월급은 400달러를 제시했다. 그는 협상도 하지 않고 고맙게 받아들였다. 그가 4000달러를 요구했더라도 들어줄 방법을 찾으려고 했을 것이다.

내가 "그럼, 합의된 겁니까?"라고 묻자, 그는 "네"라고 대답하고 나에게 악수를 청했다. 그는 여전히 운동선수답게 손힘이 강했다.

여종업원이 계산서를 내밀었고, 나는 우델에게 기꺼이 내가 사겠다고 했다. 그런데 지갑에 돈이 없었다. 나는 블루 리본의 네 번째 정규직원에게 돈을 빌려줄 수 있는지 물어봤다. 월급날까지 봐달라고 했다.

내게 새로운 직원을 보내지 않을 때 바우어만 코치는 최근 실험 결과를 보냈다. 1966년에 그는 스프링 업의 중창은 여전히 단단한데 바닥창이 버터처럼 녹아 들어가는 것에 주목했다. 그래서 오니쓰카에 스프링 업의 중창을 림버 업의 바닥창과 함께 녹여서 장거리 선수용 트레이닝화를 만들 것을 제안했다. 1967년에 오니쓰카는 우리에게 신제품을 보냈는데, 품질이 놀라울 정도로 뛰어났다. 신발은 풍부한 쿠션에 매끈한 라인을 뽐내며, 밝은 미래를 예고했다.

오니쓰카는 우리에게 이 신발의 상표명에 대해 좋은 아이디어가 있으면 말해달라고 했다. 바우어만 코치는 1968년에 멕시코시티에서 열리는 올림픽을 축원하는 의미에서 '아즈텍(Aztec)'을 제안했다. 나도 마음에 들었고, 오니쓰카에서도 흔쾌히 받아들였다. 아즈텍은 바로 이렇게 탄생했다.

그런데 아디다스가 소송을 제기하겠다고 위협했다. 아디다스는 멕시코시티 올림픽을 겨냥해 트랙 스파이크의 일종인 '아즈테카 골드(Azteca Gold)'라는 신제품을 이미 출시한 터였다. 이에 대해서는 아무도 들어본 적이 없었다. 하지만 이런 사실이 아디다스가 소란 피우는 것을 막지는 못했다.

나는 사태의 심각성을 깨닫고는 차를 몰고 바우어만 코치에게 가서 상황을 충분히 설명했다. 우리는 넓은 포치에 앉아 말없이 강을 내려다보았다. 그날따라 강물은 은빛 구두끈처럼 반짝였다. 바우어만 코치는 야구 모자를 벗더니 다시 썼다. 그러고는 얼굴을 문지르며 물었다.

"아즈텍을 정복한 그 사람 이름이 뭐라고 했지?"

"코르테즈(Cortez)라고 하던데요."

그러자 바우어만 코치는 투덜거리듯 말했다. "좋아, 이번 제품은 코르테즈라고 하지."

나는 아디다스에 대해 병적인 반감을 가져왔다. 아니, 어쩌면 그 반감이 건강에 도움이 될 수도 있다. 독일 회사 하나가 세계 신발 시장을 수십 년에 걸쳐 지배해왔다. 그들은 확고한 지배력을 바탕으로 오만한 태도를 보였다. 물론 그들이 오만하지 않았는지도 모른다. 동기 부여를 위해 내가 그들을 악한으로 규정한 것인지도 모른다. 어찌됐든 나는 그들을 경멸했다. 나는 날마다 그들을 올려다보고 그들이 멀리 앞서가는 모습을 봐야 하는 것이 싫었다. 나는 그렇게 하는 것이 나의 운명이라고는 생각하고 싶지 않았다.

이런 상황은 짐 그렐리라는 친구를 생각나게 했다. 고등학교 시절, 그렐리(그렐라 혹은 때로는 고릴라라고도 발음했다)는 오리건에서 가장 빠른 육상 선수였다. 나는 두 번째로 빠른 선수였다. 다시 말해, 나는 4년 동안 그의 등만 쳐다봤다. 그와 나는 함께 오리건대학교에 들어갔는데, 거기서도 그의 독재는 계속됐다. 대학교를 졸업하면서 나는 다시는 그의 등을 쳐다보지 않게 되기를 소망했다. 몇 년 뒤 그렐리가 모스크바의 레닌 경기장에서 1500미터 우승을 차지했을 때, 나는 군복을 입고 포트 루이스의 휴게실 의자에 앉아 있었다. 나는 두 주먹을 움켜쥐고 텔레비전을 바라보면서 오리건 출신의 내 친구를 무척 자랑스럽게 생각했다. 그러나 그렐리가 나를 제압했던 기억에 조금은 의기소침해졌다. 지금 내게 아디다스는 제2의 그렐리였다. 그들의 뒤를 쫓아가야 하는 처지에서 그들이 나에게 법적 제재를 가하려고 하는 것이 나를 끝없이 짜증나게 했다. 하지만 이런 상황은 나에게 동기를 부여하기도 했다. 그것도 아주 강하게.

나는 나보다 훨씬 강한 상대를 따라잡기 위한 비현실적인 노력을 하던 중에, 다시 한 번 바우어만 코치를 만났다. 그는 내가 승리할 수 있도록 최선의 가르침을 주었다. 나는 바우어만 코치가 오리건대학교의 영원한 라이벌, 오리건주립대학교와의 경기를 앞두고 격려 연설을 하던 모습을 자주 떠올렸다. 바우어만 코치의 영웅적인 연설 중 오리건주립대학교가 그저 우리의 경쟁 상대 중 하나에 불과한 것만은 아니라고 했던 말이 생각났다. 그는 이렇게 말했다. “서던캘리포니아대학교와 캘리포니아주립대학교를 이기는 것도 중요하다. 하지만 오리건주립대학교를 이기는 것은 (잠시 멈췄다가) 특별하다.” 거의 60년이 지났지만, 바우어만 코치의 단어, 어조를 떠올리면 지금도 온몸에 전율이 인다. 어느 누구도 그의 승부

사 기질을 따라갈 수 없을 것이다. 그는 잠재의식 속에 있는 것을 이탤릭체를 써서 말하는 법을 알고 있었다. 그는 맨살에다 뜨거운 열쇠를 갖다 대듯, 느낌표를 슬며시 끼워 넣는 법도 알고 있었다.

영감을 얻고 싶을 때 나는 바우어만 코치를 처음 만났던 때를 떠올리곤 한다. 바우어만 코치는 로커룸을 돌아다니면서 새 운동화를 나누어주고 있었다. 바우어만 코치가 다가오는데도, 나는 내가 그의 팀 구성원이라는 사실 자체가 실감나지 않았다. 나는 신입생이었고, 실력이 입증되지 않았을 뿐만 아니라, 성장하는 과정이었다. 그는 내게 새 운동화를 내밀면서 "나이트"라고 말했다. 그게 전부였다. 이름을 제외하고는 한마디도 덧붙이지 않았다. 나는 운동화를 내려다보았다. 노란 줄무늬가 새겨진, 오리건대학교를 상징하는 초록색 운동화였다. 내가 본 운동화 중에서 가장 멋있었다. 나는 그것을 품에 안고 집으로 가져와 내 방 책장 맨 위 칸에 고이 모셔놓고는 거위목 모양의 스탠드로 은은하게 비추었다.

물론 그 신발은 아디다스 제품이었다.

1967년이 끝날 무렵, 바우어만 코치는 나뿐만 아니라 많은 사람에게 영감을 주었다. 예전에 바우어만 코치가 말한, 조깅에 관한 엉뚱한 책이 서점에 나온 것이다. 《조깅(Jogging)》은 100쪽 정도의 얇은 책자였지만, 국민 전체가 소파에 축 늘어져서 지내는 미국에 들어본 적 없는 신체 운동에 관한 복음을 전파했다. 선풍적인 인기를 끌면서 100만 부나 팔린 이 책은 미국 전역에서 조깅 열풍을 일으켰다. 더불어 미국인들에게 달리기의 의미를 완전히 바꾸어놓았다. 바우어만 코치와 이 책 덕분에 달리기는 더 이상 별난 사람이 하는 운동으로 여겨지지 않았다. 달리기는 더 이상 컬트가 아니고, 쿨한 놀이가 됐다.

나는 바우어만 코치가 베스트셀러 작가가 된 게 무척 기뻤다. 그것이 블루 리본에도 좋은 일이 될 것이라고 생각했다. 《조깅》이 널리 알려지면 우리 제품의 매출도 당연히 신장되겠지! 그런 생각을 하며 조용히 앉아 《조깅》을 읽었는데, 가슴이 철렁 내려앉으며 속이 뒤틀렸다. 바우어만 코치는 적절한 조깅 장비에 관해 설명하면서 타당하기는 하나 나로선 당황스럽기 그지없는 조언을 했다. 정강이 외골종(shin splint)[특히 트랙 경기 선수들에게 많은 정강이 염증]에 관해 설명하면서, 적절한 신발을 신는 게 중요하지만 어느 신발이든 신어도 괜찮다고 했다. "정원 일을 할 때 신는 신발 혹은 가사 일을 할 때 신는 신발도 괜찮습니다."

이게 무슨 말인가?

운동복에 관해서도 적절한 복장은 기분을 북돋우는 데 도움이 되지만, 굳이 브랜드에 구애받을 필요는 없다고?

아마도 바우어만 코치는 전문적인 운동선수가 아닌 격식을 차리지 않는 일반 사람들에게 건네는 조언으로 이 말을 했을 것이다. 하지만 도대체 무엇 때문에 그런 말을 활자에 담았을까? 그것도 블루 리본이 브랜드를 구축하기 위해 밤낮을 가리지 않고 노력하고 있을 때 말이다. 이 말이 블루 리본과 나에 대한 바우어만 코치의 속마음을 보여주는 것은 아닐까? 어떤 신발이라도 괜찮다고? 그 말이 사실이라면 우리는 무엇 때문에 타이거를 팔려고 그처럼 빈둥거렸던 걸까?

나는 아디다스를 뒤쫓고 있었지만, 어떤 면에서는 여전히 바우어만 코치를 뒤쫓고 있었다. 그의 인정을 받기 위해서 말이다. 그리고 늘 그랬듯, 1967년 역시 둘 중 하나도 따라잡기 어려울 것 같았다.

바우어만 코치의 코르테즈 덕분에, 우리는 매출 목표 8만 4천 달러를 달성하면서 1967년 한 해를 정신없이 마무리했다. 나는 퍼스트 내셔널에 가는 날을 즐거운 마음으로 기다렸다. 월리스는 마침내 나를 더 이상 윽박지르지 않고 돈주머니를 풀었다. 그는 이제 성장의 가치를 인정하는 듯했다.

그사이에 내 아파트로는 블루 리본을 감당할 수 없을 정도가 됐다. 블루 리본이 내 아파트를 접수했다는 표현이 정확할 것이다. 당시 내 아파트는 존슨의 독신자용 아파트처럼 보였다. 보라색 불빛과 새끼 문어만 있으면 그곳과 아주 똑같을 것 같았다. 적당한 사무 공간을 확보해야 했다. 더 이상 미룰 수 없었다. 그래서 포틀랜드의 동부 지역에서 큰 사무실을 얻었다.

사무실은 변변치 않았다. 낡고 평범한 사무실로, 천장과 창문이 높았다. 유리창은 몇 군데 깨져 있고, 창문은 열린 채 꼼짝하지 않았다. 이는 기온이 항상 섭씨 10도인 상태에서 바람이 많이 부는 차가운 곳에서 일해야 한다는 것을 의미했다. 사무실 오른쪽 바로 옆에는 핑크 버킷이라는 시끌벅적한 음식점이 있었다. 매일 오후 정각 4시 주크박스가 작동했다. 벽이 얇아서 모든 소리가 고스란히 통과했다. 음반을 내리는 소리가 들리고, 곧 시끄러운 음악이 귀를 진동했다.

하지만 월세가 저렴했다. 한 달에 고작 50달러였다.

사무실을 보기 위해 우델과 함께 다녔는데, 우델은 그곳이 끌린다고 했다. 우델을 유진 소매점에서 새로운 사무실로 전출시켰기 때문에 무엇보다 그의 마음에 들어야 했다. 우델은 유진 소매점에서 대단한 능력을 발휘했다. 그는 에너지가 넘쳤을 뿐 아니라 일을 기획하는 데 특별한 재능을 보였다. 나는 내가 '본사'라고 부르는 곳에서 그를 더 유용하게 쓰고 싶었다. 그는 이런 기대에 보답이라도 하듯, 첫날부터 꼼짝

하지 않는 창문에 대한 해결책을 가지고 왔다. 육상 경기용 투창을 가져와 창문 걸쇠에 걸고는 그것을 밀어서 창문을 닫은 것이다.

우리에겐 깨진 유리창을 보수할 재정적 여력이 없었다. 그래서 우리는 아주 추운 날에는 스웨터를 입기로 했다.

사무실 앞쪽의 소매점 공간과 뒤쪽의 창고 공간을 구분하기 위해 사무실 중앙에 합판으로 벽을 쳐놓았다. 나는 이런 일에 능숙하지 않았다. 그러다 보니 바닥이 심하게 뒤틀렸고, 벽도 똑바르지 않았다. 3미터 정도 물러나서 보니 벽이 물결치는 것처럼 보였다. 우델과 나는 이것을 대단한 멋을 부린 인테리어로 보기로 했다.

우리는 중고 사무용품 가게에서 낡아빠진 책상 세 개를 샀다. 하나는 내가, 다른 하나는 우델이, 나머지 하나는 다음에 우리 사무실에서 일하게 될 멍청한 친구가 쓸 것이다. 나는 존슨이 샌타모니카 가게에서 발휘했던 아이디어를 빌려서 코르크판을 벽에 걸고는 거기에 타이거 모델 사진을 압정으로 고정시켰다. 한쪽 구석에는 고객이 앉아서 신발을 신어볼 수 있도록 작은 공간을 마련했다.

어느 날, 오후 6시 5분 전에 한 고등학생이 사무실로 찾아와 아주 조심스럽게 운동화를 좀 보고 싶다고 했다. 우델과 나는 서로 쳐다보다가 시계를 한번 봤다. 우리는 녹초가 된 상태였지만, 한 켤레라도 더 팔고 싶었다. 우리는 그 학생에게 발등, 보폭, 생활 습관에 관해 묻고는 이것저것 적합한 운동화를 꺼내 신어보라고 했다. 그 학생은 운동화마다 발을 넣고 끈을 맨 뒤 방 안을 걸어보곤 잘 안 맞는 것 같다며 망설였다. 7시쯤 학생은 집에 가서 생각해보겠다고 말했다. 학생이 나간 뒤 우델과 나는 산더미처럼 쌓인 빈 박스와 여기저기 흩어진 운동화에 둘러싸여 털썩 주저앉아 서로를 쳐다보았다.

이렇게 살려고 신발 회사를 차린 걸까?

아파트에 있는 재고를 새 사무실로 조금씩 옮기면서 아파트에서 나와 사무실에서 살아야겠다는 생각이 들었다. 그럭저럭 살 수 있을 것 같았다. 프라이스 워터하우스에서 퇴근하고 블루 리본에서 지내면, 혹은 그 반대로 블루 리본에서 퇴근하고 프라이스 워터하우스에서 지내면 아파트 월세를 절약할 수 있었다. 샤워는 체육관에서 해결하면 된다.

그러나 한편으로는 그렇게 사는 건 미친 짓이라는 생각이 들었다.

그때 존슨에게서 자기가 새 사무실에서 먹고산다는 편지를 받았다.

그는 블루 리본의 동부 지역 사무소를 보스턴 주변의 조그만 교외 지역, 웰즐리에서 차렸다고 했다. 편지에는 존슨이 직접 그린 지도와 사무실 스케치를 포함해 내가 알려고도 하지 않은 웰즐리의 역사, 지형, 기후에 관한 자세한 정보가 적혀 있었다. 그는 자기가 웰즐리를 선택하게 된 과정도 설명했다.

존슨은 처음에 뉴욕 주 롱아일랜드를 후보지로 정했다. 롱아일랜드에 도착하자마자 그는 예전에 동부 카우보이가 비밀리에 움직이고 있다는 첩보를 전해준 고등학생을 만났다. 그 학생은 직접 차를 몰고 롱아일랜드 지역을 안내해주었는데, 존슨은 그 지역을 충분히 살펴보고는 적합한 곳이 아니라는 결론을 내렸다. 그는 그 학생과 헤어진 뒤 I-95도로를 타고 북쪽으로 가던 도중에 웰즐리를 알게 됐다. 웰즐리가 그에게 손짓했던 것이다. 존슨은 고풍스러운 시골길을 달려가는 사람들을 보았다. 대다수가 여자였고, 그중 대다수가 배우 알리 맥그로를 닮았다. 존슨은 알리 맥그로의 팬이었다.

알리 맥그로는 웰즐리 칼리지 출신이라고 했다.

그때 보스턴 마라톤 코스가 바로 웰즐리 중심가를 관통한다는 사실이 떠올랐다. 이제 거기서 신발을 파는 일만 남았다.

존슨은 고객 카드를 넘기면서 이 지역에 사는 고객의 주소를 찾았다. 그 고객도 역시 고등학교 육상 스타였다. 존슨은 차를 몰고 예고도 없이 그 학생의 집으로 가서 문을 두드렸다. 그 학생은 집에 없었지만, 부모님이 존슨을 따뜻하게 맞이하고는 집으로 안내해 기다리라고 했다. 그 학생은 자기에게 신발을 팔았던 사람이 자기 집 식탁에서 가족들과 함께 식사하는 모습을 봤다. 다음 날, 존슨은 그 가족들과 함께 조깅을 하고 나서는 그 학생에게서 이 지역의 육상 코치, 잠재 고객, 연줄이 되어줄 만한 사람들의 명단과 함께 존슨이 사무소를 차릴 만한 장소의 리스트까지 받았다. 그리고 며칠 뒤 존슨은 장례식장 뒤의 작은 집을 찾아가 월세 계약을 했다. 존슨은 그곳을 자기가 거주하는 집으로도 사용했다. 월세가 200달러인데, 나하고 반반씩 부담하기를 원했다.

편지의 추신에서 그는 가구 구입비는 내가 부담해야 한다고 했다.

나는 이번에도 답장을 하지 않았다.

1968 나의 파트너, 파크스 나이트

나는 일주일에 6일은 프라이스 워터하우스에 출근하고 이른 아침, 늦은 밤, 주말, 휴가는 블루 리본에서 일했다. 친구도 만나지 않고, 운동도 하지 않고, 사교 활동도 전혀 하지 않았다. 나는 이런 생활에 전적으로 만족했다. 확실히 내 삶은 균형이 잡혀 있지 않았다. 그러나 전혀 개의치 않았다. 나는 훨씬 더 심한 불균형을 원했다. 내가 원한 것은 새로운 종류의 불균형이었는지도 모른다.

나는 다른 일을 하지 않고 오직 블루 리본에만 몰두하고 싶었다. 나는 한꺼번에 여러 가지 일을 처리할 수 있는 사람이 결코 아니다. 그리고 프라이스 워터하우스에 출근해야 할 이유를 찾을 수 없었다. 블루 리본에만 있고 싶었다. 정말 중요한 한 가지 일에만 계속 집중하고 싶었다. 내 삶이 온통 일뿐이고 휴식이 없을지라도. 나는 일이 휴식이 되기를 원했다. 프라이스 워터하우스를 그만두고 싶었다. 그곳을 싫어해서가 아니었다. 단지 그곳이 내가 있을 만한 곳이 아니기 때문이었다.

나도 다른 모든 사람이 원하는 것을 원했다. 바로 어느 일정한 곳에서 상근하는 인생 말이다.

하지만 그것은 불가능한 희망이었다. 블루 리본으로는 생계를 해결할 수 없었다. 비록 블루 리본의 매출이 5년 연속 두 배씩 증가했지만, 설립자에게 월급을 줄 형편은 아니었다.

나는 타협점을 찾아 생계를 해결할 수 있으면서 노동 시간이 적은 일을 찾았다. 그러면 내가 하고 싶은 일에 더 많은 시간을 쓸 수 있을 거라고 생각했다.

이런 기준을 충족시키는 유일한 대안은 바로 학생들을 가르치는 일이었다. 나는 포틀랜드주립대학교에 지원해 매달 700달러를 받는 조교수 자리를 얻었다.

프라이스 워터하우스를 그만두게 되어서 기뻤다. 하지만 거기서 분명 많은 것을 배웠고, 헤이즈와 헤어지는 아쉬움도 컸다. "신발에만 집중할 생각입니다"라고 말했더니 헤이즈는 얼굴을 잔뜩 찌푸리며 "자네가 없으면 이제 어떻게 지내라고?"라며 투덜거렸다.

나는 헤이즈에게 앞으로의 계획을 물었다. 헤이즈는 "프라이스 워터하우스에서 어떻게든 견뎌내야지"라고 말했다. 그는 22킬로그램를 감량해 파트너로 승진하겠다는 계획을 세웠다. 나는 그에게 행운을 빌었다.

떠나기 전에 치러야 할 공식적인 절차에는 디킨스 소설에나 나올 것 같은 이름을 가진 시니어 파트너, 컬리 르클레르와의 면담이 있었다. 그는 정중하고 공정하고 말솜씨가 좋은 사람인데, 퇴직자 면담이라는 단막극에 최소한 100회는 출연한 경험이 있었다. 그는 세계적인 회계 법인을 떠나서 어떤 일을 할 계획인지 물었다. 나는 내가 이미 새로운 사업을 시작했고, 이 사업을 발전시킬 포부를 가지고 있으며, 이 사업이 완전히 자리 잡힐 때까지 회계학을 가르칠 계획이라고 말했다.

그는 나를 빤히 쳐다봤다. 내가 이전 퇴직자들의 대본과는 완전히 다른 이야기를 하고 있었기 때문이다. "도대체 왜 그런 결정을 내린 겁니까?"

마지막으로 가장 힘든 면접이 기다리고 있었다. 바로 아버지였다. 이야기를 들은 아버지는 나를 빤히 쳐다보셨다. 아직도 그 '바보 같은 짓'에서 헤어나지 못하는 것만으로도 충분히 짜증나는데, 이제는 한술 더 떠서…. 당시 사회 분위기상 학생들을 가르치는 일은 존경받는 직업이 아니었다. 게다가 포틀랜드주립대학교에서 학생들을 가르치는 일은 확실히 존경받는 직업이 아니었다. 아버지는 "이제는 친구들에게 아들 이야기를 할 수 없겠구나"라고 상심하셨다.

나는 포틀랜드주립대학교에서 회계 원리를 포함해 강의 네 개를 맡았다. 가을쯤, 내 생활 패턴은 계획한 대로 바뀌었다. 블루 리본에 모든 시간을 투입할 순 없지만, 예전보다는 더 집중할 수 있었다. 나는 내가 원하는 길을 가고 있었다. 그 길을 가다 보면 어떤 결과가 기다리고 있을지 알 수 없었지만, 결과를 받아들일 준비가 충분히 되어 있었다.

1967년 9월 학기 첫날, 나는 희망에 가득 차 있었다. 그러나 내가 가르칠 학생들은 그렇지 않았다. 그들은 교실에 느릿느릿 들어와 따분한 표정으로 자리에 앉았다. 심지어 적대감을 표출하는 학생도 있었다. 그다음 시간부터 학생들은 질식할 것 같은 수용소에 감금된 채 내가 늘어놓는 딱딱한 개념들을 강제로 주입받았다. 그들은 나를 원망하기 시작했다. 그들은 얼굴을 잔뜩 찡그린 채 나를 바라보았다. 심지어 험악한 표정을 짓기도 했다.

나는 그들을 이해하려고 했다. 하지만 강의를 대화식으로 진행하지는 않았다. 나는 검정 양복과 가느다란 회색 넥타이 차림으로 강단에 서서 개념들을 차분하게 설명했다. 그러다 보니 점점 불안하고 초조해졌으며, 신경성 경련 증세가 나타났다. 나는 손목에 고무 밴드를 감아놓고, 그것을 당겼다

놓으면서 내 손목을 탁탁 때렸다. 나는 학생들이 쇠사슬에 묶인 죄수처럼 강의실로 들어오는 것을 보며 점점 빠르게 고무 밴드를 당겼다가 놓았다.

어느 날 눈에 띄는 앳된 여학생이 강의실로 살며시 들어와서는 맨 앞줄에 앉았다. 그녀는 어깨까지 내려오는 금발에 어깨까지 내려오는 골드 후프 귀걸이를 하고 있었다. 내가 그녀에게 눈길을 돌리자, 그녀도 나에게 눈길을 주었다. 인상적인 검은색 아이라인 덕분에 밝고 푸른 눈이 더욱 돋보였다.

클레오파트라가 떠올랐다. 배우 줄리 크리스티도 떠올랐다. '아하, 줄리 크리스티의 어린 여동생이 내가 가르치는 회계학 과목을 신청했군.'

그 학생의 나이가 궁금했다. 아직 스무 살이 되지 않아 보였다. 고무 밴드는 내 손목을 점점 더 빠른 속도로 때렸다. 그녀에게 힐끔힐끔 눈길을 주면서도 그녀를 쳐다보지 않는 척했다. 그녀에게서 시선을 돌리기가 어려웠다. 그녀가 어떤 여자인지 짐작하기도 어려웠다. 어려 보였지만, 세상을 많이 아는 것 같은 얼굴이었다. 귀걸이는 히피 스타일이지만, 아이 메이크업은 아주 세련됐다. 도대체 이 여자는 어떤 사람일까? 이 여자를 앞에 두고 어떻게 강의에 집중해야 하나?

나는 출석을 불렀다. 지금도 그때 학생들의 이름을 기억한다. "미스터 트루히요?"

"네."

"미스터 피터슨?"

"네."

"미스터 제임슨?"

"네."

"미스 파크스?"

"네." 줄리 크리스티의 여동생이 작은 목소리로 대답했다.

나는 살짝 웃으면서 그녀를 보았다. 그녀도 살짝 웃었다. 나는 연필로 그녀의 이름 옆에다 희미하게 표시를 해놓았다. 페넬로피 파크스. 페넬로피, 세계를 순례한 오디세우스의 정숙한 아내.

출석 체크 완료.

나는 생각을 바꿔서 소크라테스식 교수법을 쓰기로 했다. 과거 오리건대학교와 스탠퍼드대학교에서 내가 가장 좋아했던 교수들의 교수법을 모방했다. 내가 일방적으로 강의하지 않고 학생들에게 질문하기 시작한 것은 나 자신을 의식하지 않고 학생들이 수업에 참여하도록 유도하기 위한 것이었는지도 모른다. 특히 미모의 여학생에게는 더욱 그랬다.

나는 물었다. “자, 동질의 제품을 각각 1달러, 2달러, 3달러에 샀습니다. 그리고 하나에 5달러를 받고 팔았습니다. 그러면 이렇게 팔린 제품에 대한 비용은 얼마입니까? 그리고 판매를 통해 얻은 총이익은 얼마입니까?”

몇몇 학생이 손을 들었다. 아쉽게도 파크스의 손은 올라가지 않았다. 파크스는 아래를 바라보고 있었다. 확실히 나보다는 수줍음이 더 많은 것 같았다. 나는 어쩔 수 없이 트루히요를 호명하고, 그다음에는 피터슨을 호명했다.

“좋아요. 트루히요는 재고를 선입 선출법에 따라 평가해 총이익이 4달러가 됐습니다. 피터슨은 후입 선출법에 따라 평가해 총이익이 2달러가 됐습니다. 그러면, 누가 사업을 더 잘한 겁니까?”

열띤 토론이 이어졌다. 파크스를 제외한 거의 모든 학생이 토론에 참여했다. 나는 파크스를 여러 번 바라보았다. 그녀는 말이 없었다. 고개도 들지 않았다. 그녀는 수줍어하는 것이 아니라, 명석하지 않아서 그러는 것 같았다. 그녀가 수업을 따라가지 못하는 것이 안타까웠다. 내가 그녀에게 낙제 점수를 줘야 하는 것은 훨씬 더 안타까운 일이었다.

나는 회계의 기본 원칙을 학생들의 머릿속에 주입시켰다. 자산은 부채와 자본을 합친 것이다. 이 기초적인 방정식은 항상 균형을 이루어야 한다. 회계학은 문제를 해결하기 위한 것이다. 대부분의 문제는 이 방정식이 균형을 이루지 못해서 발생한다. 문제를 해결하려면 이 방정식이 균형을 회복하도록 해야 한다. 내가 하는 말이 위선이라는 생각이 들었다. 블루 리본은 부채 비율이 엄청나게 높아서 1000퍼센트에 육박했다. 월리스가 내 강의실에 앉아 있었더라면 뭐라고 말할까? 이런 생각을 하면 움츠러들지 않을 수 없었다. 학생들은 방정식의 균형을 찾는 일에 내가 생각한 것보다 익숙하지 않았다. 과제물을 살펴보니 정말 형편없었다. 그런데 파크스는 예외였다! 파크스는 첫 번째 과제물을 아주 잘 해냈다. 그다음 과제물은 학생들 중에서 가장 뛰어났다. 게다가 파크스의 서체는 아주 우아했다. 마치 동양의 서예 작품을 보는 듯했다. 확실히 파크스는 얼굴만큼 영리한 학생이었다.

파크스의 중간고사 성적은 교실에서 1등이었다. 파크스가 더 기뻐했을까, 내가 더 기뻐했을까? 잘 모르겠다.

채점한 답안지를 배부하고 수업을 마치려는데, 파크스가 자리에서 일어나 잠시 머뭇거리면서 나한테 하고 싶은 말이 있는데, 시간이 되냐고 물었다. 나는 "물론이죠"라고 대답했다. 고무 밴드는 내 손목을 격렬하게 때리고 있었다. 파크스는 내가 자기 지도교수가 되어줄 수 있는지 물었다. 나는 정신을 바짝 차리고는 "아, 물론이죠"라고 대답했다.

그러고는 불쑥 물었다. "어떤… 일을… 해보는 건 어때요?"

"무슨 말씀이시죠?"

"내가 작은 신발 회사를 경영하고 있거든요. 음… 부업으로 하는 일이에요. 그런데 장부를 정리해줄 사람이 필요해요."

파크스는 가슴에 안고 있던 교과서를 가지런히 했다. 그녀의 속눈썹이 실룩거렸다. 그러곤 "좋아요. 재미있겠는데요"라고 말했다.

보수는 시간당 2달러라고 말하자 그녀는 고개를 끄덕였다.

며칠 뒤, 파크스가 사무실에 출근했다. 우델과 나는 그녀에게 세 번째 책상을 쓰도록 했다. 그녀는 자리에 앉아서 두 손을 책상에 가지런히 올려놓고는 사무실 안을 둘러보았다. "제가 할 일이 뭐죠?"

우델은 파크스가 해야 할 일을 적은 리스트(타이핑, 장부 정리, 일정표 작성, 재고 정리, 청구서 정리 등이 적혀 있었다)를 건네고 매일 한두 개씩 처리하면 된다고 했다.

그러나 파크스는 선택하지 않았다. 모든 일을 신속하고도 편하게 처리했다. 일주일이 지났을 무렵, 우델과 나는 그동안 파크스 없이 어떻게 지냈는지 도대체 생각할 수도 없었다.

파크스는 단지 일만 잘하는 여자가 아니었다. 일을 즐겁게 했다. 파크스는 처음 출근한 날부터 완전히 블루 리본 사람이 됐다. 우리가 지금 하고 있는 일, 앞으로 하려고 하는 일을 잘 이해했다. 그녀는 블루 리본이 특별한 기업이라고 생각했다. 그리고 자기가 블루 리본에 도움이 되고 싶다고 했는데, 이는 나중에 충분히 입증됐다.

파크스는 사람들을 다루는 데 재주가 있었다. 특히 우리가 계속 고용하고 있는 영업사원들에 대해서는 더욱 그랬다.

사무실에 새로운 영업사원이 들어올 때마다 그녀는 그들이 어떤 사람인지 금방 파악하고, 그들을 기분 좋게 해주고 그들이 빨리 새로운 일터에 적응할 수 있도록 도와주었다. 파크스는 평소 다소곳한 편이었는데, 자기 마음에 드는 영업사원들에게는 톡톡 쏘는 농담도 잘했다. 그녀가 그렇게 농담을 건네면 사람들은 그녀를 바라보며 빙그레 웃는 얼굴로 사무실을 나갔다.

파크스가 온 뒤 우델도 달라졌다. 파크스가 오기 전, 우델은 힘든 시간을 보내고 있었다. 그의 몸은 평생 갇혀 있어야 할 휠체어에 적응하지 못하고 거세게 저항했다. 앉아서만 지내다 보니 각종 질병에 시달렸다. 때로는 몸이 아파서 몇 주 동안 집에서 쉬기도 했다. 그러나 파크스가 온 뒤, 그의 얼굴에는 혈색이 돌았다. 파크스는 우델에게 치유 효과를 발휘했다. 그리고 나를 매혹시키는 효과도 발휘했다.

때때로 나는 파크스와 우델이 먹을 점심거리를 사기 위해 주변을 열심히 두리번거리다가 깜짝 놀라기도 했다. 사실 이 일은 파크스가 해야 할 일이었다. 그런데 날이 갈수록 내가 자원해서 하는 일이 됐다. 기사도 정신인가? 아니면 바보 같은 짓인가? 내가 왜 이러는 거지? 나 자신도 알 수 없었다.

우리 사업에는 큰 변화가 없었다. 내 머릿속은 재무재표의 비용과 수익, 신발로 가득 차서 점심 주문도 제대로 하지 못했다. 파크스는 이런 것을 두고 결코 불평하는 법이 없었다. 우델도 마찬가지였다. 엉뚱한 점심 식사가 든 누런 종이 봉투를 건네면 우델과 파크스는 항상 서로 눈짓을 주고받았다. 우델은 "내가 제대로 된 점심을 먹는 꼴을 가만히 두고 보고 싶지 않다는 뜻이지?"라고 투덜댔다. 파크스는 손을 입 가까이에 대고 가만히 웃기만 했다.

파크스는 내가 자기에게 호감을 갖고 있다는 것을 아는 것 같았다. 우리는 때때로 서로 어색한 표정으로 오래도록 바라보았다. 나는 소심하게 웃기도 했고, 의미심장한 침묵을 유지하기도 했다. 파크스와 오랫동안 시선을 마주친 날에는 밤늦게까지 잠을 이루지 못했다.

한번은 이런 일도 있었다. 11월 말의 어느 날 오후였다. 그날은 상당히 추웠는데, 파크스는 사무실에 없었다. 나는 사무실 뒤쪽으로 가다가 파크스의 책상 서랍이 열려 있는 것을 보았다. 서랍을 닫으려다가 우연히 안을 봤는데, 거기에는 수표가 여러 장 쌓여 있었다. 모두 내가 월급으로 준 수표였다. 파크스는 수표를 현금으로 교환하지 않았다.

파크스가 돈을 목적으로 블루 리본에서 일하는 것이 아니라 다른 이유가 있는 것 같았다. 혹시 나 때문인가? 뭐, 그럴지도 모른다.

(나중에 알게 된 일이지만, 우델도 파크스처럼 내가 주는 수표를 현금으로 교환하지 않았다.)

그해 추수감사절, 포틀랜드는 아주 추웠다. 깨진 유리창 사이로 들어오던 산들바람은 북극의 쌩쌩 부는 찬바람으로 변했다. 바람이 너무 강해 책상 위의 서류가 날아다니기도 하고, 전시해놓은 신발의 끈이 펄럭이기도 했다. 사무실에서 일을 할 수 없는 상황이었지만, 우리는 깨진 유리창을 보수할 돈이 없었다. 그렇다고 해서 영업을 중단할 수도 없었다. 그래서 우델과 나는 내가 사는 아파트에서 일하기로 했다. 파크스는 매일 오후 그곳으로 출근했다.

어느 날 우델이 집에 먼저 갔을 때의 일이다. 파크스와 나는 서로 아무런 말도 하지 않고 있었다. 퇴근 시간이 되어서 파크스를 엘리베이터까지 바래다주었다. 내려가는 버튼을 누르고 우리는 긴장된 표정으로 미소를 지었다. 나는 내려가는 버튼을 다시 눌렀다. 우리 두 사람은 엘리베이터 문 위의 표지판을 응시했다. 나는 목청을 가다듬고 용기를 내어 말했다. "파크스, 저, 금요일 밤에 시간 되세요?"

클레오파트라의 눈이 두 배로 커졌다. "저 말이에요?"

"여기 당신 말고 또 누가 있어요?"

엘리베이터 문이 띵 소리를 내며 열렸다.

그녀는 자기 발을 내려다보면서 "좋아요"라고 말하고는 엘리베이터 안으로 재빨리 들어갔다. 그리고 엘리베이터 문이 닫힐 때까지 발에서 시선을 떼지 않았다.

우리는 오리건 동물원에서 만났다. 내가 첫 데이트 장소로 왜 그곳을 택했는지 지금도 그 이유를 잘 모르겠다. 아마도 서로를 서서히 알아가는 데는 걸어 다니면서 동물을 구경하는 게 좋은 방법이라고 생각한 것 같다. 버마 비단뱀, 나이지리아 염소, 아프리카 악어는 내가 세계 여행을 다녔던 경험을 말할 수 있는 좋은 화젯거리가 되지 않을까? 나는 피라미드, 니케의 신전을 본 이야기를 자랑 삼아 하고 싶었다. 캘커타에서 많이 아팠던 이야기도 하고 싶었다. 그런 이야기를 어느 누구에게도 자세히 말한 적이 없었다. 그 동물원에서 파크스에게 했던 말 중 캘커타에 있었을 때가 내 인생에서 가장 외로웠던 순간이었다고 말한 것이 제일 기억에 남는다. 그날 동물원에서 파크스와 함께 있을 때는 전혀 외롭지 않았다.

나는 블루 리본이 아직 기반이 잡히지 않았으며 언제라도 망할 수 있지만, 내가 다른 일을 하는 것은 생각하고 싶지도 않다고 했다. 나의 조그만 신발 회사는 아무것도 없는 상태에서 출발했으며, 살아 숨 쉬는 새로운 생명체 같다고도 했다. 나는 이 생명체가 병에 걸리지 않고 자라서 자기 힘으로 우뚝 서서 세상 속으로 나아가는 모습을 보고 싶다고 했다.

그러고는 “제 말에 공감하세요?”라고 물었다.

“네, 그럼요.”

그녀와 나는 사자 우리와 호랑이 우리를 바라보았다. 나는 그녀에게 다른 사람을 위해 일하는 게 아주 싫다고 말했다. 나는 나 자신의 것을 만들고 싶고, 내가 그것을 만들어낸 데 보람을 느끼고 싶고, 그렇게 해야만 내 인생이 의미 있게 느껴질 것 같다고 했다.

그녀는 고개를 끄덕였다. 그녀는 그 말을 회계학에 나오는 기본 원리처럼 금방 직관적으로 이해했다.

나는 파크스에게 만나는 남자가 있는지 물어봤다. 그녀는 그렇다고 솔직하게 대답했다. 하지만 곧 “그 친구는 그냥 남자애예요”라고 말했다. 그녀에 따르면 그녀가 만났던 남자들은 모두가 철없는 젊은이였다. 그들은 파크스에게 스포츠와 자동차에 관한 이야기만 했다(나는 이제 자동차와 스포츠에 관심 있다는 말을 하지 않을 만큼 영리해졌다). 파크스는 “당신은 세상을 경험했어요. 그리고 지금은 이 회사를 위해 모든 것을 걸었지요”라고 말했다.

그녀의 목소리가 차츰 잦아들었다. 난 더 똑바로 섰다. 우리는 사자와 호랑이에게 작별 인사를 했다.

우리의 두 번째 데이트 장소는 사무실 건너편의 제이드 웨스트라는 중국 음식점이었다. 파크스는 몽골식 쇠고기 요리와 갈릭 치킨을 먹으면서 자기 이야기를 했다. 그녀는 지금도 부모님 집에서 살고 있고, 가족을 아주 좋아한다고 했다. 그러나 어려움도 없지는 않았다. 그녀의 아버지는 해사(海事)법 전문 변호사였다. 순간, 나는 훌륭한 직업이라고 생각했다. 그녀의 집은 내가 살던 집보다 더 크고 더 좋았다. 그러나 자녀가 다섯 명이나 되기 때문에 긴장의 끈을 늦출 수 없었다. 돈은 끊임없는 쟁점이었다. 비품은 표준 처리 절차에 따라 일정량 배급됐지만, 늘 부족했다. 예를 들어, 화장실 휴지 같은 생활필수품은 항상 부족했다. 그러다 보니 집안 전체에 안정감이 없었다. 그녀는 이런 불안정을 좋아하지 않았다. 안정을 좋아했다. 그녀는 말을 하면서 '안정'이라는 단어를 여러 번 반복했다. 그녀가 회계학에 이끌리는 이유도 바로 여기에 있었다. 회계학은 확실하고 믿음직하고 안전했다. 게다가 언제든 거기서 일자리를 구할 수 있었다.

나는 그녀에게 왜 포틀랜드주립대학교를 선택했는지 물었다. 그녀는 처음에는 오리건주립대학교를 다녔다고 했다.

나는 그녀가 교도소에서 징역살이를 했다고 고백하는 것 같아서 "아, 그래요"라고 말했다.

그녀는 웃으면서 "이 학교가 패자부활전 같은 곳이라지만, 나는 여기가 싫어요"라고 말했다. 특히 그녀는 모든 학생들이 연설에 관한 과목을 최소한 한 과목 수강해야 하는 학교의 규정을 따르는 것이 힘들다고 했다. 그녀는 수줍음을 너무 많이 탔다.

"이해합니다, 파크스."

"이제부터는 페니라고 불러주세요."

저녁 식사를 마치고 페니를 집까지 바래다주다가 그녀의 부모님을 만났다. "엄마, 아빠, 여기는 나이트 씨라고 해요."

나는 악수를 하면서 "만나서 반갑습니다"라고 말했다.

우리는 서로 얼굴을 마주 보았다. 그러고는 벽을 바라보았다. 그다음에는 바닥을 바라보았다. "날씨가 참 좋죠?"

나는 시계를 만지작거렸다. "그런데," 고무 밴드가 내 손목을 탁탁 때리고 있었다. "늦었네요. 이제 그만 가봐야겠습니다."

페니의 어머니는 벽에 걸린 시계를 바라보았다. "이제 겨우 9시밖에 안 됐는데요. 그나저나 오늘 즐거웠나요?"

두 번째 데이트 이후 페니는 부모님과 함께 하와이에서 크리스마스를 보냈다. 그녀에게 엽서를 받았는데, 아주 좋은 신호처럼 느껴졌다. 그녀가 하와이에서 돌아와 처음 출근한 날, 나는 또 저녁을 함께하자고 했다. 1968년 1월 초, 아주 추운 밤이었다. 우리는 다시 제이드 웨스트에서 만나기로 했다. 그런데 이글 스카우트(Eagle Scout)[21개 이상의 배지를 탄 보이스카우트] 심사 때문에 약속시간에 한참을 늦고 말았다. 페니는 이 일로 나를 심하게 타박했다. "이글 스카우트라고요, 당신이?"

페니한테 야단맞았지만, 기분이 좋았다. 이제 페니는 투정을 부릴 만큼 나를 편하게 대했다.

그날 나는 우리 사이가 훨씬 더 편해졌다고 느꼈다. 저녁 식사 자리의 분위기는 아주 좋았다. 이후로도 그런 분위기는 계속됐다. 우리 두 사람의 관계는 점점 더 가까워졌다. 우리는 말하지 않고도 서로의 생각을 전하는 방법을 알게 됐다. 이것은 수줍음을 잘 타는 사람들만 깨달을 수 있는 것이다. 페니가 불편해질 때면, 나는 이런 분위기를 감지하고 혼자서 사무실에서 나오거나 페니와 함께 바깥바람을 쐬기도 했다. 혼자서 나올 때는 사업 생각으로 머리가 복잡해졌다. 페니는 함께 나와서 내 어깨를 가볍게 두드리는 것이 좋은지, 내가 다시 들어올 때까지 기다리는 것이 좋은지 금세 파악했다.

시간은 우리 두 사람을 더욱 가까워지게 했다. 나의 30번째 생일이 있는 2월까지, 페니는 남는 시간이면 항상 블루리본에 있었고, 우리는 밤마다 함께 시간을 보냈다. 언제부터인가 페니는 나를 더 이상 '나이트 씨'라고 부르지 않았다.

마침내 나는 페니를 부모님 댁으로 데리고 갔다. 우리 모두 편안한 척하면서 어머니가 준비하신 고기 찜 요리와 우유를 먹었다. 페니는 내가 집으로 초대한 두 번째 여자 친구였다. 새러처럼 개성이 강하지는 않지만, 새러보다 나은 점도 있었다. 페니에게는 변함없고 자연스러운 매력이 있었다. 나이트네 집안사람들은 이런 점을 좋아했지만, 그래도 나이트 집안 특유의 분위기가 흐트러지지는 않았다. 어머니는 아무 말씀도 하지 않았다. 여동생들은 아버지와 어머니 사이의 교량 역할을 하려고 했지만, 아무런 보람이 없었다. 아버지는 페니의 가정환경에 관해 질문 공세를 펼쳤다. 이런 모습을 보면 대출 담당 직원과 강력계 형사 사이에서 태어난 사람 같았다. 나중에 페니는 우리 집 분위기와 자기 집 분위기는 정반대라고 했다. 페니는 자기 집에서는 저녁 식사 시간이 아주 시끌벅적하다고 했다. 모두가 웃고 떠들고, 개는 짖고, 텔레비전은 한쪽에서 요란스럽게 떠들어댄다. 나는 우리 식구들 중에 페니가 불편해한다고 생각한 사람은 아무도 없을 거라고 말하면서 그녀를 안심시켰다.

다음에는 내가 페니 집을 방문했다. 그리고 나는 그녀의 말이 모두 진실이라는 것을 직접 목격했다. 페니의 집은 우리 집과 정반대였다. 우리 집보다 훨씬 더 컸지만, 난장판 그 자체였다. 카펫은 독일산 셰퍼드, 원숭이, 고양이, 심지어 흰 쥐와 성질 사나운 거위에 이르기까지 온갖 동물들이 지나간 자국으로 얼룩져 있었다. 처음 만난 파크스네 집안사람들, 이리저리 떠도는 동물들 때문에 혼란스럽기 그지없었는데, 동네 아이들까지도 페니 집에 모여 뛰어놀고 있었다.

나는 페니네 집안사람들에게 좋은 인상을 주려고 최선을 다했다. 그러나 어느 누구하고도 대화를 나누기가 힘들었다. 사람하고도 그랬고, 동물하고도 그랬다. 나는 서서히 공을 들여 페니의 어머니, 돗과 대화를 시도했다. 페니의 어머니는 영화 〈앤티 맘(Auntie Mame)〉의 여주인공을 떠올리게 했다. 익살스럽고, 무분별하고, 영원히 늙지 않을 것 같은 분이셨다. 영원한 10대 같은 돗은 가모장(家母長)적 모습과는 거리가 멀었다. 돗은 페니의 엄마라기보다는 언니 같았다.

페니와 나는 몇 달 동안 계속 함께 지냈다. 나는 적절한 시점에 우리 두 사람의 미래에 관해 운을 뗐다. 그다음 날, 나는 일본으로 장기 출장을 떠날 계획이었다. 이번 출장은 오니쓰카와의 관계를 강화하기 위한 것으로, 아주 중요한 출장이었다. 늦여름에나 돌아올 텐데, 이후 우리 두 사람은 계속 데이트를 하기 어려운 상황이 될 것이다. 학교 측에서 교수와 학생 간의 연애를 안 좋게 보았기 때문이다. 우리 두 사람이 이런 비난으로부터 자유로워지려면 관계를 분명히 해두어야 했다. 나는 결혼을 염두에 두고 "내가 없는 동안에 혼자서 결혼 준비를 할 수 있겠어요?"라고 물었다.

페니는 "네"라고 대답했다.

의논도, 불안도, 감동도 없었다. 협상도 없었다. 모든 게 이미 정해진 결론처럼 느껴졌다.

나는 혼자 이런저런 생각에 빠졌다. 나와 페니는 결혼을 약속한 사이가 됐다. 그러나 나는 이런 변화가 제대로 와 닿지 않았다. 나중에 주얼리 체인점 젤 브로스에 가서 에메랄드가 박힌 약혼반지를 골랐다. 그러자 드디어 실감이 났다. 보석과 세팅 비용을 합쳐 500달러가 들었다. 훨씬 더 실감 나는 순간이었다. 그러나 나는 전혀 고민하지 않았다. 수많은 남자가 자기 자신에게 던지는 '신이시여, 지금 내가 무슨 일을 저지른 겁니까?'라는 질문은 하지 않았다. 페니와 데이트하면서 그녀를 알아가는 몇 달 동안은 내 인생에서 가장 행복한 시절이었다. 이제 나는 이런 행복이 끊임없이 이어지게 할 수 있는 기회를 잡았다. 내가 행복을 바라보는 방식은 회계학의 기본 원리처럼 간단했다. 자산은 부채와 자본을 합친 것이다.

일본으로 떠날 때, 나의 약혼녀에게 작별의 키스를 하는 순간, 일본에 도착하자마자 편지를 쓰겠다고 약속하면서, 결혼의 진정한 현실이 피부에 와 닿았다. 나는 약혼자 이상의 것을 얻었다. 나한테 파트너가 생긴 것이다. 지금까지는 바우어만 코치가 나의 파트너였고, 어느 정도는 존슨도 그랬다. 그러나 페니와의 파트너 관계는 지금까지 경험하지 못한 특별한 관계였다. 이 관계는 내 인생을 바꿨다. 나를 더욱 편하게 했고, 내가 더욱 배려하는 사람이 되도록 했다. 그때까지 나는 진정한 파트너에게 작별 인사를 해본 적이 없었다. 이것은 아주 새로운 경험이었다. 당신이 누군가에게 작별 인사를 한다고 상상해보라. 당신이 누군가에게 갖는 감정을 알 수 있는 가장 쉬운 방법은 그 사람에게 바로 작별 인사를 하는 것이다.

오니쓰카 측 담당자는 바뀌지 않았다. 기타미는 여전히 예전에 하던 업무를 계속 맡고 있었다. 그의 태도를 볼 때, 회사에서 안정된 지위를 확보한 듯했다. 그는 편하고 자신만만해 보였다. 나를 가족처럼 반겨주었다. 그리고 블루 리본이 대단한 실적을 올리고 존슨이 맡은 동부 지역 사무소가 자리를 잡아가는 모습을 보는 것이 무척 즐거웠다고 말했다. 그는 "이제 미국 시장을 어떻게 잡아갈지 생각해봅시다"라고 말했다.

나는 "네, 그렇게 합시다"라고 대답했다.

내 가방에는 바우어만과 존슨이 개발한 새로운 신발 디자인이 들어 있었다. 그중에는 두 사람이 협력해 만든 디자인도 있었는데, 우리는 이것을 '더 보스턴'이라고 불렀다. 혁신적인 중창 쿠션이 발끝까지 있는 디자인이었다. 기타미는 그것을 벽에 올려놓고 한손으로 턱을 만지면서 찬찬히 살펴보았다. 그러고는 내 등을 툭 치면서 "아주, 아주 좋습니다"라고 말했다.

우리는 그다음 몇 주 동안 여러 번 만났다. 기타미를 만날 때마다 형제 같은 느낌이 들었다. 어느 날 오후에 기타미는 오니쓰카 수출부서 사람들이 며칠 동안 야유회를 다녀올 계획이라며, 내게 같이 가자고 했다.

"저 말입니까?"

"그럼요, 당신은 우리 수출부서의 명예직원입니다."

우리는 작은 배를 타고 고베에서 조금 떨어진 작은 섬, 아와지로 갔다. 그곳에 도착하자 해변에는 긴 테이블들이 설치되어 있었다. 테이블마다 해산물 접시, 국수 그릇과 밥그릇이 놓여 있었다. 테이블 옆에는 청량음료와 맥주 박스가 있었다. 모두가 수영복을 입고 선글라스를 쓰고 있었다. 얼굴에는 웃음이 가득했다. 사내에서는 조심스럽던 사람들도 그곳에서는 마냥 즐거워했다.

그날 오후에는 운동회가 있었다. 감자 자루에 몸을 넣고 이어달리기를 하고, 해변에서 경주를 했다. 나는 유감없이 실력을 뽐냈다. 내가 결승선을 1등으로 통과하자, 모두가 경의를 표하면서 깡마른 '가이진(がいじん, 외국인)'이 달리기를 아주 잘한다고 했다.

나는 천천히 일본어를 배워갔다. 일본인들은 신발을 '구츠(くつ)'라고 했다. 수익은 '슈뉴(しゅうにゅう)'라고 했다. 나는 시간이나 길을 묻는 표현도 배웠다. 내가 자주 사용하는 표현인 "여기 우리 회사에 관한 정보가 있습니다"는 일본어로 '와타쿠시도모노 카이샤니 쓰이테노 조호데쓰(私共の会社についての情報です)'라고 했다.

야유회가 끝날 무렵, 나는 모래사장에 앉아 태평양을 바라보았다. 나는 두 가지 개별적인 삶을 살고 있었다. 두 가지 삶 모두 경이롭고 조화로웠다. 미국에선 나, 우델, 존슨(그리고 지금은 페니)가 팀의 구성원이었다. 여기 일본에선 나, 기타미, 오니쓰카의 좋은 사람들이 팀의 구성원이었다. 나는 선천적으로 혼자 있기를 좋아하는 사람이다. 그러나 어린 시절을 보낸 뒤 팀 스포츠를 통해 성장했다. 나의 정신은 혼자 있는 시간과 팀의 구성원으로 있는 시간이 잘 결합될 때 진정한 조화를 이루었다. 바로 이 순간이 그랬다.

또한 나는 내가 좋아하게 된 나라와 사업을 하고 있었다. 처음의 두려움은 완전히 사라졌다. 나는 내향적인 일본인과 잘 어울렸다. 일본의 소박한 문화, 상품, 예술도 좋아했다. 그들이 차(茶), 의식(儀式), 서랍장에 이르기까지 삶의 모든 영역에서 아름다움을 구현하는 모습도 좋아했다. 매일 라디오에서 벚꽃이 언제 어느 지역에서 얼마나 많이 피는지 정확하게 알려주는 것도 좋아했다.

나만의 사색은 후지모토라는 사람이 내 옆에 다가와 앉으면서 중단됐다. 그는 50대 남자로, 어깨를 축 늘어뜨린 모습이었다. 우수에 가득 찬 모습은 중년 남자에게서 흔히 느낄 수 있는 분위기보다 더 어두웠다. 마치 일본의 찰리 브라운 같았다. 그런 그가 내게 먼저 다가와서 친해지려고 노력했다. 그는 억지로 환한 미소를 지으면서 자신은 미국을 좋아하고 미국에서 살고 싶다고 말했다. 나도 그에게 방금 내가 일본을 얼마나 좋아하는지 생각하고 있었다고 말했다. 나는 “아마 우리가 사는 곳을 서로 바꿔야겠군요”라고 말했다.

그러자 그는 서글픈 미소를 지으면서 “저는 언제라도 좋습니다”라고 답했다.

나는 그에게 영어를 아주 잘한다고 칭찬했다. 그러자 그는 미군들에게 영어를 배웠다고 했다. 나는 "재미있네요. 저는 미군 출신 두 사람에게 일본 문화에 관해 처음 배웠습니다"라고 말했다.

후지모토는 미군들이 처음 가르쳐준 표현이 '엿 먹어라(Kiss my butt)!'라고 했다. 우리는 큰소리로 신나게 웃었다.

나는 그에게 사는 곳이 어딘지 물었다. 그러자 그의 얼굴에서 웃음이 사라졌다. 그는 "몇 달 전, 태풍 빌리 때문에 집을 잃었어요"라고 말했다. 그 태풍은 혼슈와 규슈 지역의 섬들을 완전히 휩쓸어버렸다. 사라진 가옥만 2000채에 달했다. 거기에 후지모토의 집이 포함돼 있었다.

나는 "정말 안됐네요"라고 말했다.

그는 고개를 끄덕이며 바다를 바라보았다. 그는 "다시 시작해야죠"라고 말했다. 당시 많은 일본인이 그랬다. 안타깝게도 후지모토는 자전거를 다시 마련할 형편이 안 됐다. 1960년대 일본에서는 자전거가 엄청나게 비쌌다.

그때 기타미가 다가왔다. 그러자 후지모토가 일어나더니 자리를 떴다.

나는 기타미에게 후지모토가 미군들에게서 영어를 배웠다는 말을 들었다고 했다. 그러자 기타미는 아주 자랑스럽게 자기는 녹음테이프를 들으면서 영어를 독학했다고 말했다. 나는 정말 대단하다고 말하면서 언젠가는 나도 기타미가 영어를 잘하는 것처럼 일본어를 잘하고 싶다고 했다. 그러고는 곧 있을 나의 결혼 소식과 함께 페니에 관한 이야기를 조금 했다. 그는 나에게 축하의 말과 함께 행복을 기원해주면서 "결혼식은 언제 합니까?"라고 물었다.

"9월에 할 겁니다."

"아, 그래요? 한 달 뒤에 저는 미국에 머물 예정입니다.

오니쓰카 회장과 멕시코시티 올림픽에 참석할 계획이거든요. 그때 미국도 방문할 계획이에요. 로스앤젤레스도 일정에 포함될 것 같습니다."

그는 로스앤젤레스에서 만나 저녁이나 같이하자고 했다. 나는 "아주 좋지요"라고 대답했다.

그다음 날, 나는 미국으로 돌아왔다. 비행기에서 내려 내가 첫 번째로 한 일은 50달러를 봉투에 넣어 후지모토에게 우편으로 보낸 것이었다. 카드에는 "후지모토 씨, 자전거를 사는 데 보태십시오"라고 적었다.

몇 주 뒤 후지모토에게 편지가 왔다. 편지 봉투에는 메모지와 함께 내가 보낸 50달러가 접힌 채로 들어 있었다. 메모지에는 직장 상사들에게 이 돈을 받아도 되는지 물어봤는데, 받아서는 안 된다는 답변을 들었다는 내용이 적혀 있었다.

그리고 추신으로 이렇게 적혀 있었다. "당신이 직접 자전거를 보내주신다면, 그건 받을 수 있습니다."

나는 그렇게 했다. 이렇게 해서 내 인생을 바꿀 또 다른 파트너 관계가 만들어졌다.

1968년 9월 13일, 페니와 나는 포틀랜드 시내의 성 마르크 성공회 교회에서 200여 명이 보는 가운데 결혼식을 올렸다. 그곳은 페니의 부모님이 결혼식을 올린 장소이기도 했다. 페니가 학생으로 처음 내 강의실에 들어온 지 벌써 1년이 됐다. 페니는 또다시 맨 앞줄에 있었다. 하지만 이번에 나는 페니 곁에 있었다. 페니는 나이트 부인이 됐다.

그날 가장 고마웠던 사람은 사촌인 하우저다. 하우저는 나의 변호사이자 나의 호위무사였다. 신랑 들러리 역할은 페니의 두 남동생과 경영대학원 시절 친구인 케일이 맡았다. 케일은 결혼식 전에 나한테 이렇게 말했다. "네가 이렇게 떠는 모습은 두 번째로 봐." 우리는 웃으면서 스탠퍼드 시절, 내가 기업가 정신에 관한 세미나 시간에 발표하던 순간을 떠올렸다. 나는 오늘도 비슷한 날이라고 생각했다. 나는 또다시 실내를 가득 메운 사람들에게 실제로는 나도 잘 모르지만, 무엇이 가능한 것이고, 무엇이 성공할 수 있는 것인지에 관해 말하고 있었다. 나는 세상의 모든 신랑, 모든 신부가 그렇게 하듯 억측, 허세, 자기만의 확신을 바탕으로 말하고 있었다. 그날 우리가 했던 말이 진실임을 입증하는 것은 고스란히 나와 페니의 몫이었다.

피로연은 포틀랜드의 가든 클럽에서 열렸다. 그곳은 주로 사교계 부인들이 여름밤에 모여 다이키리(daiquiri)[럼주에 과일 주스나 설탕 등을 섞은 칵테일]를 마시면서 담소를 나누는 곳이었다. 그날 밤은 따뜻했다. 하늘을 보면 금방이라도 비가 쏟아질 것 같았는데, 많이 오지는 않았다. 나는 페니와 춤을 추고, 돗과도 춤을 추고, 어머니와도 춤을 추었다. 자정 직전에 페니와 나는 그 자리에 있는 모든 사람들에게 인사를 하고 새로 출시된 날렵한 디자인의 신차, 검정색 쿠거에 올라탔다. 나는 속도를 높여 해안으로 달려갔다. 두 시간 뒤, 우리가 주말을 보내기로 했던, 페니 아버지의 해변 별장에 도착했다.

돗은 30분마다 전화를 했다.

1969 사장으로 산다는 것

사무실에는 갑자기 새로운 얼굴들이 들락날락했다. 매출이 오르면서 나는 계속 영업사원을 충원했다. 대다수가 육상 선수 출신이고, 괴짜들이었다. 육상 선수 출신을 뽑았으니, 당연히 괴짜일 수밖에 없었다. 그러나 그들은 영업에서만큼은 집중력을 발휘했다. 블루 리본은 그들에게 영업 수수료만 지급(켤레당 2달러)하기 때문에, 그들은 반경 1600킬로미터 이내에서 고등학교와 대학교 육상 대회가 개최되면 맹렬히 달려갔다. 그들의 피땀 어린 노력으로 블루 리본의 매출은 나날이 성장했다.

1968년에 블루 리본의 매출은 15만 달러를 기록했다. 1969년의 목표는 30만 달러에 육박했다. 월리스는 여전히 나를 감시하면서 성장을 늦추고 자기자본을 늘리라고 했지만, 나는 블루 리본이 드디어 창업자에게 급여를 줄 수 있을 만큼 탄탄하게 성장했다고 믿었다. 나는 31번째 생일을 맞이하기 직전에, 이 같은 판단을 바탕으로 포틀랜드대학교에 사표를 내고 블루 리본에서 상근하기로 과감한 결정을 내렸다. 나 자신에게는 연봉 1만 8천 달러라는 상당히 많은 임금을 지급하기로 했다.

내가 포틀랜드대학교를 떠난 가장 근본적인 이유는 그 학교에서 기대했던 것보다 훨씬 더 많은 것을 얻었기 때문이었다. 가장 소중한 페니를 얻지 않았는가? 물론 페니 말고 다른 사람도 얻었다. 하지만 그 사람이 얼마나 소중한지 당시에는 전혀 몰랐다.

포틀랜드대학교 캠퍼스에서 보낸 마지막 주에, 복도를 걷다가 몇몇 여학생이 이젤 주변에 모여 있는 모습을 봤다. 그들 사이를 지나칠 때 대형 캔버스에 색칠하던 여학생이 자기는 유화 수업을 들을 형편이 안 된다며 아쉬워하는 소리를 들었다. 나는 걸음을 멈추고 캔버스에 그린 그림을 반한 듯 쳐다보았다. 그러고는 말을 건넸다. "우리 회사는 화가를 찾고 있어요."

"지금 뭐라고 말씀하셨죠?"

"우리 회사는 광고 업무를 맡아서 해줄 사람이 필요해요. 혹시 아르바이트할 생각 없으세요?"

당시에 나는 광고의 중요성을 제대로 알지 못했지만, 무시할 순 없다고 어렴풋이 생각하고 있었다. 스탠더드 인슈어런스 컴퍼니(The Standard Insurance Company)는 〈월스트리트 저널〉에 전면 광고를 게재하고 고객사들 중 블루 리본이 매우 역동적인 신생 기업이라고 선전했다. 광고에는 바우어만 코치와 내가 신발을 바라보는 사진이 실려 있었다. 우리 두 사람은 신발 산업의 혁신자라기보다는 신발을 처음 보는 바보처럼 보였다. 그 사진은 나를 당혹스럽게 만들었다.

우리 회사 광고에는 존슨이 자주 등장했다. 존슨이 푸른색 운동복을 입은 모습을 생각해보라. 존슨이 창을 든 모습을 생각해보라. 광고에 관한 한, 우리의 접근 방식은 한마디로 날림이었다. 우리는 부지런히 배우면서 부족한 점을 보완했다. 그 결과, 어느 타이거 마라톤화 광고에서 새로 개발한 신발 소재에 휙 소리를 의미하는 표현을 넣어 '스우시 섬유(swooshfiber)'라는 이름을 붙였다. 지금은 이 단어를 누가 처음 생각해냈는지, 이 단어가 무엇을 의미했는지 아무도 기억하지 못한다. 그러나 지금 생각해봐도 괜찮은 아이디어였다.

당시 주변 사람들은 광고가 중요하다며 광고가 차세대 산업이라는 말을 끊임없이 했다. 하지만 나는 전혀 개의치 않았다. 그러나 사람들의 눈길을 사로잡지 못하는 사진, 자연스럽지 못한 표현, 매력적이지 않은 자세로 의자에 앉아 있는 존슨이 우리 광고에 계속 등장하는 한, 나는 광고에 특별한 관심을 가져야 했다. 나는 포틀랜드 캠퍼스에서 만난 가난한 예술가에게 "시간당 2달러를 드리겠어요"라고 말했다.

"어떤 일을 하죠?"

"광고물을 디자인하는 일입니다. 예를 들어, 글씨체를 도안하고 로고를 만드는 일을 하게 되죠. 때로는 프레젠테이션용 차트나 그래프를 만드는 일도 하게 될 거 같아요."

대단히 좋은 조건을 아니었지만, 가난한 예술가는 그 일을 간절히 원했다.

그 여학생은 메모지에 캐럴린 데이빗슨이라는 이름과 전화번호를 적어주었다. 나는 그것을 호주머니에 쑤셔 넣고는 완전히 잊었다.

영업사원뿐 아니라 그래픽 디자이너까지 고용한 것은 내가 사업에 대해 크게 낙관하고 있다는 증거였다. 나는 타고난 낙관주의자가 아니다. 그렇다고 해서 비관주의자도 아니다. 대체로 나는 낙관과 비관 사이에서 맴돌았다. 그러나 1969년이 다가오면서, 나는 미래를 밝게 바라보는 사람으로 변해갔다. 나는 밤새 잘 자고, 아침 식사를 맛있게 하고 나서, 미래를 낙관해야 할 여러 이유를 확인했다. 매출이 증가하는 것은 차치하더라도 가까운 시일 안에 갑피(upper)[창을 뺀 신발의 윗부분] 부분에 초경량 나일론 섬유를 댄 오보리(Obori)

를 포함해 흥미진진한 최신 모델이 여러 개 출시될 예정이었다. 폭스바겐 자동차 모델인 카르만 기아처럼 날렵한 라인이 돋보이는 나일론 섬유 운동화 '더 마라톤'도 있었다. 이들은 시장에 나오기만 하면 저절로 팔릴 것이다. 나는 우델에게 코르크판에다 이 운동화들의 사진을 꽂아놓으라고 여러 번 지시했다.

그 무렵, 미국 육상팀 코치로 멕시코시티 올림픽에 참가했던 바우어만 코치가 돌아왔다. 바우어만 코치는 미국 육상팀이 금메달을 가장 많이 따내는 데 아주 중요한 역할을 했다. 나의 동업자는 단순히 유명한 육상 코치가 아니었다. 그는 이제 전설이 됐다.

나는 바우어만 코치에게 올림픽에 관한 전반적인 이야기를 듣고 싶어서 전화를 했다. 특히 존 카를로스와 토미 스미스가 시상식에서 미국 국가가 연주될 때 고개를 숙인 채 검정 장갑을 낀 주먹을 치켜든 행동에 대해 의견을 물었다. 그들은 인종주의에 저항하고 빈곤과 인권에 대한 관심을 촉구한다는 명분으로 그런 충격적인 행동을 했다. 그들의 행동은 지금도 일부에서 정치적인 의견을 스포츠 경기에서 표현했다는 이유로 비난받고 있다. 바우어만 코치는 내가 예상했던 대로 그들을 두둔했다. 그는 육상 선수라면 무조건 편을 드는 사람이었다.

카를로스와 스미스는 시위를 벌이는 동안에 신발을 신지 않았다. 그들은 많은 사람이 보는 가운데 퓨마 운동화를 벗어 스탠드에 내려놓았다. 나는 바우어만 코치에게 이런 행동이 퓨마에 좋은 결과를 초래할지, 아니면 그 반대일지 궁금하다고 말했다. 매스컴의 관심은 항상 좋은 결과를 낳는가? 그것은 광고와 같은 효과를 내는가? 아니면 근거 없는 환상에 불과한가?

바우어만 코치는 웃으면서 잘 모르겠다고 말했다.

그는 올림픽 기간 내내 벌어진 퓨마와 아디다스 간의 볼썽사나운 싸움에 관해 알려주었다. 독일인 형제들이 세계 양대 스포츠 신발업체인 이 두 회사를 경영하고 있었는데, 그들은 선수들을 차지하기 위해 마치 올림픽 선수촌의 키스톤 캅스(Keystone Kops)[초기 무성 영화에서 코믹한 행동을 하는 경찰관]처럼 상대방을 밀어내기에 여념이 없었다. 그들은 엄청난 액수의 현금을 운동화 혹은 봉투에 끼워 넣어 선수들에게 돌렸다. 퓨마의 영업 사원이 수감되는 사건도 벌어졌다(아디다스 측이 모함했다는 소문도 돌았다). 수감된 영업사원은 여자 단거리 주자와 결혼했는데, 바우어만 코치는 농담 삼아 그 사람은 오직 퓨마 제품을 선전하려는 목적에서 결혼했을 것이라고 말했다.

더욱 안타깝게도, 두 회사의 부정은 현금을 뿌리는 데만 국한되지 않았다. 퓨마는 트럭 여러 대분의 운동화를 멕시코시티로 밀수출했고, 아디다스도 이에 뒤질세라 멕시코의 엄청난 수입 관세를 교묘하게 피해 갔다. 나는 아디다스가 멕시코 과달라하라의 어느 공장에서 명목상으로만 운동화를 생산하는 식으로 그런 짓을 한다는 소문을 들었다.

바우어만 코치와 내가 느낀 감정은 단순히 불쾌함만은 아니었다. 우리는 소외된 기분이 들었다. 블루 리본은 그런 곳에서 뿌릴 만한 현금 자체가 없었다. 우리는 올림픽 경기장에서 존재감 자체가 없었다.

올림픽 선수촌에는 변변찮기는 하지만 우리 부스도 있었다. 보크가 부스 담당이었는데 나는 보크가 거기서 만화책을 보고 앉아 있었는지, 혼자서 아디다스와 퓨마의 영업사원과 경쟁하기에는 중과부적임을 깨닫고 낙담하고 있었는지 알 수 없었다. 어쨌든 우리 부스는 찾는 사람이 없어서 텅 비어 있었다.

우리 부스를 찾아온 사람이 한 명 있긴 했다. 빌 투미라는 미국의 뛰어난 10종 경기 선수인데, 그는 타이거 운동화를 찾았다. 우리가 빌이 다른 회사의 운동화를 찾지 않는다는 사실을 세상에 알릴 수 있는 절호의 기회였다. 그런데 보크는 그의 신발 치수를 물어보지도 않았다. 그가 경기를 치르기에 어떤 운동화가 적절한지도 몰랐다.

바우어만 코치는 많은 선수가 타이거를 신고 훈련을 하고 있다고 말했다. 우리에게는 다만 그들 속으로 들어가 다른 업체와 경쟁할 사람이 없었을 뿐이다. 여기에는 품질 문제도 어느 정도 작용했다. 타이거는 아직 품질이 썩 뛰어나지 않았다. 하지만 무엇보다 중요한 이유는 돈이었다. 우리에게는 유명 선수를 활용해 마케팅을 할 만한 현금이 없었다.

나는 바우어만 코치에게 "우리는 망하지 않았어요. 다만 현금이 없을 뿐입니다"라고 말했다.

그는 "이렇든 저렇든 육상 선수에게 현금을 줄 수 있다는 게 대단한 일 아냐? 그것도 합법적으로 말이야"라고 투덜거렸다.

마지막으로 바우어만 코치는 경기장에서 기타미를 만난 이야기를 했다. 그는 기타미를 좋아하지 않았다. 바우어만 코치는 "그 친구는 신발에 대해 아는 게 하나도 없어. 겉만 번드르르하고, 괜히 잘난 척만 한단 말이야"라고 불평했다.

나도 비슷한 느낌을 갖고 있었다. 나는 지난번 기타미가 보낸 편지에서 그가 일본에서 보여준 모습과는 다르게 블루 리본을 좋아하는 사람이 아닐지도 모른다는 생각이 들었다. 아니, 상당히 불길한 예감이었다. 그가 가격 인상을 요구할 수도 있었다. 나는 이런 사실을 바우어만 코치에게 알리고는 이를 막기 위한 조치를 준비하고 있다고 했다. 나는 전화를 끊기 전에 우리 회사가 유명 선수에게 현금을 주거나 그들을 후원할 여건은 되지 않지만, 오니쓰카 측의 누군가를 포섭할 돈은 있다고 했다. 나의 눈과 귀가 되어 오니쓰카 내부에서 기타미의 행동을 감시해줄 만한 사람 말이다.

나는 (당시 40명에 달하던) 블루 리본 직원들에게 이 사실을 글로 알렸다. 비록 나 자신이 책상 옆에 사무라이 검을 걸어놓을 정도로 일본 문화를 좋아하는 사람이지만, 그들에게 일본의 기업 관행을 이해하기가 아주 어렵다는 사실을 알렸다. 일본에서는 경쟁 상대 혹은 파트너가 어떤 행동을 할 것인지 예상할 수 없었다. 나는 이제 이런 예상을 하는 것 자체를 포기했다. 그 대신 이렇게 했다고 적었다.

> 우리가 직접 나서서 정보를 수집하기 위한 특단의 조치를 취하려고 합니다. 얼마 전 우리는 스파이를 고용했습니다. 그는 오니쓰카 수출부서의 정규직원입니다. 이유를 길게 설명하지 않고, 다만 그가 신뢰할 만한 사람이라는 사실만 여러분들에게 알리고자 합니다.
>
> 여러분에게는 스파이라는 단어가 윤리에 어긋난 것처럼 들릴 수도 있습니다. 그러나 일본 산업계에는 스파이 시스템이 깊이 뿌리를 내리고 있으며, 널리 용인되고 있습니다. 우리 산업계에 타이피스트, 속기사 군단이 있듯, 일본 산업계에는 산업 스파이 군단이 있습니다.

내가 무엇 때문에 '스파이'라는 단어를 그처럼 대담하게 드러내놓고 사용했는지는 잘 모르겠다. 제임스 본드가 크게 인기를 끌고 있어서 그랬을까? 또한 내가 그 정도로 많은 이야기를 했는데도 스파이의 이름을 들키지 않은 이유도 잘 모르겠다. 스파이의 이름은 내가 자전거를 선물한 후지모토였다.

당시에 나는 직원들에게 이처럼 민감한 내용을 글로 알리는 행동이 잘못됐고, 엄청나게 어리석은 짓이라는 것을 알았어야 했다. 이는 두고두고 후회할 일이었다. 나도 그 정도는 아는 사람이다. 그러나 나 자신도 일본의 기업 관행처럼 이해하기 아주 어려울 때가 더러 있었다.

기타미와 오니쓰카 회장은 올림픽 경기를 관전하기 위해 멕시코시티로 갔다. 그런 뒤 로스앤젤레스로 향했다. 나는 이들과 샌타모니카의 일본 레스토랑에서 저녁 식사를 함께하기로 약속하고, 포틀랜드에서 로스앤젤레스행 비행기를 탔다. 나는 약속 장소에 늦게 도착했는데, 그들은 휴일을 맞은 학생처럼 있었다. 각자 기념품으로 구입한 솜브레로(sombrero)[스페인·미국 남서부, 멕시코 등지에서 쓰는 펠트 또는 밀짚으로 만든 테가 넓고 높은 모자]를 쓰고는 큰 소리로 떠들고 있었다.

나는 그들의 축제 분위기를 맞춰주려고 노력했다. 그들과 초밥 몇 접시를 함께 먹으면서 돈독한 관계를 이어가려고 했다. 나는 그날 밤 호텔에서 잠들기 전에 내가 기타미에 대해 편집증을 갖고 있는 것은 아닌지, 제발 그렇기를 바랐다.

다음 날 아침, 우리는 블루 리본 직원과의 만남을 위해 포틀랜드로 날아갔다. 나는 내가 오니쓰카 사람들과의 대화에서는 말할 것도 없고, 그들에게 보내는 편지에서도 "세계적인 기업의 본사 건물"의 위엄에 관해 과대선전해왔다는 사실을 잘 알고 있었다. 기타미는 본사로 들어오면서 고개를 떨어뜨렸다. 오니쓰카 회장도 당혹스러운 표정으로 주변을 훑어보았다. 나는 분위기를 바꾸려고 억지웃음을 지으면서 말했다. "작아 보일 수도 있습니다. 하지만 우리는 밖에서 많은 일을 하고 있습니다!"

그들은 깨진 유리창을 보았다. 경기용 투창을 창문 걸쇠에 걸어 창문을 닫아놓은 모습, 흔들리는 합판으로 벽을 쳐놓은 모습도 보았다. 그다음에는 휠체어에 앉아 있는 우델을 보았다. 그날따라 핑크 버킷의 주크박스 때문에 사무실 벽이 흔들리는 것처럼 보였다. 그들은 믿기 힘들다는 표정으로 서로를 쳐다봤다. 나는 속으로 '이제 끝장이구나'라고 생각했다.

오니쓰카 회장은 내가 당혹스러워하는 것을 눈치 채고는 나를 안심시키려는 듯 내 어깨에 손을 얹고서 "아주 멋있어요"라고 말했다.

우델은 벽에다 커다랗고 깔끔한 미국 지도를 걸어놓았다. 거기에는 지난 5년 동안 우리가 타이거를 판매한 지역에 빨간 압핀이 꽂혀 있었다. 지도는 빨간 압핀으로 뒤덮여 있었다. 다행스럽게도 그 지도가 사무실에 대한 관심을 다른 방향으로 돌리게 했다. 그러나 기타미는 몬태나 주 동부를 가리키면서, "여기에는 아무것도 꽂혀 있지 않네요. 여기 영업사원들은 일을 하지 않나 봅니다"라고 지적했다.

정신없이 며칠이 지나갔다. 나는 회사와 가정에 안정을 기하려고 했다. 페니와 나는 함께 사는 법, 즉 각자의 성격과 특이한 행동을 융합하는 법을 알아가고 있었다. 페니는 원만한 성격이지만, 나는 특이한 성격이었다. 따라서 더 많이 알아가야 할 사람은 바로 페니였다.

매일 밤 페니가 사다놓은 안락의자에 앉아 멍하니 천장을 바라보면서 나는 이 문제를 스스로 해결하려고 했다. 인생은 성장이다. 성장하지 않으면 죽은 거나 다름없다.

페니가 임신을 하면서 우리는 비버튼에 집을 구했다. 148제곱미터로 큰 편은 아니지만 마당이 4046제곱미터나 되고,

말을 가둘 수 있는 작은 울타리와 수영장도 있었다. 앞마당에는 엄청나게 큰 소나무가 있고, 뒷마당에는 일본산 대나무가 있었다. 나는 이 집이 아주 마음에 들었다. 어린 시절, 두 여동생은 내가 꿈꾸는 집이 어떻게 생겼는지 여러 번 물어보곤 했다. 어느 날 여동생들이 연필과 종이를 가지고 와서 나한테 직접 그려보라고 했다. 페니와 내가 비버튼에 이사 온 뒤, 여동생들은 내가 어렸을 때 그린 그 그림을 찾아냈는데, 비버튼의 집을 정확하게 닮아 있었다.

집값은 3만 4천 달러였다. 저축한 돈을 탈탈 터니 집값의 20퍼센트 정도를 마련할 수 있었다. 이 돈은 내가 퍼스트 내셔널에서 받은 대출에 대한 담보 성격의 저축이었다. 나는 화이트를 만나러 갔다. 나는 이 돈을 집 살 때 계약금으로 쓰고, 집을 담보로 내놓겠다고 말했다.

화이트는 "좋아. 이번 건은 월리스와 의논할 필요가 없네"라고 말했다.

그날 밤, 나는 페니에게 블루 리본이 파산하면, 우리는 집을 내놓아야 한다고 말했다. 페니는 배에 손을 얹고 자리에 앉았다. 이런 상황은 페니가 항상 피하고 싶어 하는 불안정의 대표적인 사례였다. 페니는 "알았어요"라는 말만 계속 반복했다.

회사 일이 급박하게 돌아가자, 페니는 임신한 몸으로도 회사에 나와 일을 계속해야 한다는 의무감을 느꼈다. 페니는 블루 리본을 위해 자신의 모든 것을 희생했다. 심지어 오랫동안 간직해온 목표인 대학 졸업장까지도 포기했다. 사무실에 출근할 수 있는 몸 상태가 아닐 때도 외근을 다니며 통신판매 일을 했다. 이른 아침부터 헛구역질을 하고 발목이 붓고 체중이 늘어나 만성피로에 시달리는데도 페니는 1500건에 달하는 주문을 직접 처리했다. 그중 일부는 외진 곳에 사는 고객의 발을 투사(透寫)하러 가는 것도 있었지만, 페니는 개의치 않았다. 페니는 이렇게 투사한 것을 가지고 거기에 맞는 적절한 신발을 찾아서 보냈다. 판매 하나하나가 소중했기 때문이다.

원래 있던 집보다 큰 집을 찾아야 했듯, 사무실도 마찬가지였다. 핑크 버킷 옆에 있는 단칸방에서는 더 이상 블루 리본 식구들을 수용할 수 없었다. 게다가 우델과 나는 주크박스에서 나오는 음악 소리에 진절머리가 났다. 결국 우리는 일을 마치고 밤마다 치즈버거를 먹은 뒤 적당한 사무실을 찾아 돌아다녔다.

그 시절, 나와 우델이 함께 움직이는 것은 악몽과도 같은 일이었다. 내 차 쿠거에는 우델의 휠체어를 실을 수 없었다. 그러다 보니 항상 우델의 차에 타야 했고, 우델이 직접 운전해야 했다. 나는 장애인인 그가 운전하는 차에 타서 편하게 앉아 가는 것이 항상 미안하고 불편했다. 게다가 사무실마다 계단으로만 올라가게 되어 있어서 아주 미칠 지경이었다. 이것은 내가 우델의 휠체어를 올렸다 내렸다 해야 한다는 뜻이었다.

슬프게도 나는 바로 그 순간에 우델의 현실을 깨달았다. 사무실에서 우델의 긍정적이고 활기찬 면만 보았기 때문에, 그의 현실이 어떤지는 깨닫지 못했다. 직접 휠체어를 밀고 계단을 오르내리다 보니 몸이 성치 않은 우델의 심정을 세심하게 헤아릴 수 있었다. 나는 작은 목소리로 이렇게 기도했다. “제발 우델을 떨어뜨리지 않도록 해주십시오. 제발 부탁입니다.” 우델은 이런 기도를 들으며 바짝 긴장했을 것이다. 그런 그의 모습을 보며 나는 더욱 초조해졌다. 하지만 나는 이렇게 말했다. “걱정 마, 내가 지금까지 환자를 죽게 한 적은 한 번도 없었잖아, 하하!”

우델은 어떤 일이 일어나더라도 평정심을 잃는 법이 없었다. 내가 휠체어를 들고 어두운 계단을 불안하게 내려오더라도, 그는 '나를 불쌍하게 여기기만 해봐라. 당장 죽여버릴 거다' 라는 자신의 기본 철학을 잃지 않았다.

우델이 처음으로 상품 전시회에 갔을 때의 일이다. 항공사에서 우델의 휠체어를 분실했다. 나중에 그것을 찾았을 때는 프레임이 프레첼[막대 모양 또는 B자 모양으로 묶인 짭짤한 크래커]처럼 휘어 있었다. 하지만 그 정도는 우델에게 아무런 문제가 되지 않았다. 그는 불구가 되어 버린 휠체어에 앉아서도 상품 전시회에 참석해 자기가 맡은 일을 어김없이 해내고는 함빡 웃는 얼굴로 돌아왔다.

우델과 나는 매일 밤 새로운 사무실을 찾아다니면서 우리들의 완전한 패배를 두고 폭소를 터뜨리곤 했다. 헤어지기 전에 게임을 하기도 했다. 나는 스톱워치로 우델이 휠체어를 차에 접어 넣고 운전대에 앉기까지 걸리는 시간을 쟀다. 우델은 왕년의 육상 스타답게 자신의 최고 기록을 깨기 위한 도전을 즐겼다(그의 최고 기록은 44초였다). 우리는 둘만의 미션을 가지고 그렇게 바보처럼 시간을 보냈던 젊은 시절의 밤을 지금도 잊지 않고 소중하게 간직하고 있다.

우델과 나는 다른 점이 많았다. 하지만 우리는 일에 대한 접근 방식이 같았다. 바로 이런 점에서 우정이 싹텄다. 우리가는 한 가지 작은 과제에 집중하는 데서 기쁨을 얻었다. 한 가지 과제에 집중하면 정신이 맑아진다. 또한 우리는 지금보다 큰 사무실을 구해야 하는 과제 자체가 우리의 성공을 말해주는 신호라고 믿었다. 우리는 승리에 대한, 아니면 적어도 패하지 않으려는 깊은 욕망을 불러일으키는 블루 리본의 이름으로 이 과제를 추진하고 있었다.

우리 두 사람 중 어느 누구도 말이 많지는 않았지만, 우리는 밤마다 마음을 열고 많은 대화를 나누었다. 우델은 신체적인 장애에 대해 자세히 말했다. 내가 블루 리본을 운영하면서 심각한 상황에 처했다고 생각할 때마다 당시 우델이 해준 이야기는 항상 상황이 더 나빠질 수도 있다는 것을 상기시켜주곤 한다. 우델이 자기 자신을 다스렸던 방법은 나에게 삶의 가치, 미덕, 훌륭한 정신에 대한 변치 않는 교훈이 됐다.

우델의 장애는 특별한 것도, 절대적인 것도 아니었다. 그는 여전히 감정을 느끼고 있으며, 결혼해서 가정을 꾸리겠다는 희망을 잃지 않았다. 또한 그는 치료에 대한 희망을 버리지 않았다. 하반신 마비 환자들에게 치료 전망이 있는 실험용 신약을 꾸준히 복용했다. 문제는 약 때문에 입에서 마늘 냄새가 심하게 난다는 것이었다. 우리가 사무실을 찾아 헤매던 그때, 우델에게선 오래된 피자 가게 냄새가 났다. 나는 이런 이야기를 우델에게 직접 했다.

나는 우델에게 지금 생활이 행복한지 물었다(내게 그런 질문을 할 권한이 없다는 생각에 조금 머뭇거리기는 했다). 그는 잠시 생각하더니 그렇다고 했다. 자신은 행복하다고 했다. 그는 자기 일을 사랑했다. 때로는 걷지 못하는 사람이 신발을 팔러 다니는 아이러니에 당혹스러움을 느꼈지만, 블루 리본을 사랑했다. 우델의 말을 듣고 나서 무슨 말을 해야 할지 알 수 없었다.

나는 그냥 아무 말도 하지 않았다.

페니와 나는 새로 산 집에 우델을 자주 초대해서 저녁 식사를 함께했다. 우리는 우델을 한 식구처럼 대했다. 우리는 우델을 사랑했다. 우리는 그의 공허한 마음을 채워주고 싶었다. 그에게는 친구, 가정적인 위안이 필요했다. 페니는 우델이 올 때마다 항상 특별한 음식을 준비했다. 페니가 주로 준비하는 음식은 닭 요리였다. 닭은 매주 25달러인 식비 예산에 엄청난 타격을 입혔지만, 페니는 우델이 올 때는 돈을 아끼려고 하지 않았다. 내가 저녁에 우델이 온다고 말하면, 페니는 거의 반사적으로 "닭을 준비할게요!"라고 말했다. 그녀는 우델을 극진하게 환대했다. 페니는 우델을 살찌우고, 우델을 보살폈다. 아마도 우델이 페니의 모성애를 자극했던 것 같았다.

눈을 감고 어떻게든 기억하려고 애를 써보지만, 그런 밤들의 수많은 중요한 순간이 기억 속에서 영원히 사라져버렸다. 수많은 이야기들. 숨 가쁘게 웃던 일들. 이런저런 생각들, 뜻밖의 일들. 그 모든 것이 흐르는 세월과 함께 지워졌다. 내 머릿속에는 우리가 밤새도록 앉아서 지난 일을 되돌아보고 앞으로의 일을 계획하던 기억만 남아 있다. 그 시절, 우리는 서로 번갈아가면서 블루 리본의 현황, 우리가 앞으로 해야 할 일, 하지 말아야 할 일에 대해 토론했다. 그날 밤 단 하루만이라도 우리가 했던 말을 녹음기에 담았더라면 소중한 기록이 됐을 텐데…. 적어도 내가 세계 여행을 떠났을 때처럼 일기를 썼더라면 좋았을 텐데….

적어도 우델의 모습만은 또렷이 기억한다. 청바지를 조심스럽게 걸치고, 하얀 티셔츠에 그의 트레이드마크인 V자형 스웨터를 입은 우델은 항상 식탁의 상석에 앉았다. 그리고 타이거 신발을 신고 있었는데, 고무 밑창은 원래 모습을 그대로 간직하고 있었다.

그 시절, 우델은 턱수염을 길게 길렀고, 콧수염도 덥수룩했다. 나는 우델의 그런 자유가 항상 부러웠다. 나는 60대가 되어서야 턱수염을 기를 수 있었다. 왜냐고? 나는 은행에 가서 끊임없이 돈을 빌려야만 했기 때문이다. 월리스를 만날 때는 부랑아처럼 보여서는 안 됐다. 우선 깔끔하게 면도부터 해야 했다.

우델과 나는 드디어 포틀랜드 다운타운 남쪽에 위치한 타이거드(Tigard)에서 훌륭한 사무실을 발견했다. 건물 전체는 아니고(그럴 형편이 안 됐다), 우리 사무실로 사용한 구역은 1층 한쪽 구석이었다. 나머지는 호레이스 만 인슈어런스 컴퍼니(Horace Mann Insurance Company)가 사용했다. 새로 얻은 사무실은 매력적이고 멋진 공간으로, 블루 리본이 장족의 발전을 했음을 의미했다. 그럼에도 나는 많이 망설였다. 예전에 블루 리본이 싸구려 술집 옆에 있을 때는 이상야릇한 논리가 있었다. 그런데 보험 회사 옆이라? 복도에는 카펫이 깔려 있고, 휴게실에는 냉장고가 있고, 사무실에는 양복을 맞춰 입은 남자들이 있었다. 그곳에서는 대기업 분위기가 물씬 풍겼다. 나는 주변 환경이 우리의 정신과 밀접한 관련이 있고, 우리의 정신이 우리의 성공에서 커다란 부분을 차지한다고 생각했다. 우리가 조직형 인간과 자동 장치가 만연한 보험 회사와 갑자기 건물을 함께 쓰면, 우리의 정신이 어떻게 변할지 걱정이 앞섰다.

안락의자에 앉아서 이런저런 생각을 해보았다. 그러고는 대기업 같은 분위기는 우리 회사와 어울리지 않을 거라는 판단을 내렸다. 그러나 그곳은 우리가 거래하는 은행이 선호하는 조건을 갖췄다. 이처럼 따분하고 메마른 사무실이라면 월리스가 찾아오더라도 공손한 태도를 취할 것이다. 게다가 이 사무실은 타이거드에 있었다. 타이거드에서 타이거를 판매하는 것도 나름 의미가 있어 보였다.

그다음에 나는 우델이 하는 일에 관해 생각해보았다. 우델은 블루 리본에서 일하는 것이 행복하다고 했지만, 자기가 느끼는 아이러니함도 언급했다. 사실, 타이거를 팔러 우델을 고등학교, 대학교로 보내는 상황을 아이러니라는 단어로 표현하는 것은 적절치 않았다. 아마도 고문이었을 것이다. 나는 우델의 재능을 제대로 활용하지 못하고 있었다. 우델에게 가장 잘 맞는 일은 혼란에 질서를 부여하고 문제를 해결하는 것이었다. 다시 말해, 한 가지 작은 과제에 집중하는 것이었다.

타이거드 사무실의 임차 계약을 하러 가던 길에, 우델에게 앞으로 블루 리본의 운영 관리 업무를 맡을 생각이 있는지 물어봤다. 그렇게 하면 우델은 더 이상 신발을 팔러 다니지 않아도 된다. 더 이상 학교를 찾아가지 않아도 된다. 대신에 우델은 나 혼자서 처리하기 힘든 일을 맡게 될 것이다. 예를 들어, 로스앤젤레스 영업소의 보크와의 연락, 웰즐리 영업소의 존슨과의 연락, 마이애미 영업소 개설, 신입 영업사원들에 대한 업무 조정과 영업 보고서 취합을 담당할 직원의 고용, 지출 승인 같은 일을 맡게 될 것이다. 특히, 우델은 블루 리본의 은행 계좌 관리 담당 직원을 감독해야 한다. 이제 우델은 자기가 월급으로 받는 수표를 현금으로 교환하지 않고 쌓아두면, 그 이유를 바로 자기 자신에게 설명해야 한다.

우델은 환한 얼굴로 그런 제안을 받아서 아주 기쁘다고 했다. 그는 손을 내밀더니 "그렇게 합시다"라고 말했다.

여전히 운동선수답게 손힘이 강하게 느껴졌다.

1969년 9월에 페니는 출산 검사를 받기 위해 의사를 찾았다. 의사는 상태가 좋아 보인다고 했다. 하지만 아이는 시간이 좀 지나야 태어날 것 같다고 했다. 아무래도 1주 정도는 지나야 될 것 같다고 했다.

페니는 그날 오후 블루 리본에서 고객들을 맞이하면서 보냈다. 우리는 함께 집으로 가서 저녁을 일찍 먹고 일찍 잠자리에 들었다. 새벽 4시쯤 됐을까? 페니가 내 어깨를 흔들며 "몸이 이상해요"라고 말했다. 나는 당장 의사에게 전화해서 이매뉴얼 병원에서 만나기로 했다.

노동절을 몇 주 앞두고 연습 삼아 그 병원에 몇 번 가보았다. 이런 연습이 필요하다고 생각했다. 아이의 출산 같은 절박한 순간이 닥치면 포틀랜드 시내가 방콕처럼 보일 정도로 정신이 없을 게 분명했기 때문이다. 정말 그날은 주변의 모든 것이 생소하게 보였다. 나는 길을 확인하면서 천천히 운전했다. 그렇다고 너무 천천히 갈 수도 없었다. 자칫하면 내가 아이를 받을 수도 있었기 때문이다.

가로등 불빛만 반짝일 뿐, 거리는 한산했다. 하늘에선 보슬비가 내리고 있었다. 차 안에선 페니의 거친 숨소리와 앞유리창을 닦는 와이퍼 소리만 들렸다. 응급실 입구에 차를 세우고 페니와 함께 병원으로 들어갈 때, 페니는 "아무래도 우리가 과민하게 반응한 것 같아요. 아직은 아닌 것 같아요"라는 말을 되풀이했다. 그러나 페니는 내가 육상 경기에서 마지막 한 바퀴를 달릴 때처럼 숨을 거칠게 몰아쉬고 있었다. 나는 페니를 휠체어에 앉힌 뒤 복도로 밀고 가던 간호사를 지금도 기억한다. 무엇인가 도움이 될까 싶어 간호사 뒤를 따라갔다. 나는 임신 키트와 스톱워치를 들고 있었다. 스톱워치는 우델과 게임을 할 때 사용하던 것이었다. 나는 진통 시간을 큰 소리로 세었다. "오, 사, 삼…."

그러자 페니가 헐떡거리기를 멈추고 나를 돌아보더니 꽉 깨물고 있던 이 사이로 "제발 그만해"라고 말했다.

간호사는 페니를 휠체어에서 일으켜 세운 뒤 바퀴가 달린 침대에 눕히곤 어딘가로 향했다. 그 순간 복도 뒤편에 '대기실(Bullpen)'이라는 간판이 보였다. 그곳은 예비 아빠들이 멍하니 앉아 기다리는 곳이었다. 페니와 함께 분만실에 들어갈 수도 있었지만, 아버지가 그렇게 하지 말라고 당부하셨다. 내가 태어날 때 분만실에 들어갔던 아버지는 내 온몸이 밝은 푸른색인 것을 보곤 눈이 휘둥그레졌다고 하셨다.

"그러니까 아이가 나오는 순간에는 다른 곳에 가 있어."

나는 딱딱한 플라스틱 의자에 눈을 감고 앉아 마음속으로 회사 일을 생각했다. 한 시간쯤 지났을까? 눈을 떠보니 앞에 의사가 서 있었다. 이마에는 구슬 같은 땀방울이 맺혀 있었다. 그의 입술이 움직이는 것을 보니 뭐라고 말하는 게 틀림없었다. 그러나 나는 그의 말을 알아들을 수 없었다. 라이프 이즈 어 조이(Life's a joy)? 히어 이즈 어 토이(Here's a toy)? 아 유 로이(Are you Roy)?

의사가 다시 말했다. 잇츠 어 보이(It's a boy).

"아들이라고요?"

"부인이 아주 큰일을 하셨습니다. 한 번도 통증을 호소하지 않고 적절한 순간에 밀어냈습니다. 부인이 라마즈(Lamaze)[무통 분만법의 일종] 강의를 많이 들으셨나요?"

"르망(Lemans)이요? 무슨 말씀이시죠?"

"네?"

그는 나를 환자처럼 데리고 긴 복도를 따라 작은 방으로 안내했다. 커튼 뒤로 페니가 보였다. 페니는 지치고 힘들어 보였지만, 환한 표정을 짓고 있었다. 그녀의 얼굴은 시뻘겋게 달아올라 있었다. 페니는 푸른색 유모차 장식을 한 누비이불 모양의 하얀 담요를 팔로 감싸고 있었다. 담요를 내리니까 하얀 스타킹 캡을 씌운, 잘 익은 자몽만 한 머리가 보였다. 아들이었다. 그 아이는 마치 여행자처럼 보였다. 물론 여행자가 맞다. 지금 막 세상을 여행하기 시작한 것이다.

나는 몸을 아래로 숙이고 페니의 볼에 키스했다. 그러고는 얼굴에 달라붙은 축축하게 젖은 머리카락을 떼어주었다. 나는 "당신 챔피언이야"라고 속삭였다. 그러자 페니가 곁눈질로 나를 흘끗 쳐다보았다. 아마도 내가 아기에게 하는 말이라고 생각한 것 같았다.

페니는 아기를 안아보라고 했다. 나는 두 팔로 아기를 감싸 안았다. 아기는 살아 숨 쉬고 있었다. 하지만 아주 연약했고, 몸조차 제대로 가누지 못했다. 그 순간, 경이로운 기분이 들었다. 이런 기분은 비록 익숙하기는 했지만, 다른 느낌으로 다가왔다. 제발 우델을 떨어뜨리지 않도록 해주십시오.

나는 블루 리본에 있으면서 페니에게 품질 관리, 장인 정신, 배송에 관해 많은 이야기를 했다. 그러나 이번에는 살아 숨 쉬는 생명이었다. 나는 페니에게 “이 아기가 우리가 낳은 자식이야”라고 말했다. 우리가 낳은 자식이라고.

페니는 고개를 끄덕이고는 반듯이 누웠다. 나는 아기를 간호사에게 넘기고 페니에게 한숨 자라고 했다. 병원 건물에서 나와 차에 올라탔다. 갑자기 아버지가 보고 싶은 마음이 간절해졌다. 나는 아버지가 계시는 신문사에서 몇 블록 떨어진 곳에 차를 세웠다. 조금 걷고 싶었다. 비는 그쳤지만, 공기는 차갑고 눅눅했다. 저쪽에 담배 가게가 보였다. 그 순간 나는 크고 두툼한 로부스토(robusto) 시가를 아버지께 건네며 “하하! 할아버지!”라고 외치는 모습을 떠올려보았다.

목재 시가 박스를 팔에 끼고 담배 가게를 나오다가 우연히 오리건대학교 육상 선수 출신인 키스 포먼을 만났다. 난 “키스!” 하고 외쳤다.

그러자 그는 “벅, 오랜만이야”라고 말했다.

나는 키스의 양복 깃을 붙잡고 “아들이야!”라고 외쳤다. 그러자 키스는 몸을 뒤로 젖히고는 어리둥절한 표정을 지었다. 자세히 설명할 시간이 없었다. 나는 가던 길을 계속 걸어갔다.

포먼은 6500미터 계주에서 세계 신기록을 수립한 오리건대학교 육상 팀 선수였다. 육상 선수이자 회계사인 나는 그들이 세운 경이로운 기록, 16분 8초 9를 잊지 않고 기억했다.

포먼은 바우어만 코치가 이끈 1962년 전국 육상 대회 우승팀의 주목받는 스타였다. 그는 1500미터 4분 벽을 깬 다섯 번째 미국인이기도 했다. 나는 마음속으로 불과 몇 시간 전에 한 말이 진짜 챔피언의 등장으로 이어졌다는 생각이 들었다.

11월의 가을 하늘에는 양털 구름이 낮게 깔려 있었다. 나는 두꺼운 스웨터를 입고 난롯가에 앉아서 이런저런 생각을 했다. 온통 감사할 일뿐이었다. 페니와 어린 아들 매튜는 모두 건강했다. 보크, 우델, 존슨도 행복한 나날을 보내고 있었다. 매출은 계속 증가하고 있었다.

그런데 보크에게서 편지가 왔다. 보크는 멕시코시티에서 돌아온 뒤 일종의 정신적 몬테수마의 복수(Montezuma's Revenge)[멕시코 여행자가 걸리는 설사]로 신음하고 있었다. 그는 나에 대한 불만을 편지에 적어 보냈다. 그는 내 경영 스타일이 마음에 들지 않았다. 회사에 대해 내가 품고 있는 비전도 마음에 들지 않았고, 보수도 마음에 들지 않았다. 나한테 편지를 보내면 답장을 받는 데 몇 주가 걸리거나 심지어 아예 답장을 받지 못하는 것도 마음에 들지 않았다. 자기가 신발 디자인에 관해 아이디어를 많이 냈는데, 그런 것들이 제대로 반영되지 않는다고 생각했다. 그는 몇 페이지에 걸쳐 이런 불안을 늘어놓고는 즉각적인 변화를 요구했다. 거기에다 월급을 올려달라는 말도 덧붙였다.

두 번째 반란이었다. 그러나 이번 반란은 존슨의 반란보다 대처하기가 어려웠다. 답장을 쓰는 데만 며칠이 걸렸다. 나는 월급은 조금 올려주겠지만, 그 밖의 사항에 대해서는 사장으로서 물러서기 어렵다고 했다. 나는 보크에게 어떤 회사에도 사장은 한 사람만 존재하며, 유감스럽게도 블루 리본의 사장은 벅 나이트라는 사실을 강조했다. 나와의 관계가 좋지 않거나 나의 경영 스타일이 마음에 들지 않으면, 스스로 물러날 수도 있고 내가 해고할 수도 있다는 말도 통보했다.

나는 스파이를 고용했다는 것을 글로 알렸을 때와 마찬가지로, 좀 더 생각해보지 않고 즉각 답장을 보낸 것을 후회했다. 편지를 우체통에 집어넣자마자, 보크는 회사에 중요한 사람이고, 내가 그를 잃는 것을 원하지 않으며, 그가 없으면 대체 인력을 구하기가 쉽지 않을 것이라는 생각이 들었다. 나는 블루 리본의 새로운 운영 관리 담당자인 우델을 로스앤젤레스로 급파해 사태를 수습하도록 지시했다.

우델은 보크와 점심 식사를 함께하면서, 아들이 생긴 이후 내가 잠을 제대로 못 잔다고 했다. 또한 기타미와 오니쓰카 회장이 방문한 이후 내가 엄청난 스트레스를 받고 있다고도 했다. 나의 독특한 경영 스타일, 특히 메모나 편지를 보내도 아무런 대답이 없는 것을 두고 많은 사람이 불만을 토로하고 있다고도 했다.

우델은 며칠에 걸쳐 계속 같은 말을 되풀이하면서 보크를 위로했다. 우델은 보크도 스트레스를 많이 받고 있다는 것을 알았다. 영업소는 잘 돌아가고 있지만, 블루 리본의 창고처럼 되어버린 뒷방은 엉망진창이었다. 박스가 여기저기 흩어져 있고 청구서와 서류가 천장까지 쌓여 있었다. 보크는 이 많은 것을 도저히 혼자 감당할 수 없었다.

보크를 만나고 온 우델은 나한테 사진을 보여주었다. 우델은 "내 생각에는 보크가 다시 돌아올 것 같아. 그런데 창고 관리에 대한 부담만큼은 덜어주는 게 좋겠어. 창고 관리 업무를 이쪽으로 넘겨받는 게 어떨까?"라고 제안했다. 그러면서 우델은 자기 어머니가 그 일을 잘할 수 있을 거라고 했다. 우델의 어머니는 오리건에서 아주 유명한 수영복 회사, 잔센에서 다년간 창고 관리 업무를 맡았었다. 따라서 우델은 정실 인사가 아니라고 했다. 듣고 보니 우델의 어머니는 그 일에 적임자 같았다.

나는 우델이 하는 일에 이러쿵저러쿵 상관할 생각이 없었다. 우델이 좋으면 나도 좋았다. 나는 블루 리본에 우델의 집안사람이 많으면 많을수록 좋을 거라고 생각했다.

1969

1970 현금, 현금, 현금이 필요해

크리스마스를 2주 앞두고, 다시 일본에 가야 할 일이 생겼다. 크리스마스에 페니와 갓 태어난 매튜만 집에 남겨둔 채 떠나고 싶지 않았지만, 어쩔 수 없었다. 오니쓰카와 새로운 계약을 체결해야 하기 때문이었다. 그렇지 않으면, 기타미가 나를 계속 불안하게 만들 것이다. 그는 내가 도착할 때까지 계약 갱신에 관한 자기 생각을 말해주지 않았다.

나는 또다시 오니쓰카 임원진에 둘러싸여 있었다. 이번에 오니쓰카 회장은 늦게 등장하지도 않았고, 조용히 앉아 있지도 않았다. 그는 처음부터 회의를 주재했다.

그는 먼저 블루 리본과의 계약을 3년 더 갱신하겠다는 취지의 말을 하고는 회의를 시작했다. 나는 몇 주 만에 처음으로 미소를 지었다. 나는 곧 블루 리본의 장점을 내세우며 계약 기간을 늘려줄 것을 요청했다. 물론 1973년까지는 아직 많은 시간이 남아 있었다. 그러나 눈 깜짝할 사이에 바로 코앞으로 다가올 것이다. 나는 더 많은 시간과 안정이 필요했다. 내가 거래하는 은행은 더 많은 시간을 요구했다. 나는 5년은 어떻겠습니까?"라고 제안했다.

오니쓰카 회장은 웃는 얼굴로 "3년입니다"라고 못을 박았다.

그는 뜻밖의 연설을 시작했다. 지난 수년 동안 수출이 부진했고 전략적인 과오가 있었지만, 오니쓰카의 전망은 여전히 낙관적이다. 비용 절감과 조직 개편으로 오니쓰카는 시장에서의 우위를 회복했다. 새해 매출은 2200만 달러를 상회할 것이고, 이 중에서 미국에서의 판매가 많은 부분을 차지할 것이다. 최근의 시장 조사 결과에 따르면 미국 육상 선수의 70퍼센트가 타이거를 보유하고 있는 것으로 나타났다.

물론 나도 그 사실을 알고 있었다. 내 말은 블루 리본이 거기에 어느 정도 기여했으니, 계약 기간을 좀 더 길게 잡아 달라는 것이었다.

오니쓰카 회장은 계약 기간을 3년으로 정한 데는 기타미의 의견이 크게 영향을 미쳤다고 했다. 그는 자리에 앉아 있는 기타미에게 따뜻한 미소를 보냈다. 그러고는 기타미가 회사의 운영관리자로 승진했다는 소식을 전했다. 기타미는 이제 오니쓰카의 우델이었다. 비록 기타미 1000명을 준다고 해도 우델 한 사람과 바꾸지 않을 테지만 말이다.

나는 오니쓰카 회장에게 고개를 숙이면서 회사의 미래에 행운이 깃들기를 바란다고 했다. 기타미에게도 고개를 숙이면서 승진을 축하한다고 했다. 하지만 고개를 들고 기타미와 눈빛이 마주치는 순간, 왠지 모르게 차가운 기운이 느껴졌다. 그런 기운은 며칠 동안 남아 있었다.

우리는 계약서를 작성했다. 네다섯 문단으로 엉성하게 만든 계약서였다. 내용이 좀 더 구체적이어야 하고 변호사의 자문이 필요하겠다는 생각이 들었다. 그러나 시간이 없었다. 우리는 서명을 하고, 다른 주제로 넘어갔다.

어쨌든 계약을 갱신해서 나는 안도의 한숨을 쉬었다. 하지만 지난 8년과 비교하면 오리건으로 돌아오는 길이 편치 않았다. 물론 내 가방에는 오니쓰카가 향후 3년 동안 제품을 공급하겠다고 보증하는 내용의 서류가 들어 있었다. 그들은 무엇 때문에 기간을 3년으로 못 박았을까? 더 중요한 것은 이번 연장 계약서에는 오해의 소지가 많다는 것이었다. 어쨌든 오니쓰카는 제품을 공급하겠다고 약속했다. 그러나 과거의 사례를 보면 제품을 불안할 정도로 늦게 공급하는 경우가 많았다. 독촉해봤자 그들은 우리가 돌아버릴 정도로 무심한 태도를 보였다. "며칠만 지나면 도착할 겁니다." 나의 재촉에 그들의 답신은 매번 같은 내용이었다. 월리스는 은행업자가 아닌 사채업자가 되어가고 있었다. 이런 상황에서 '며칠만 더'라는 표현은 재앙을 의미할 수도 있었다.

오니쓰카가 보낸 제품이 제때 도착하더라도 수량이 잘못된 경우가 많았다. 사이즈가 다른 경우도 있고, 모델이 다른 경우도 있었다. 이런 혼란은 창고 관리 업무를 어렵게 하고, 영업사원들을 초조하게 만들었다. 내가 일본을 떠날 때, 오니쓰카 회장과 기타미는 최첨단 공장을 건설할 계획이라고 말하면서 나를 안심시켰다. 그들은 공장이 완공되면, 배송 문제는 저절로 해결될 거라고 했다. 그 말에 전혀 믿음이 가지 않았다. 그러나 내가 할 수 있는 게 없었다. 나는 그들의 처분만 기다려야 했다.

당시 존슨은 거의 미칠 지경이었다. 지금까지 존슨은 편지로 고민을 차분하게 토로해왔지만, 이번에는 미칠 듯이 격앙된 감정을 여과 없이 쏟아부었다. 문제는 바우어만 코치가 이름 붙인 코르테즈였다. 코르테즈의 인기는 하늘을 찌를 듯했다. 우리는 사람들이 코르테즈에 빠져들도록 마법을 걸었다. 사람들은 코르테즈에 완전히 중독됐다. 그런데 우리는 고객들의 수요를 충족시킬 수 없었다. 그러자 사람들은 변덕스러운 공급 체계에 분노를 표출했다.

존슨은 "지금 우리는 고객들을 데리고 장난치고 있어"라고 적었다. "성공은 코르테즈가 얼마나 많이 적재되는가에 달려 있어. 그런데 현실은 쇠수세미 갑피와 낡은 면도날 혀(tongue)[운동화의 끈 안쪽에 달려 있는 손잡이 부분]가 달린 사이즈 6과 6.5짜리 보스턴만 적재되어 있을 뿐이지."

존슨의 말은 과장됐지만, 지나친 것은 아니었다. 실제로 그런 일이 일어나고 있었다. 나는 월리스에게서 대출을 약속받고 오니쓰카의 제품이 도착하기를 기다렸는데, 내가 받은 제품 중에 코르테즈는 없었다. 6주 뒤 그들은 코르테즈를 지나칠 정도로 많이 보냈지만, 이때는 너무 늦었다.

도대체 왜 이런 일이 일어나는 거지? 오니쓰카의 생산시설이 낡아서 그런 것은 아니었다. 우델은 오니쓰카가 일본의 고객 수요를 충족시킨 뒤 해외 수요를 충족시키려는 것 같다고 했다. 이는 대단히 불공정한 처사였다. 하지만 이번에도 내가 할 수 있는 일은 없었다. 나는 아무런 영향력도 없었다.

오니쓰카가 공장을 새로 지어 배송 문제를 해결하더라도, 오니쓰카가 제품을 제때 보내고 제품 사이즈도 주문대로 정확하게 맞아떨어지더라도 내가 월리스를 설득해야 하는 문제는 여전히 남아 있었다. 주문량이 많아지면 대출을 많이 받아야 하고, 대출이 많아지면 이를 상환하기가 어려워진다. 1970년이 되면서 월리스는 나한테 이처럼 불확실한 대출을 해주기는 더 이상 어렵다고 했다.

지금도 나는 월리스의 사무실에 앉아 있던 순간이 기억난다. 월리스와 화이트는 나를 열심히 두들겨 팼다. 월리스는 그 순간을 즐기는 것처럼 보였다. 하지만 화이트는 '미안하네. 젊은 친구. 이게 내 직업이야'라는 표정이 역력했다. 늘 그랬듯, 나는 그들의 박해를 겸허하게 받아들였다. 이것이 바로 힘없는 중소기업 사장의 역할이다. 신용은 부족하고 회계의 시간은 길었다. 물론 나는 이런 역할을 잘 알고 있었다. 속을 뒤집어버릴 듯한 소리도 무시할 수 있어야 했다. 나는 아무것도 없는 상태에서 대단히 역동적인 기업을 설립했다. 어떤 면으로 보든 블루 리본은 맹수가 됐다. 매출은 매년 두 배로 증가했다. 그런데도 이런 대접을 받아야 하는가? 그들은 우리를 게으름뱅이처럼 취급하고 있지 않은가?

화이트는 분위기를 진정시키려고 블루 리본에 도움이 될 만한 이야기를 몇 가지 했다. 그러나 이런 의견은 월리스의 생각에 전혀 영향을 미치지 않았다. 나는 숨을 크게 쉬고는 말을 하려다가 멈췄다. 내 목소리에선 자신감이 느껴지지 않았다. 단지 좀 더 꼿꼿이 앉아서 나 자신을 꼭 껴안았을 뿐이다. 이 무렵, 내겐 신경성 안면 경련이 생기기 시작했다. 고무 밴드는 더 이상 내 손목에 상처를 입히지 않았다. 나는 스트레스를 받거나 누군가를 질식시켜 죽이고 싶을 때마다 내 팔을 잘 감싸서 몸통 주변에 묶어두었다. 그날은 유달리 안면 경련이 심하게 나타났다. 월리스와 화이트는 아마도 내가 태국에서 배운 독특한 요가 자세를 연습하고 있다고 생각했을 것이다.

문제는 성장에 대한 의견이 다르다는 데만 있지 않았다. 블루 리본의 매출은 60만 달러에 육박했다. 그리고 그날 나는 120만 달러를 빌려달라고 했다. 이 수치가 월리스에게 시사하는 의미는 컸다. 100만 달러 벽에 도달한 것이었다. 월리스에게 이것은 1500미터 경주의 4분 벽과도 같은 수치였다. 월리스는 그 벽을 깨고 싶지 않았다. 그는 블루 리본과의 관계 자체가 싫고, 나를 보는 것도 싫다고 했다. 그는 나를 볼 때마다 현금 잔고의 중요성을 강조했다. 그럴 때마다 나는 매출과 수익이 계속 증가하기 때문에 블루 리본의 미래를 긍정적으로 봐야 한다는 말을 아주 정중하게 했다.

월리스는 펜으로 테이블을 톡톡 두드렸다. 그는 나한테 제공할 수 있는 신용은 이미 최대한도를 넘었다고 했다. 내가 현금을 준비하지 않으면 1센트도 제공할 수 없다면서 쾅쾅 못을 박았다. 그날 이후 그는 엄격한 판매 할당량을 부과했다. 이 할당량에 조금이라도 못 미치거나 이것을 하루라도 늦게 달성하면…. 그는 문장을 마무리하지 않았다. 그의 목소리는 점점 잦아들었다. 최악의 시나리오가 발생하면, 이 침묵을 채워 넣어야 할 사람이 바로 나였다.

나는 화이트를 돌아봤다. 그의 표정은 '내가 무엇을 할 수 있겠나?'라고 말하는 것 같았다.

며칠 뒤, 우델이 오니쓰카에서 보낸 전보를 보여주었다. 봄에 선적한 제품이 곧 출발할 예정이며, 납품 대금조로 2만 달러를 송금해달라는 내용이었다. 아주 좋은 소식이었다. 이번에는 그들이 제품을 제때 발송할 것이라고 믿을 수 있었다.

한 가지 옥에 티가 있다면, 우리에게 2만 달러가 없었다는 것이다. 게다가 이제는 월리스를 찾아갈 수도 없다. 당시 내 수중에는 현금이 한 푼도 없었다.

나는 오니쓰카에 전보를 쳐서 우리 영업 인력이 제품을 판매해 수입이 좀 더 발생할 때까지 납품을 연기해줄 것을 부탁했다. 나는 "우리가 재정적으로 어려움에 처해 있다고는 생각하지 마십시오"라고 적었다. 이 말은 거짓말이 아니었다. 바우어만 코치에게 말했듯, 우리는 파산하지 않았다. 다만 현금이 없을 뿐이었다. 자산은 많지만, 현금이 없었다. 다만, 우리에게는 시간이 좀 더 필요했을 뿐이다. 이제 내가 '며칠만 더'라고 말해야 할 차례였다.

우리에게 닥친 현금흐름 문제를 확실하게 해결할 방법이 전혀 없는 것은 아니었다. 주식을 공모하는 방법이 해결책으로 떠올랐다. 블루 리본 지분의 30퍼센트를 1주당 2달러에 매각한다면, 하룻밤 사이에 30만 달러를 확보할 수 있을 것이다.

주식을 공모하기에는 지금이 적기라는 생각이 들었다. 1970년에 처음으로 벤처캐피털 기업이 등장했다. 벤처캐피털의 전체적인 개념이 우리의 눈앞에 펼쳐지기 시작한 것이다. 비록 건전한 벤처캐피털 투자란 구체적으로 어떤 투자를 의미하는가에 대해서는 아직 광범위한 합의에 이르지 못했지만 말이다. 신생 벤처캐피털 기업은 주로 캘리포니아 주 북부에 있었다. 그들은 주로 전자를 비롯한 첨단기술 기업들에 관심을 가졌다. 이런 기업들은 대부분 실리콘 밸리에 있었다. 첨단기술 기업들은 미래 지향적인 회사명을 가졌기에, 블루 리본의 지주회사를 설립하고 기술에 관심 있는 투자자들을 끌어들이기에 적합하도록 스포츠-텍(Sports-Tek Inc.)이라는 이름을 붙였다.

우델과 나는 주식 공모를 알리는 전단지를 돌렸다. 그런 뒤 사무실에 앉아서 열화와 같은 반응을 기대했다.

그런데 아무런 반응이 없었다.

한 달이 지났다.

정적만 감돌았다.

문의 전화 한 통도 없었다.

정말이지 전화하는 사람이 단 한 명도 없었다. 우리는 겨우 300주를 판매했다. 그것도 1주당 1달러에 말이다.

그마저도 우델과 우델의 어머니가 샀다.

결국 우리는 주식 공모를 포기했다. 한마디로 개망신을 당했다. 이런 일이 있고 나서 혼자 이런저런 생각을 해보았다. 처음에는 경제가 안 좋은 것을 탓했다. 베트남전쟁을 탓하기도 했다. 그러나 무엇보다 먼저 나 자신을 탓했다. 나는 블루 리본을 과대평가했다. 내가 하는 일을 과대평가했다.

아침에 커피를 마시면서 혹은 밤에 잠을 청하면서, 나는 이렇게 자문했다. 혹시 내가 바보일까? 내가 하는 신발 사업 자체가 바보나 하는 심부름이 아닐까?

어쩌면 그럴지도 모른다.

정말 그럴지도 모른다.

간신히 미수금을 확보해 2만 달러를 채우고, 은행 대출금을 갚고, 오니쓰카에서 제품을 납품받았다. 또다시 안도의 한숨을 쉬었다. 그러나 곧 가슴이 답답해졌다. 다음에는 어떻게 해야 하지? 그리고 또 그다음에는?

현금이 필요했다. 그해 여름은 유난히 더웠다. 황금빛 햇살, 청명한 푸른 하늘, 세상은 천국처럼 나른하게 느껴졌다. 이 모든 것이 나를 조롱하는 것만 같았다. 1967년 여름이 사랑의 여름이었다면, 1970년 여름은 현금의 여름이었다. 나한테는 현금이 없었다. 나는 하루 종일 현금만 생각하고, 현금만 이야기하고, 하늘을 보면서 현금을 애원했다. 내 나라를 줄 테니 현금을 다오. 이제 현금은 자기자본보다 훨씬 더 혐오스러운 단어가 됐다.

결국 나는 내가 하기 싫은 일, 다시는 하지 않겠다고 맹세했던 일을 하고 말았다. 나는 귀가 있는 사람이라면 누구한테든지 현금을 달라고 졸랐다. 친구, 가족은 물론이고 안면이 있는 모든 사람에게 현금을 빌려달라고 했다. 옛날에 함께 땀을 흘리며 훈련하던 선수들에게도 찾아가서 손을 내밀었다. 그들 중에는 나의 최대 라이벌, 그렐리도 있었다.

나는 그렐리가 할머니에게 엄청나게 많은 재산을 물려받았다는 소문을 들었다. 게다가 그렐리는 하는 일마다 성공 신화를 만들어냈다. 그는 식료품점 체인 두 곳을 경영하고 부업으로 대학교 졸업생들에게 모자와 가운을 판매했다. 두 사업 모두 대박이 났다. 또한 그가 레이크 애로헤드에 많은 땅을 보유하고 있으며, 거기에 지은 엄청나게 큰 집에서 살고 있다는 소문도 들렸다. 그렐리는 이기기 위해 태어난 사람이었다. (그는 세계 최고가 되고 나서 1년이 지나서도 여전히 경쟁심을 가지고 달렸다.)

그해 여름 포틀랜드에서는 희망자는 누구나 참가할 수 있는 마라톤 대회가 열렸다. 나는 대회가 끝난 뒤 집에서 파티를 열고는 지인들을 초대했다. 물론 그렐리도 초대했다. 나는 그에게 말을 꺼낼 기회를 엿봤다. 분위기가 무르익었을 때, 나는 그렐리에게 잠깐 하고 싶은 말이 있다고 했다. 그렐리를 서재로 데리고 가서 마음속에 품고 있던 말을 간단하게 전했다. 새로 설립한 회사가 전망은 있지만 현금 사정이 안 좋다는 말이었다. 그는 점잖게 웃으면서, "벅, 나는 관심 없어"라고 말했다.

어느 날 나는 의지할 곳도 없고, 대안도 없는 상황에서 책상에 앉아 창밖만 바라보고 있었다. 그때 우델이 문을 두드렸다. 그는 휠체어를 끌고 사무실로 들어오더니 문을 닫았다. 우델과 우델의 부모님은 나에게 5000달러를 빌려주겠다고 했다. 그들은 내가 거절하지 않았으면 좋겠다고 했다. 이자도 받지 않겠다고 했다. 그처럼 큰돈을 빌려주면서 각서 한 장도 요구하지 않았다. 우델은 마침 로스앤젤레스에 가서 보크를 만나기로 했다며, 자기가 없는 동안에 자기 집에 가서 부모님께 수표를 받으라고 했다.

며칠 뒤에 나는 나 자신이 상상하지도 못했던 일을 했다. 수표를 받으러 우델의 집에 간 것이다.

나는 우델 부모님이 아들 치료비에 많은 돈을 써서 형편이 좋지 않을 것으로 생각했다. 나한테 빌려주려는 5000달러는 그들이 평생 저축한 돈일지 모른다.

하지만 그렇지 않았다. 우델 부모님은 여유 자금이 조금 더 있었다. 그리고 내가 필요하면 가져다 쓰라고 했다. 나는 그렇게 하겠다고 했다. 그들은 마지막 남아 있는 3000달러까지 빌려주었다. 이제 그들에게 남은 여유 자금은 한 푼도 없었다.

이 수표를 내 책상 서랍에 넣어두고 현금으로 바꾸지 않을 수만 있다면…. 하지만 그럴 수는 없었다. 다른 방법이 없었다.

나는 우델의 집을 나오면서 우델 부모님께 "왜 이렇게까지 도와주십니까?"라고 물어봤다.

우델의 어머니는 "아들이 일하는 회사를 믿지 않으면, 누구를 믿을 수 있습니까?"라고 답했다.

페니는 내가 일주일에 한 번씩 주는 25달러로 최대한의 효과를 내는 방법을 끊임없이 고안했다. 결국 페니는 50종류의 비프 스트로가노프[러시아식 볶음 요리]를 만들어내기에 이르렀다. 당연히 내 몸집은 불어날 수밖에 없었다. 1970년 중반, 내 체중은 86킬로그램에 달했다. 평생 이처럼 체중이 많이 나간 적이 없었다. 어느 날 아침, 양복을 입는데 옛날에 헐렁했던 양복이 이제는 더 이상 헐렁하지 않았다. 거울 속에 비친 내 모습을 보면서 "악" 하고 소리를 지를 뻔했다.

그러나 비프 스트로가노프만 탓할 순 없었다. 언제부터인지 달리기하는 습관이 사라졌다. 회사를 경영하고, 결혼하고, 아이가 생기다 보니 도저히 시간을 낼 수 없었다. 게다가 달리기에 대한 애정도 식어버렸다. 나는 바우어만 코치를 위해 달리는 것을 좋아했지만, 그것을 싫어하기도 했다. 이는 육상 선수 출신들에게 공통적으로 나타나는 현상이다. 몇 년에 걸쳐 훈련하고 경기에 참가하다 보면 몸과 마음이 지칠 대로 지쳐버린다. 이럴 때는 휴식이 필요하다. 그러나 이제 휴식은 끝났다. 나는 예전으로 돌아가야 했다. 신발 회사 사장이랍시고 뱃살이 축 늘어진 모습으로 앉아 있어서는 안 됐다.

그리고 꽉 끼는 양복과 축 늘어진 뱃살만으로는 충분한 동기가 되지 않았는지 곧 또 다른 동기가 나타났다.

마라톤 대회가 끝나고 그렐리가 내 부탁을 거절한 뒤, 그와 나는 둘만의 달리기 시합을 하기로 했다. 6500미터가 가까워지면서 그렐리는 내가 숨을 헐떡거리며 버티는 모습을 애처로운 듯 뒤돌아봤다. 그렐리가 나한테 돈을 빌려주지 않은 것과 나를 애처롭게 바라보는 것은 별개의 일이었다. 그렐리는 내가 당혹스러워한다는 것을 알고 있었다. 그는 나에게 시합을 제안했다. “이번 가을에 너하고 내가 1500미터 달리는 거야. 1분까지는 봐주겠어. 만약에 네가 이긴다면 1초당 1달러씩 주지.”그해 여름, 나는 열심히 연습했다. 퇴근 후 매일 밤 10킬로미터씩 달렸다. 얼마 지나지 않아 옛날 체형으로 돌아와 체중은 73킬로그램이 됐다. 그렐리와 시합하던 날(그날 우델은 스톱워치를 가지고 왔다), 나는 그렐리에게서 36달러를 받았다(이 승리는 그렐리가 어느 육상대회에 나가 4분 7초를 기록한 다음 주에 거둔 것이어서 훨씬 더 달콤했다). 그날 집으로 돌아오면서 나는 엄청나게 즐거웠다. 나는 혼자서 “그래, 계속 가는 거야. 멈추지 마”라고 계속 혼잣말을 했다.

1970년 한 해의 반환점이라 할 수 있는 6월 15일, 우편함에서 〈스포츠 일러스트레이티드(Sports Illustrated)〉를 집어 든 나는 깜짝 놀랐다. 표지에 ‘오리건의 남자’가 등장한 것이다. 그는 단순한 ‘오리건의 남자’가 아니라, 아마도 지금까지 가장 뛰어난, 그렐리보다 훨씬 더 뛰어난 선수였다. 그의 이름은 스티브 프리폰테인이었다. 표지에는 그가 바우어만 산으로도 알려진 올림포스 산을 전속력으로 달려가는 모습이 담겨 있었다.

기자는 프리폰테인을 한 세대에 한 명 나올까 말까 한 천재 선수라고 소개했다. 그는 이미 고등학교 때 3200미터를 미국 신기록인 8분 41초에 주파해 육상계의 이목을 집중시켰다. 오리건대학교 1학년인 지금은 3200미터에서 한때 최고를 구가하던 게리 린드그렌을 27초 차이로 물리쳤다. 그해 프리폰테인은 전국에서 세 번째 기록인 8분 40초를 기록했다. 그는 5000미터에서는 13분 12초 8을 기록해 그해 세계에서 가장 빠른 선수가 됐다.

바우어만 코치는 〈스포츠 일러스트레이티드〉 기자들에게 프리폰테인은 현재 세계 최고의 중장거리 선수라고 소개했다. 나는 무뚝뚝한 바우어만 코치가 선수를 그토록 칭찬하는 모습을 한 번도 본 적 없었다. 바우어만 코치는 이후에도 프리폰테인 이야기만 나오면 열변을 토했다. 그는 프리폰테인은 지금까지 자기가 데리고 있었던 선수 중 가장 뛰어난 선수라고 했다. 바우어만 코치 밑에서 보조 코치로 일하는 빌 델린저는 프리폰테인의 비밀 무기는 자신감이라고 했다. 그의 자신감은 그의 폐활량만큼이나 별난 데가 있었다. 델린저는 "보통 선수들은 자신감을 쌓는 데 대략 12년 정도 걸리지만, 이 젊은 친구는 그런 자신감을 태어나면서부터 가졌습니다"라고 말했다.

그렇다. 바로 자신감이다. 우리에게 필요한 것은 자기자본이나 현금이 아니라 자신감이다.

나는 더 많은 것을 갖고 싶었다. 나는 누군가에게서 현금을 빌리고 싶었다. 자신감은 현금에서 나온다. 자신감을 가지려면 현금을 가져야 한다. 그리고 사람들은 나한테 현금을 주기를 싫어한다.

그해 여름, 또 다른 잡지에서 또 다른 계시를 얻었다. 나는 〈포춘(Fortune)〉을 넘기면서 하와이에서 알게 된 버나드 콘펠드에 관한 기사를 보았다. 그가 이끄는 인베스터즈 오버시즈 서비스를 그만둔 후 고작 몇 년 지났을 뿐인데, 그는 훨씬 더 큰 부자가 돼 있었다. 그랬던 그가 드레퓌스 펀드를 매각하고, 금광, 부동산과 함께 뮤추얼 펀드 주식까지도 매각하기 시작했다. 그는 한때 금융 제국을 세웠다. 그리고 다른 모든 제국들이 그러했듯, 그의 제국도 무너지고 있었다. 그가 몰락하고 있다는 소식을 듣고 너무나도 놀란 나머지 멍한 표정으로 잡지를 넘기자 다른 기사가 눈에 들어왔다. 최근 일본 경제가 급성장하고 있다는 상당히 딱딱한 내용의 분석 기사였다. 기사에 따르면, 히로시마에 원자폭탄이 떨어지고 나서 25년이 지난 지금, 일본은 완전히 새로 태어나고 있었다. 이제 세계 3위의 경제대국으로 성장한 일본은 지금의 위상을 공고히 하고 세계 경제에 대한 영향력을 확대하기 위해 공격적인 정책을 추진하고 있었다. 이제 일본은 다른 나라를 뛰어넘었을 뿐 아니라 냉혹한 무역 정책을 추진하기로 결정했다. 기사에서는 이런 무역 정책의 주요 수단들을 소개했는데, 그중 하나가 매우 공격적으로 활동하는 쇼가(商家), 즉 종합상사였다.

종합상사의 기원은 정확하게 말하기 어렵다. 그들은 때로는 전 세계를 돌아다니며 일본에 없는 원재료를 구해 오는 수입업자이기도 하고, 때로는 일본 기업을 대신해 해외에 일본 제품을 판매하는 수출업자이기도 했다. 때로는 온갖 종류의 기업에 할부로 신용을 제공하는 개인 은행이기도 했고, 때로는 일본 정부의 팔이 되기도 했다.

나는 이 기사를 따로 보관해두었다. 며칠 뒤, 나는 또다시 퍼스트 내셔널을 찾아갔다. 월리스는 이번에도 나를 부랑아 취급했다. 은행 문을 나오는데 도쿄은행 간판이 보였다. 물론 그 간판을 예전에도 수백 번은 봤지만 이날은 그 간판이 다르게 보였다. 수많은 퍼즐 조각이 그럴듯하게 맞춰졌다. 잠깐 현기증이 났다. 길을 건너 도쿄은행으로 들어가 안내 데스크의 여자 직원에게 자기소개를 했다. 나는 신발 회사를 경영하는 사람이다. 우리 회사는 일본에서 신발을 수입한다. 은행 관계자를 만나 의논할 일이 있다. 여자 직원은 나를 조심스럽게 뒷방으로 안내했다.

2분 정도 지나자 남자 직원이 조용히 들어와 자리에 앉았다. 그는 내가 하는 말을 듣기 위해 기다렸다. 나도 그가 하는 말을 듣기 위해 기다렸다. 남자 직원이 계속 기다리기만 해서 내가 먼저 말을 꺼냈다.

"저는 회사를 경영하고 있습니다."

"네, 그러세요."

"신발 회사입니다."

여기에 그가 "네?" 하고 반응하자 나는 서류가방을 열었다. "여기 재무제표가 있습니다. 지금 우리 회사는 자금 사정이 안 좋습니다. 우리 회사는 대출을 받고 싶습니다. 얼마 전 〈포춘〉에서 일본의 종합상사에 관한 기사를 읽었습니다. 기사를 보면, 종합상사의 대출 조건은 좀 덜 까다롭다고 하던데, 종합상사 중 소개해주실 만한 곳은 없습니까?"

그는 살며시 웃으면서 자기도 그 기사를 봤다고 했다. 그러곤 일본에서 여섯 번째 규모의 종합상사가 바로 이 건물 맨 위층에 있다고 했다. 또한 일본의 주요 종합상사들은 모두 포틀랜드에 사무소를 갖고 있다고도 했다. 하지만 이 건물에 있는 닛쇼 이와이(日商岩井)만 상품 부서가 따로 있다는 말을 덧붙였다. 그는 눈을 크게 뜨면서 “닛쇼 이와이는 매출이 1000억 달러에 달합니다”라고 말하더니 “여기서 잠깐 기다려보세요”라고 말하곤 방에서 나갔다.

몇 분 뒤, 그는 닛쇼 이와이의 중역 한 사람과 함께 왔다. 그의 이름은 무라카미였다. 우리는 악수를 하고 대화를 했다. 나는 닛쇼가 우리 회사의 수입 대금을 대출해줄 수 있는지 넌지시 물어봤다. 그의 대답이 궁금했다. 그는 관심이 많은 듯했다. 그는 그 자리에서 대출을 수락하고는 손을 내밀었다. 그러나 나는 그의 손을 잡지 않았다. 아직 그럴 때가 아니었다. 먼저 오니쓰카와의 관계를 분명히 해야 했다.

나는 그날 당장 기타미에게 전보를 쳐서 닛쇼 이와이를 통해 수입 대금을 대출받아도 되는지 물어봤다. 며칠이 지났다. 그리고 몇 주가 지났다. 오니쓰카의 침묵은 무언가가 있다는 것을 의미했다. 무소식은 나쁜 소식이기도 하고 좋은 소식이기도 하다. 어찌됐든 무소식은 항상 어떤 종류의 소식을 의미한다.

답신을 기다리는데, 황당한 전화가 왔다. 동부 지역의 신발 판매업자에게서 온 전화였다. 그의 말에 따르면 오니쓰카에서 찾아와서 오니쓰카 제품의 미국 판매를 맡을 생각이 있는지 물었다고 했다. 나는 그에게 다시 한 번 천천히 말해보라고 했다. 그는 같은 말을 반복하고는 나를 화나게 하려는 의도는 없다고 했다. 그렇다고 해서 나를 도와주려는 것도 아니고, 내가 경계하도록 알려주려는 것도 아니었다. 그는 다만 블루 리본의 계약상 지위를 알고 싶어 할 뿐이었다.

갑자기 몸이 떨렸다. 심장에서 쿵광거리는 소리가 났다. 오니쓰카는 계약서에 서명한 지 불과 몇 달 지나서 그것을 파기할 음모를 꾸미고 있었다! 봄에 선적한 제품을 내가 나중에 받겠다고 하자 겁먹은 것일까? 기타미가 나와의 거래에 관심이 없어진 것일까?

유일한 희망은 신발 판매업자가 거짓말을 했을 거라는 기대였다. 아니면 그가 오해한 것인지도 모른다. 모국어가 다른 사람끼리 의사소통이 제대로 되지 않았을 수도 있다.

나는 곧 후지모토에게 편지를 썼다. 우선 그가 내가 사준 자전거를 지금도 잘 타고 있는지 물어봤다(이는 매우 의미심장한 질문이었다). 이어서 이번 일과 관련해 오니쓰카의 내부 사정을 알고 싶다고 했다.

답장은 금방 왔다. 신발 판매업자의 말이 맞았다. 오니쓰카는 블루 리본과의 계약을 깨끗이 파기할 것을 고려하고 있으며, 기타미가 미국의 몇몇 업체들과 접촉하고 있다고 했다. 다만, 계약 파기가 확정된 것은 아니며, 블루 리본을 대체할 만한 업체들을 물색 중인 것은 사실이라고 했다.

나는 좋은 소식에 집중하기로 했다. 계약 파기는 확정된 것이 아니라고 했다. 이 말은 그래도 희망이 있다는 뜻이다. 오니쓰카의 신뢰를 회복해야 했다. 기타미의 마음을 잡아야 했다. 기타미에게 블루 리본이 어떤 기업인지, 내가 누구인지 다시 한 번 보여주어야 했다. 그렇게 하려면, 우선 기타미를 미국으로 초청해 우의를 다져야 했다.

1971 부도 위기, 그리고 나이키의 탄생

"이번 만찬에는 누가 올 것 같아?"

우델이 나한테 전보를 건네주며 물었다. 기타미가 우리의 초청을 받아들였다. 그는 포틀랜드에서 우리와 함께 며칠 동안 머물 예정이었다. 그다음에는 미국 전역을 돌아다닐 계획이라고 했다. 기타미는 다음 일정에 대해 자세히 알려주지 않았다. 나는 우델에게 "가능성이 있는 다른 업체들을 방문하겠지"라고 말했다. 우델은 고개를 끄덕였다.

1971년 3월이었다. 우리는 기타미가 최고로 즐거운 시간을 보낼 수 있도록 최선을 다해 준비했다. 그리고 그가 미국, 오리건, 블루 리본(그리고 나)에게 애착을 갖고 일본으로 돌아가기를 바랐다. 기타미가 우리를 만난 뒤 다른 업체와 사업을 하겠다는 생각을 버리길 간절히 소망했다. 그래서 우리는 기타미의 이번 방문이 화려하게 막을 내릴 수 있도록 우리의 소중한 자산, 바우어만 코치의 집에서 특별한 만찬을 준비했다.

이런 매력 공세에 페니까지도 동원했다. 우리는 기타미를 공항에서 맞이한 뒤 그를 페니의 부모님이 소유한, 오리건 해변의 별장으로 데리고 갔다.

기타미는 남자 직원 한 명과 함께 왔다. 히라쿠 이와노라는 20대 초반의 젊은 친구였는데, 기타미의 수행비서이자 일종의 '가방모찌'였다. 그는 아주 어리고 순진했다. 우리가 선셋 하이웨이에 도착하기 전, 페니는 이와노를 완전히 자기 손에서 놀아나게 만들어버렸다.

우리는 두 사람이 주말에 북태평양에서 멋진 분위기를 만끽할 수 있도록 물심양면으로 노력했다. 그들과 함께 포치에 앉아 바닷가 공기를 마셨다. 그들과 함께 해변에서 오랫동안 걷기도 했다. 우리는 기타미에게 집중했지만, 책읽기를 좋아하고 순박해 보이는 이와노와 대화하는 것이 더 편했다. 기타미는 속임수에 익숙한 간교한 사람이었다. 월요일, 날이 밝자마자 기타미를 포틀랜드로 데려와서 퍼스트 내셔널로 함께 갔다. 기타미의 이번 출장은 내가 그의 마음을 사로잡을 수 있는 좋은 기회이기도 했지만, 기타미가 월리스의 마음을 사로잡는 데 도움이 될 거라는 판단도 있었다. 그는 블루 리본을 보증해줄 것이고, 그러면 대출이 쉬워질 것이다.

화이트는 우리를 로비에서 맞이하고는 회의실로 안내했다. 나는 주변을 둘러보며 물었다. "월리스 지점장님은 어디 계시죠?"

"아, 오늘 이 자리엔 참석할 수 없네."

이게 웬일인가? 내가 기타미를 데리고 여기 온 목적은 바로 월리스를 만나려는 것인데…. 나는 월리스에게 기타미의 힘차고 분명한 보증 선언을 들려주고 싶었다. 나는 생각했다. '그렇다면 어쩔 수 없군. 좋은 경찰관이 나쁜 경찰관에게 이 선언을 중계할 수밖에.'

나는 기타미가 블루 리본에 대한 퍼스트 내셔널의 믿음을 강력하게 뒷받침해줄 것이라며 기타미에게 발언권을 넘겼다. 그런데 기타미는 얼굴을 잔뜩 찌푸리더니 나를 아주 난처하게 만드는 말을 했다. "왜 이 친구에게 대출을 더 많이 해주지 않는 겁니까?"

"네, 무슨 말씀이시죠?"

기타미는 두 주먹으로 책상을 치면서 다그쳤다. "블루 리본이 대출을 늘려달라고 했는데, 왜 거절하신 겁니까?"

"아, 지금은…."

그러자 기타미는 화이트의 말을 가로막았다. "도대체 이 은행은 뭐하는 곳입니까? 도저히 이해가 안 됩니다! 블루 리본은 퍼스트 내셔널 없이도 살 수 있어요!"

화이트는 얼굴이 하얗게 질렸다. 나는 중간에 끼어들어서 언어 장벽을 탓하면서 기타미가 했던 말을 주워 담으려고 했다. 그러나 회의는 그것으로 끝나고 말았다. 화이트는 자리를 박차고 나갔다. 나는 놀라서 기타미를 쳐다보았다. 그는 득의양양한 표정을 지었다.

나는 기타미를 새로 얻은 타이거드 사무실로 데려와 직원들을 소개했다. 나는 평정심을 잃지 않고 즐거운 표정을 짓기 위해 부단히 노력했다. 방금 전에 있었던 일을 마음속에 담아두면 안 된다. 나는 평정심을 잃을까 봐 두려웠다. 기타미에게 내 책상 앞 의자에 앉으라고 권할 때, 평정심을 잃어버린 사람은 바로 기타미였다. 그는 흥분해서 말했다. "블루 리본의 매출을 보면 정말 실망스럽습니다. 지금보다 훨씬 더 많이 팔아야 합니다."

나는 깜짝 놀라며 블루 리본의 매출은 매년 두 배씩 증가하고 있다고 했다. 그러자 기타미는 "그것으로는 충분하지 않아요. 세 배씩 증가해야 한다고 말하는 사람도 있어요"라고 호되게 몰아쳤다.

난 "누가 그렇게 말하죠?"라고 물었다.

기타미는 "신경 쓰지 마세요"라고 대답을 피했다.

기타미는 서류가방에서 폴더를 꺼내 내용을 읽고는 다시 덮었다. 그는 매출 실적이 마음에 들지 않는다며, 블루 리본이 일을 제대로 하고 있지 않는다는 말만 되풀이했다. 그는 다시 폴더를 열었다가 닫더니 서류가방에 집어넣었다. 내가 변명하려고 했지만, 그는 짜증을 내면서 듣지 않으려고 했다. 꽤 오랫동안 밀고 당기기가 펼쳐졌다. 서로 예의는 차렸지만, 상당히 긴박한 순간이었다.

거의 한 시간 정도 지났을 때 기타미는 자리에서 일어나 화장실이 어디냐고 물어봤다. 나는 복도 끝에 있다고 알려주었다.

기타미가 화장실에 가자마자 나는 자리에서 벌떡 일어나 서류가방을 열고는 그가 보던 폴더를 꺼냈다. 그러고는 그것을 내 책상 위 압지 밑에 슬그머니 집어넣은 뒤 다시 자리로 돌아와서 팔꿈치를 압지 위에 얹었다. 기타미가 돌아오기를 기다리면서, 아주 이상한 생각이 들었다. 보이 스카우트에 지원하던 순간, 이글 스카우트 심사를 하던 순간, 명예와 도덕의 상징이라 할 공훈 배지를 수여하던 순간들이 떠올랐다. 나는 1년에 2주 내지 3주를 볼이 발그레한 소년들이 정직과 명예를 지켰는지 신문한다. 그런 내가 지금 다른 사람의 가방에서 서류를 훔친 것이다. 나는 암흑의 길을 가고 있었다. 이 길을 따라가면 어디가 나올지 알 수 없었다. 내가 어디를 가더라도 나의 행동에 따른 결과로부터 자유로울 수 없을 것이다. 다음 심사에서 스스로 사퇴해야겠다는 생각이 들었다.

이 폴더의 모든 내용을 복사해 우델과 함께 자세히 살펴보고 싶은 마음이 너무나도 간절했다. 기타미가 곧 돌아왔다. 나는 그가 매출 실적을 가지고 계속 꾸짖도록 내버려두었다. 그가 이야기를 끝내자 내 입장을 말했다. 나는 우리가 주문을 더 많이 할 수 있으면 블루 리본의 매출은 계속 증가할 것이고, 지금보다 자금을 더 많이 조달할 수 있으면 주문을 더 많이 할 수 있을 것이고, 우리가 지금보다 더 안정되면, 즉 오니쓰카와의 계약 기간이 길어지면 거래 은행이 대출을 더 많이 해줄 것이라고 차분하게 설명했다. 기타미는 다시 한 번 고개를 가로저으면서 "그건 핑계에 불과합니다"라고 말했다.

나는 몇 달 전에 전보를 통해 거론했던, 닛쇼 이와이 같은 일본의 종합상사를 통해 수입 대금을 조달하는 방안을 이야기해보았다. 그는 펄쩍 뛰었다. "종합상사라고요? 말도 안 됩니다. 그들은 처음에는 돈을 보내지만, 나중에는 사람을 보냅니다. 왜냐고요. 기업을 인수하려고 그러죠. 그들은 당신 회사를 인수하려고 미끼를 던질 겁니다." 기타미가 왜 그렇게 말했는지 자세히 설명할 필요가 있다. 오니쓰카는 제품의 4분의 1만 직접 생산하고, 나머지 4분의 3은 하청을 통해 생산한다. 기타미는 닛쇼 이와이가 오니쓰카의 생산 네트워크를 파악하고 스스로 생산업체가 되어 오니쓰카를 시장에서 밀어낼까 봐 두려워하고 있었다.

기타미는 자리에서 일어나더니 호텔로 가서 쉬겠다고 했다. 나는 우리 직원이 차로 데려다줄 거라고 하고는, 나중에 그곳 호텔 바에 칵테일을 한잔하러 가겠다고 했다.

기타미가 가자마자, 나는 우델을 찾아 방금 전에 있었던 일을 이야기했다. 나는 폴더를 치켜들면서 "내가 기타미의 가방에서 이 서류를 빼돌렸어"라고 말했다.

"아니, 뭐라고?"우델은 질린 듯한 표정이었지만, 폴더의 내용이 궁금하기는 마찬가지였다.

우리는 폴더를 우델의 책상에 올려놓고 그 내용을 살펴봤다. 거기에는 미국 전역에 퍼져 있는 18개 운동화 판매업자의 명단과 그들 중 절반과의 미팅 일정이 적혀 있었다.

거기에는 방금 전에 기타미가 인용한, 누군가가 했던 말이 적혀 있었다. 블루 리본을 음해하고 기타미가 우리에게 적의를 품게 만든 문제의 그 누군가는 우리의 경쟁자들이었다. 그리고 기타미는 그들을 만나러 갈 계획이었다. 동부 카우보이 한 사람을 제거했더니, 이제는 20개에 가까운 업체들이 벌 떼같이 덤벼들었다.

나는 당연히 화가 많이 났다. 아니, 마음에 상처를 받았다는 말이 더 정확할 것이다. 우리는 7년 동안 타이거 운동화를 위해 헌신했다. 미국에 타이거를 소개한 것도 우리 블루 리본의 업적이고, 신제품을 디자인한 것도 우리 블루 리본의 업적이다. 바우어만 코치와 존슨은 오니쓰카에 더 나은 신발을 만드는 법을 알려주었다. 그들이 디자인한 제품은 매출 증가를 일으켜 업계의 판도를 뒤흔드는 계기가 됐다. 그런데 왜 우리가 이런 대접을 받아야 하나? 나는 고개를 흔들며 말했다. "지금 나는 이런 배신자를 만나러 가야 해."

나는 먼저 10킬로미터 달리기를 하러 밖으로 나갔다. 어느 순간부터 내가 힘차게 질주하기 시작했는지, 나 자신과 내 몸이 따로 놀기 시작했는지 기억나지 않는다. 나는 발을 내디딜 때마다 나무를 향해, 나뭇가지에 매달려 있는 거미줄을 향해 소리 질렀다. 그렇게 하니 도움이 됐다. 샤워를 하고 옷을 챙겨 입고 기타미가 머물고 있는 호텔을 향해 차를 몰 때는 마음이 한결 차분해져 있었다. 어쩌면 나는 쇼크 상태에 빠진 것이었는지도 모른다. 호텔에서 기타미가 했던 말, 내가 했던 말은 거의 기억나지 않는다. 내가 기억하는 것은 다음 날 아침에 기타미가 우리 사무실을 방문했을 때 우델과 내가 자행한 협잡질이다. 우리 직원이 기타미를 커피 룸으로 안내하는 동안 우델이 휠체어로 내 사무실 문을 가로막고, 그 틈에 나는 문제의 폴더를 기타미의 서류가방에 슬쩍 밀어 넣었다.

기타미를 위한 마지막 날 디너 파티가 열리기 몇 시간 전, 나는 먼저 유진으로 달려가서 바우어만 코치와 그의 친구 자쿠아 변호사와 함께 이런저런 이야기를 주고받았다. 기타미를 차로 데려오는 일은 페니에게 맡겼다. 물론 별일 없을 거라고 생각했다.

페니는 머리가 헝클어지고 옷이 기름으로 얼룩진 채 바우어만 코치 집 앞에 차를 세웠다. 페니는 내 곁에 다가와서는 타이어에 펑크가 났다고 했다. 그러곤 "저 매너 없는 녀석이 차 안에 가만히 앉아 있기만 했어요. 고속도로에서 나 혼자 타이어를 갈아 끼웠다고요!"라고 속삭였다. 나는 페니를 안으로 데리고 갔다.

바우어만 여사는 손님들을 거실로 안내하고는 "우리의 특별한 손님들을 환영합니다"라고 말했다.

모두가 박수를 쳤다.

기타미에게 이번 미국 출장(은행 방문, 나와의 미팅, 바우어만 집안에서의 만찬)은 블루 리본과의 일이 아니었다. 오니쓰카와의 일도 아니었다. 그것은 다른 모든 일과 마찬가지로 오직 기타미 자신의 일이었다.

다음 날 기타미는 자기만의 비밀스럽지 않은 업무, 즉 블루 리본과의 관계를 매정하게 끊어버리는 업무를 처리하기 위해 포틀랜드를 떠났다. 나는 기타미에게 다시 한 번 목적지를 물었다. 그리고 기타미는 다시 한 번 대답하지 않았다. 나는 기타미에게 "요이타비데아리마스요우니(よい旅でありますように, 안전한 여행이 되기를 바란다)"라고 말했다.

얼마 전 프라이스 워터하우스 시절의 직장 상사인 헤이즈에게 블루 리본의 경영 컨설팅을 의뢰한 적이 있었다. 기타미가 돌아오기 전, 다음에 어떤 행동을 취할지 정하기 위해 헤이즈를 다시 만났다. 우리는 평화를 유지하는 것, 다시 말하자면 기타미가 블루 리본을 버리지 않도록 설득하는 것이 최선의 행동이라는 데 의견을 모았다. 화가 나고 마음에 상처를 입었지만, 블루 리본은 오니쓰카 없이 살아남을 수 없다는 현실을 인정해야 했다. 헤이즈는 나에게 저 악마에게 꼭 달라붙어서 기타미가 악마라고 생각하는 대상을 떼어내지 않도록 그를 설득해야 한다고 했다.

그 주 후반 악마가 돌아왔을 때, 나는 그 악마에게 일본으로 돌아가기 전에 타이거드 사무실을 다시 한번 방문해줄 것을 부탁했다. 나는 또다시 모든 굴욕에 초연한 태도를 취했다. 그를 회의실로 안내한 뒤, 우델과 내가 테이블 한쪽에 앉고, 반대쪽에 기타미와 그의 수행 비서 이와노가 앉도록 했다. 나는 최선을 다해 환한 표정을 지으면서 이번 출장이 즐겁고 유익한 시간이 됐기를 바란다고 했다.

기타미는 다시 한 번 블루 리본의 실적에 실망을 금할 수 없다고 말했다.

그리고 그는 이번에 자신이 생각한 해결책이 있다고 했다. 난 "아, 그러세요? 그럼, 한번 말씀해보세요"라고 말했다.

"당신 회사를 우리에게 파세요."

그는 아주 부드럽게 말했다. 순간, 나는 세상에서 가장 힘든 일이 말을 부드럽게 하는 것이라는 생각이 떠올랐다.

"무슨 말씀이신지요?"

"오니쓰카는 블루 리본에 대한 지배 지분, 51퍼센트를 사려고 합니다. 이것이 당신 회사, 그리고 당신 자신을 위한 최선의 거래입니다. 현명하게 받아들이시리라 믿습니다."

블루 리본을 인수하겠다는 제안이었다. 그것도 적대적이고도 터무니없는 방법으로. 나는 천장을 쳐다봤다. '너, 지금

장난치는 거지?'라고 소리치고 싶었다. '거만하고 공정하지 않고 은혜를 모르고 약자를 괴롭히기까지 하네.'

"우리가 받아들이지 않으면 어떻게 하실 생각입니까?"

"그러면 블루 리본보다 더 나은 판매업자를 찾을 수밖에 없지요."

"더 나은 판매업자라고요? 그래요. 알겠습니다. 그러면 우리가 계약한 것은 어떻게 하실 겁니까?"

그는 대수롭지 않다는 표정을 지었다. 계약 기간은 지키겠다고 말했다.

마음 같아서야 냅다 소리를 질러버리고 싶었지만, 그럴 수 없었다. 나는 기타미와 그의 제안을 내가 어떻게 생각하는지 말할 수 없었다. 헤이즈의 말이 옳았다. 나는 여전히 그가 필요했다. 대체 요원도 없고, 제2안도 없었고, 출구 전략도 없었다. 블루 리본을 살리려면, 내가 생각한 일정에 따라 이 문제를 천천히 풀어가야 한다. 어떻게 해서든 고객들이나 소매업자들이 깜짝 놀라는 일은 없어야 한다. 나는 시간이 필요했다. 오니쓰카가 가능한 한 오랫동안 제품을 납품하게 만들어야 했다.

나는 최대한 차분하게 말했다. "저한테는 동업자가 있습니다. 물론 바우어만 코치님이십니다. 당신의 제안을 그분과 상의해봐야 합니다."

기타미는 내 말이 미숙한 핑계에 불과하다는 것을 간파했음이 분명했다. 그러나 그는 일어나서 바지를 치켜 올리고는 웃는 얼굴로 말했다. "바우어만 박사와 한번 상의해보세요. 그리고 연락주세요."

기타미를 두들겨 패고 싶었다. 하지만 그의 손을 잡았다. 그는 이와노와 함께 회의실을 떠났다.

기타미가 떠난 뒤 우델과 나는 회의실 테이블의 나뭇결만 뚫어지게 쳐다보면서 침묵이 우리 두 사람을 진정시키기를 기다렸다.

새해 예산과 사업 계획서를 표준 대출 신청서와 함께 퍼스트 내셔널에 보냈다. 아울러 기타미가 저지른 무례에 대해 사과와 용서의 뜻을 표할까 했지만, 화이트가 그 일을 이미 잊어버렸을 것 같았다. 게다가 월리스는 그 자리에 없었다. 예산과 사업 계획서를 제출하고 나서 며칠 지나, 화이트에게서 할 말이 있다고 연락이 왔다.

화이트의 이야기를 듣기 전까지 그의 책상 앞에 있는 딱딱한 의자에 제대로 앉아 있을 수 없었다. "벅, 미안한 이야기지만, 이제 퍼스트 내셔널은 더 이상 블루 리본과 함께 일할 수 없을 것 같네. 우리는 자네를 위해 더 이상 신용장을 발급해줄 수 없네. 우리는 자네 계좌에 있는 잔고로 마지막으로 남은 수입 대금을 지불할 거네. 이걸 지불하고 나면, 자네와 우리의 관계는 끝나는 걸세."

창백한 안색으로 보아 그가 얼마나 많이 괴로워했을지 짐작이 갔다. 그는 이번 결정에서 아무런 역할도 하지 않았을 것이다. 이번 결정은 위에서 내려왔을 것이다. 따라서 따져봐야 소용없는 짓이었다. 나는 두 팔을 벌리고 물었다. "해리, 이제 어떻게 하면 좋을까요?"

"다른 은행을 찾아보게."

"찾지 못하면 블루 리본은 파산하게 될까요?"

그는 말없이 서류들을 보고는 그것을 모아 클립으로 고정시켰다. 그러고는 나에게 블루 리본의 처리를 두고 직원들이 두 편으로 나뉘었다고 했다. 우리 편을 드는 사람도 있고, 그렇지 않은 사람도 있었다. 하지만 결정권은 월리스에게 있었다. 화이트는 난처한 기색이 역력한 채 말했다. "이렇게 되어서 참 안됐네. 나도 마음이 좋지 않아. 그래서 병가를 내려고 하네."

나도 병가를 낼 순 없는 일이었다. 퍼스트 내셔널을 비틀거리며 나와 차를 몰고 유에스 뱅크로 가서는 그들에게 통사정해봤다.

미안하다는 말뿐이었다.

그들은 퍼스트 내셔널이 버린 물건을 살 생각이 전혀 없었다.

그렇게 3주가 지났다. 아무것도 없이 출발했던 회사, 이제 곧 1971년 매출 130만 달러를 달성할 회사가 지금 생명유지 장치에 몸을 맡기고 있었다. 나는 헤이즈와도 의논해봤고, 아버지와도 의논해봤다. 내가 아는 모든 회계사들과 의논해봤다. 그들 중 누군가가 뱅크 오브 캘리포니아가 서부 세 개 주에서 영업을 하는데, 그중에 오리건 주도 포함되어 있다고 말해주었다. 게다가 뱅크 오브 캘리포니아는 포틀랜드에 지점을 두고 있었다. 나는 급히 그곳으로 달려갔다. 다행스럽게도 그들은 나를 내치지 않았다. 비바람에 시달리던 나에게 피난처를 제공했다. 그들은 나에게 약간의 대출을 해주었다.

그렇지만 그것은 단기적인 해결책일 뿐이었다. 그들도 어쨌든 은행이고, 은행이란 원래 위험을 기피하기 마련이다. 뱅크 오브 캘리포니아도 블루 리본의 매출 실적과는 상관없이, 곧 제로에 가까운 현금 잔고에 대해 알게 되고 나면 깜짝 놀랄 것이다. 나는 그날을 대비해야 했다.

일본의 종합상사, 닛쇼 이와이를 찾아가는 것도 하나의 방법이었다. 나는 밤늦도록 생각했다. '그들은 매출이 1000억 달러라고 했다. 그런데도 필사적으로 나를 도우려고 한다.

도대체 무슨 이유일까?'

닛쇼는 신생 기업을 대상으로 순마진(net margin)이 낮은 대출을 엄청나게 많이 제공했다. 따라서 닛쇼는 상승세에 있는 성장 기업을 좋아했다. 바로 블루 리본 같은 회사 말이다. 분명히 말하자면, 웰리스와 퍼스트 내셔널의 눈에는 우리가 지뢰 같겠지만, 닛쇼의 눈에는 우리가 잠재적인 금광으로 보였을 것이다.

닛쇼를 다시 찾아가기로 결심했다. 나는 신설된 상품 부서를 맡고 있는 톰 스메라기를 만났다. 그는 일본에서 파견 나온 직원으로, 일본의 하버드라 할 수 있는 도쿄대학교 출신이었다. 그는 일본의 위대한 영화배우, 미후네 도시로를 많이 닮았다. 도시로는 전설적인 검객이자 검투와 내면의 힘에 관한 영원한 병법서 《오륜서(五倫書)》를 저술한 미야모토 무사시 역을 잘 소화해낸 것으로 널리 알려진 배우다.

언젠가 스메라기는 나에게 닛쇼가 기업 대출 부문에서 제2의 은행 역할을 할 것이라고 했다. 그러면 블루 리본으로선 은행의 문턱이 그처럼 높아 보이지 않을 것이다. 그는 가치 있는 정보를 주기도 했다. 최근 닛쇼는 블루 리본에 대한 자금 지원을 검토하고 오니쓰카에 우리와의 거래 관계를 계속 유지하도록 설득하기 위해 고베에 대표단을 보냈다고 했다. 오니쓰카는 닛쇼 대표단의 제안을 단박에 거절했다. 1000억 달러짜리 회사 닛쇼는 2500만 달러짜리 회사에 거절당하자, 당혹스럽고 화가 나기까지 했다. 스메라기는 웃으면서 말했다. "우리가 일본에서 품질 좋은 스포츠 신발을 생산하는 업체를 여러 곳 소개해줄 수 있습니다."

나는 곰곰이 생각해봤다. 나는 아직도 오니쓰카가 정신을 차릴 것이라는 희망을 버리지 않았다. 내가 다른 브랜드의 육상화를 수입하지 않기로 한 계약서상의 내용도 마음에 걸렸다. 그래서 “앞으로 그런 부탁을 할 수도 있겠지요”라고만 말해두었다.

스메라기는 고개를 끄덕였다. 언젠가는 그럴 날도 있을 것이다.

이처럼 드라마 같은 상황을 겪으면서 나는 매일 밤 파김치가 되어 집으로 돌아왔다. 그러나 10킬로미터 달리기를 하고 뜨거운 물에 샤워를 하고 혼자서 저녁을 먹고 나면 원기를 회복했다(페니와 매튜는 4시 정도에 저녁을 먹었다). 나는 매튜가 자기 전에 옛날이야기를 해주려고 노력했다. 항상 교훈이 될 만한 옛날이야기를 찾으려고 했다. 나는 매튜 히스토리라는 매튜 나이트처럼 생겼고, 매튜 나이트처럼 행동하는 가공의 인물을 만들어냈다. 그리고 이 인물을 모든 이야기 속에 주인공으로 등장시켰다. 매튜 히스토리는 조지 워싱턴과 함께 포지 계곡(Valley Forge)[미국 펜실베이니아 주에 있는 마을, 독립전쟁 당시 워싱턴이 이끄는 독립군이 동절기 야영을 한 곳이다]에 있었다. 매튜 히스토리는 존 애덤스와 함께 매사추세츠 주에 있었다. 폴 리비어가 말을 빌려 타고 어둠 속을 달려와서 존 핸콕[미국 독립전쟁의 지도자이며 미국 독립선언문의 최초의 서명자]에게 영국군의 진격을 알릴 때, 그곳에도 매튜 히스토리가 있었다. “오리건 주 포틀랜드 교외에서 조숙한 어린아이가 말을 타고 리비어 뒤를 바짝 붙어서 따라가고 있었는데…”

매튜는 항상 웃는 얼굴로 이런 이야기 속 모험에 빠져들었다. 매튜는 자리에서 몸을 일으키며 이야기를 더 해달라고 졸라댔다.

매튜가 잠들면, 페니와 나는 그날 하루에 대해 이야기했다. 페니는 일이 잘못되면 우리가 무엇을 하고 살아가야 할지 물어보곤 했다. 나는 "언제든지 회계사로 돌아갈 수 있어"라고 대답했다. 진지하게 말하지는 않았다. 그러기가 싫었기 때문이다. 나는 이런 대화를 진지하게 나누는 상황 자체가 힘들었다.

페니는 결국 눈길을 돌리고 텔레비전을 보거나 자수를 놓거나 책을 봤다. 그리고 나는 안락의자에 앉아서 나만의 질의응답을 시작했다.

당신이 알고 있는 것은 무엇입니까?

저는 오니쓰카가 신뢰할 수 없는 기업이라는 사실을 알고 있습니다.

그 밖에 알고 있는 것은 무엇입니까?

기타미와의 관계가 회복되지 않을 것 같습니다.

앞으로는 어떻게 될 것 같습니까?

블루 리본과 오니쓰카는 결별의 수순을 밟을 것 같습니다. 그러나 저는 새로운 공급원을 확보할 때까지 오니쓰카와의 관계를 최대한 오랫동안 유지해야 합니다. 그렇게 해야만 결별 후에도 살아남을 수 있기 때문입니다.

첫 번째 단계에는 무엇을 할 생각입니까?

오니쓰카가 블루 리본을 대체하기 위해 확보한 판매업자들을 모두 쫓아낼 겁니다. 먼저 그들이 블루 리본과 오니쓰카의 계약을 침해한다면 고소할 것이라고 위협하는 편지를 보내는 식으로 그들을 깜짝 놀라게 할 것입니다.

그럼, 두 번째 단계에서는 무엇을 할 생각입니까?

이번에는 제가 오니쓰카를 대체할 기업을 찾아야 합니다.

갑자기 예전에 들은 멕시코 과달라하라의 어느 공장에 관한 이야기가 떠올랐다. 아디다스가 1968년 올림픽 기간 중 멕시코의 수입 관세를 피해가기 위해 그곳에서 신발을 만들었다고 했다. 그 신발은 꽤 괜찮았다. 나는 당장 그 공장 관리자들과 회의 날짜를 잡았다.

멕시코 중부에 있는 공장의 이름은 '캐나다'였다. 나는 관리자들에게 그렇게 이름 지은 이유를 물었다. 그들은 이국적으로 들리지 않느냐고 말했다. 웃음이 나왔다. 캐나다가 이국적으로 들린다고? 혼란스러운 것은 말할 것도 없고, 이국적이 아니라 코미디 같았다. 국경 남쪽의 공장 이름이 국경 북쪽의 국가 이름이라니.

뭐, 그럴 수도 있다. 내가 신경 쓸 일은 아니었다. 공장을 둘러보며 제품 목록과 재료로 쓰이는 가죽을 살펴보고는 좋은 인상을 받았다. 공장은 크고 깨끗하고 잘 운영되고 있었다. 게다가 아디다스가 보증하는 공장이었다. 나는 그들에게 미국에서 축구화를 판매할 계획인데, 이 공장의 가죽 축구화 3000켤레를 주문하고 싶다고 했다. 그들이 브랜드 이름을 물어보자 나중에 알려주겠다고 말했다.

그들은 나에게 계약서를 내밀었다. 나는 내 이름 위의 서명란을 보면서, 펜을 들고 잠시 가만히 있었다. 내가 여기에 서명하면 그들과 나는 공식적인 관계를 맺게 된다. 그러면 오니쓰카와의 계약을 위반하게 되는 건가?

엄밀히 말하면, 그렇지는 않았다. 오니쓰카와의 계약에 따르면, 나는 오니쓰카의 육상화만 수입할 수 있고 다른 회사의 육상화는 수입할 수 없다. 다른 회사의 축구화를 수입하는 것에 대한 언급은 없었다. 따라서 캐나다와의 계약은 오니쓰카와의 계약에 위배되지 않는다. 그러나 그들과의 신의는?

6개월 전이라면 나는 결코 이런 계약을 체결하지 않았을 것이다. 지금은 상황이 달라졌다. 오니쓰카는 이미 계약에 따른 신의를 저버렸다. 나는 펜 뚜껑을 열고 계약서에 서명했다. 캐나다와의 계약서에 서명하고는 멕시코 음식을 먹으러 갔다.

이제 로고가 문제였다. 새로 수입한 축구화의 로고는 아디다스나 오니쓰카의 줄무늬와는 다른 것이어야 했다. 나는 포틀랜드주립대학교에서 만난 젊은 화가가 생각났다. 그 여자 이름이 뭐더라? 아하, 캐럴린 데이빗슨. 그녀는 브로셔와 광고 전단지 작업을 하기 위해 우리 사무실에 몇 번 왔었다. 오리건으로 돌아온 뒤, 그녀를 사무실로 불러서 로고를 만들어줄 것을 부탁했다.

캐럴린이 물었다. “어떤 종류의 로고를 말씀하십니까?”

“잘 모르겠습니다.”

“그렇게 말씀하시면 제가 해야 할 일이 많아집니다.”

“동적인 느낌을 표현해주세요.”

캐럴린은 모호한 표정으로 “동적인 느낌이라…”라고 중얼거렸다.

캐럴린은 많이 혼란스러워했다. 내가 너무 모호하게 말해서 그녀가 혼란스러워하는 것도 당연했다. 나조차도 내가 정확히 무엇을 원하는지 알 수 없었다. 그리고 나는 예술가가 아니었다. 나는 캐럴린에게 축구화를 보여주고는 “이겁니다. 여기 이 자리에 무언가를 채워 넣어야 합니다”라고만 말했다. 이 말은 캐럴린에게 전혀 도움이 되지 않았다.

캐럴린은 일단 한번 해보겠다고 말했다.

그녀는 “동적인 느낌이라…”라고 중얼거리며 사무실을 나갔다. 동적인 느낌.

2주 뒤 캐럴린은 개략적으로 스케치한 시안들을 가지고 사무실로 왔다. 모두 한 가지 테마에 변화를 가한 것이었다. 그 테마는 뚱뚱하게 생긴 번개라고 할까? 두툼하게 생긴 체크 부호라고 할까? 뭉툭하게 휘갈겨 쓴 자국이라고 할까? 동적인 느낌을 자아내기는 했지만, 너무 흔들려서 멀미가 날 지경이었다. 어느 것도 마음에 들지 않았다. 그렇지만 그중에서 그래도 눈에 띄는 것을 몇 가지 골라서 그것들을 가지고 좀 더 생각해달라고 부탁했다.

며칠(혹은 몇 주)이 지나 캐럴린이 다시 사무실에 와서는 회의실 탁자에 두 번째 작업물들을 펼쳐보였다. 그중 몇 가지는 벽에다 걸어놓기도 했다. 그녀는 처음 테마에서 출발해 좀 더 자유롭게 다양한 형태로 변화를 가했다. 확실히 이전보다는 더 나아졌고 친밀해졌다.

우델과 나, 그리고 몇몇 직원들이 캐럴린이 가져온 작업물들을 검토했다. 내가 기억하기로는 존슨도 있었는데, 그가 무슨 이유로 웰즐리에서 오리건까지 왔는지는 도저히 생각나지 않는다. 우리는 점점 합의에 가까워지고 있었다.

누군가가 말했다. “이게 다른 것들보다는 조금 더 낫지 않을까요?”

누군가가 말했다. “날개처럼 보여요.”

다른 누군가가 말했다. “바람이 휙 소리를 내고 지나가는 것 같아요.”

“육상 선수가 지나간 자국 같기도 해요.”

우리 모두 그것이 새롭고, 신선하고, 그럼에도 불구하고 태곳적부터 있어온 듯하다는 데 뜻을 같이했다.

시대를 초월하는 듯했다.

우리는 캐럴린에게 많은 시간을 들여 작업한 것에 대해 깊은 감사의 마음을 전하고, 35달러짜리 수표를 주면서 돌려보냈다.

그녀가 떠난 뒤에도, 우리는 자리에 앉아 마지막까지 살아남은 로고를 계속 쳐다봤다. 그것은 어찌 보면 선택된 것 같기도 하고, 어찌 보면 부전승으로 결정된 것 같기도 했다.

존슨이 말했다. "눈길을 끄는 데가 있어." 우델도 이에 동의했다.

나는 얼굴을 찡그리고 뺨을 긁으면서 말했다. "어쩔 수 없지. 다들 이걸 좋아한다고 하니. 시간도 없고, 그냥 이걸로 해야겠어."

그러자 우델이 물었다. "이게 마음에 들지 않아?"

나는 한숨을 쉬면서 말했다. "사실 지금은 마음에 들지 않아. 점점 마음에 들어지겠지, 뭐." 우리는 급조된 로고를 캐나다로 보냈다.

이제 내 마음에 쏙 들지 않는 로고와 함께 가야 할 브랜드 이름이 필요했다. 그다음 며칠 동안 우리는 수십 가지 아이디어를 떠올리고는 유력한 후보자 두 개로 좁혀놓았다.

팰콘(Falcon).

그리고 디멘션 식스(Dimension Six).

나는 후자를 선호했다. 그것을 제안한 사람이 바로 나였기 때문이다. 우델을 포함해 다른 직원들은 디멘션 식스라는 말만 들어도 질색했다. 그들은 디멘션 식스가 기억하기에도 쉽지 않고 별 뜻도 없다고 했다.

우리는 직원들의 의견을 묻기로 했다. 비서, 경리 직원, 영업사원, 판매점 점원, 서류 정리원, 창고 직원들에게 적어도 한 가지 이상 제안하도록 했다. 포드 자동차는 매버릭(Maverick)을 출시하면서, 이 브랜드 이름을 제안한 일류 컨설팅 기업에 200만 달러를 지급했다. 나는 직원들에게 이렇게 말했다. "우리에게는 200만 달러가 없습니다. 그러나 똑똑한 사람들이 50명이나 있습니다. 따라서 매버릭보다 더 좋은 이름이 나올 겁니다."

우리는 포드와 달리 마감일이 있었다. 캐나다는 그 주 금요일부터 신발을 생산할 계획이었다.

우리는 몇 시간에 걸쳐 이런저런 이름의 장단점을 이야기하느라 큰소리를 질러댔다. 보크가 제안한 벵골이 좋다고 하는 사람도 있었다. 콘도르가 가장 좋다고 하면서 그걸로 가자는 사람도 있었다. 나는 발끈하면서 "온통 동물들뿐이야. 이러다가는 숲속에 사는 동물들이 다 나오겠어. 꼭 동물이어야만 해?"라고 불평했다.

나는 디멘션 식스를 위해 또다시 로비 활동을 벌였다. 그러나 직원들이 입을 모아 그건 말도 안 된다고 했다.

누군가(지금 그 사람 이름은 기억나지 않는다)가 이 상황을 한마디로 깔끔하게 정리했다. "모든 이름이 형편없어." 아마 존슨이 그랬던 것 같다. 그런데 기록을 뒤져보니, 그 시간에 그는 웰즐리에 있었다.

늦은 밤, 우리는 모두 지쳐서 인내력이 바닥났다. 동물 이름이 하나만 더 나왔더라면, 나는 창밖으로 뛰어내렸을지도 모른다. 나는 "내일 다시 이야기합시다"라고 말하면서 사무실을 나왔다 우리 차들이 있는 쪽으로 갔다.

집에 돌아온 나는 안락의자에 앉았다. 마음이 꽤 복잡했다. 팰콘? 벵골? 디멘션 식스? 아니, 다른 좋은 게 없을까?

결정의 날이 왔다. 캐나다는 이미 신발을 생산하기 시작했다. 샘플 제품을 보낼 준비도 되어 있었다. 제품을 싣기 전에 우리는 브랜드 이름을 결정해야 했다. 게다가 배송과 동시에 잡지에 광고를 게재할 예정이어서 광고에 들어갈 브랜드 이름을 그래픽 아티스트에게 알려주어야 했다. 마지막으로 미국 특허청에 특허 신청을 해야 하는데, 여기에도 브랜드 이름이 들어가야 했다.

우델이 사무실로 들어와 재촉했다. "시간이 다 됐어."

나는 눈을 비비면서 말했다. "알고 있어."

"뭐로 정했는데?"

"아직 몰라."

머리가 빠개질 것 같았다. 이런저런 이름들이 한꺼번에 섞여서 하나의 덩어리를 이뤘다. 팰콘벵골디멘션식스.

우델이 말했다. "제안이 하나 더 들어왔어."

"누구한테서?"

"오늘 아침에 출근하자마자 존슨에게 전화가 왔어. 어젯밤 꿈속에 새로운 이름이 나타났대."

나는 눈을 크게 뜨고 물었다. "꿈속에?"

"존슨은 아주 진지하게 말했어."

"그 친구는 항상 진지하지."

"한밤중 침대에 똑바로 앉아 있는데 이름이 자기 앞에 나타나는 것을 보았대."

"그게 뭔데?"

"나이키."

"지금 뭐라고 했지?"

"나이키."

"철자가 어떻게 되는데?"

"N-I-K-E."

나는 황색 리갈 패드에 나이키라고 적어보았다.

그리스신화에 나오는 승리의 여신, 아크로폴리스, 파르테논.

그리고 신전. 난 잠시 빠르게 돌이켜 생각했다.

"이제 시간이 없어. 나이키, 팰콘, 디멘션 식스 중에 골라야 돼."

"모두가 디멘션 식스는 아니라고 말했잖아."

"나만 빼고."

우델은 얼굴을 찌푸린 채 사무실을 나가며 말했다. "그걸 말한 사람이 바로 너잖아."

나는 종이에다 계속 글씨를 끼적거렸다. 리스트를 만들고 하나씩 지워나갔다. 시계는 쉬지 않고 똑딱거렸다.

지금 당장 캐나다에 전보를 쳐야 한다.

나는 급하게 결정하는 것을 싫어한다. 하지만 그 시절, 나는 항상 급하게 결정을 내렸다. 천장을 쳐다봤다. 나 자신에게 여러 가지 선택을 놓고 생각할 시간을 2분 더 주기로 했다. 그러고는 텔렉스로 걸어갔다. 텔렉스 앞에 앉아서 3분을 더 주기로 했다.

나는 마지못해 메시지를 치기 시작했다. 새로운 브랜드의 이름은….

내 머릿속에서는 여러 가지 것들이 의식적이든 무의식적이든 굴러다니고 있었다. 먼저, 존슨은 클로록스(Clorox), 클리넥스(Kleenex), 제록스(Xerox) 같은 상징적인 브랜드들은 이름이 짧다고 했다. 그리고 브랜드 이름에 K나 X가 들어가 센소리가 나면 오래 기억된다. 일리 있었다. 나이키는 이 두 가지 조건을 모두 충족시켰다.

나이키가 승리의 여신이라는 점도 마음에 들었다. 지금 승리보다 더 중요한 것이 어디에 있겠는가?

그 순간, 마음 한구석에서 처칠의 목소리가 들려왔을 수도 있다. "여러분은 이런 질문을 할 겁니다. 우리의 목표는 무엇인가? 나는 한마디로 대답할 수 있습니다. 그것은 승리입니다." 그가 2차 대전 참전 용사들에게 승리의 메달을 수여한 사실이 생각났을 수도 있다. 승리의 메달 앞면에는 아테나 니케가 칼을 두 동강 내는 모습이 새겨져 있지 않은가? 이때를 기억하며 나는 이런 사실이 떠올랐을 수도 있다고 생각했다. 그러나 무엇이 결정하게 만들었는지 확실히 알지 못한다.

우연인가? 본능인가? 내면에 존재하는 영혼인가?

그래.

퇴근길, 우델이 물었다. "뭐로 정했어?"

"나이키."

"음."

"그래, 무슨 말인지 알아."

"아마, 점점 마음에 들어지겠지."

아마도.

1972-1980 하이라이트

나이키라는 이름이 나에게 적어도 가끔은 친숙하게 다가왔다. 때로는 사업 자체를 의미하는 단어가 되어서 말이다.

그리고 우리의 브랜드 이름을 정하고 난 이후로, 몇 년 동안에는 사업이 양극단으로 치달았다. 때로는 엄청난 호황을 누리기도 했고, 때로는 벼랑 끝으로 몰리기도 했다. 어떤 때에는 이러한 극단적인 상황들이 동시에 펼쳐지기도 했다.

나이키 브랜드는 1972년 2월 시카고에서 열리는 스포츠용품 전시회에 처음 데뷔했다. 우리는 예전에 타이거를 알리기 위해 이 전시회에 몇 번 참가한 적이 있었다. 그러나 이번에는 달랐다. 달라도 완전히 달랐다. 이번에는 모든 것을 걸어야 했다. 우리의 신제품은 최소한의 인정을 받아야 했다. 그렇지 않으면 생각하고 싶지 않은 결과였지만, 우리 모두가 다른 일을 찾아야 했다.

첫 번째 생산 라인에서 나온 샘플이 도착했을 때에, 우리는 훨씬 더 초조해졌다. 내가 처음 봤던 제품은 예술 작품이었지만, 이번에 도착한 샘플은 그렇지가 않았다. 중창에는 접착제가 넘쳐흘렀고, 바느질 선도 들쭉날쭉했다. 어쨌든 신발로서의 기능은 하겠지만, 내가 처음 봤던 제품처럼 좋아 보이지는 않았다. 그리고 타이거의 가장 인기 있는 모델들에는 우리의 스우시 상표가 새겨져 있었다. 결국 우리가 타이거를 위하여 제품을 개발하고 제품명을 부여했던 것이다.

문이 열릴 때에 우리는 몹시 초조했다. 그러나 문이 닫힐 때에는 훨씬 더 나아졌다. 소매업자들이 제품을 보기 위해 우리 부스로 몰려와서는 주문을 하기 시작했다. 우리가 기대하거나 원했던 것 이상의 실적이었다. 우리 부스에는 생기가 가득했다.

2주가 지나서 기타미가 오리건으로 향했다. 우리는 그를 유진에서 만났다. 기타미는 우리가 '배신'한 것을 두고 깊은 유감의 뜻을 표하고는 계약 종료를 선언했다. 자쿠아 변호사가 이 문제를 두고 우리가 함께 의논할 것을 제안했다. 기타미는 단호한 모습을 보이다가도 바우어만 코치를 오니쓰카의 유급 컨설턴트로 초빙할 뜻을 비쳤다. 바우어만 코치는 충격을 받고서 한동안 할 말을 잃었다. 그러다가 그런 일은 결코 일어나지 않을 것이라고 분명하게 못 박았다. 회의가 끝날 무렵, 방 안에는 싸늘한 기운이 감돌았다.

회의는 그렇게 끝나버렸다.

우리는 혼자 힘으로 살아가야 했다. 듣도 보도 못한 브랜드를 지닌 제조업체가 되어서 말이다.

긴 한 주가 지나서, 우리는 존슨에게 비버튼에서 전체 회의가 열릴 예정이니 당장 날아오라고 했다.

나는 회의실에 모인 사람들에게 이번 일이 결국에는 우리 모두에게 행운으로 작용할 것이라고 설명했다.

"이제 때가 왔습니다. 이제부터 우리는 더 이상 다른 회사의 브랜드를 판매하지 않을 것입니다. 더 이상 다른 회사를 위해 일하지 않을 것입니다. 오니쓰카는 납기일을 제대로 맞추지 못했고, 주문과는 다른 제품을 보내왔고, 우리가 제안한 아이디어를 제대로 반영하지 않았습니다. 이제 우리에게는 더 이상 그들이 필요하지 않습니다. 이제 우리는 죽이 되든 밥이 되든 우리 자신의 아이디어와 브랜드를 가지고 우리 방식대로 살아야 합니다. 우리는 작년에 매출 200만 달러를 기록했습니다. 이는 오니쓰카가 아니라 바로 우리 자신이 창의성을 발휘하고 열심히 노력하여 이루어낸 결실입니다. 오늘을 우리가 해방을 맞이하고 독립을 하는 날로 생각합시다."

모두가 이번 일이 우리에게 행운으로 작용할 것이라고 진정으로 믿는 것은 아니었다. 그러나 모두가 안도의 한숨을 내쉬고 있었다. 우리는 기회를 얻었고, 또다시 활력을 되찾았다.

올림픽은 4년마다 열리는 가장 큰 트랙 경기였다. 그다음으로 큰 경기는 미국 올림픽 대표 선발전이었다. 당시 6월에는 올림픽 대표 선발전이 사상 처음으로 유진에서 열렸다.

우리는 제프 홀리스터가 운영하는 유진 매장에 특별본부를 설치하고, 우리 제품을 신어보기를 원하는 최고의 선수들에게 무료로 제공했다. 페니는 매장 뒤편에서 선수 이름이 새겨진 티셔츠를 찍어댔다.

서던캘리포니아대학교의 위대한 멀리뛰기 선수인 제시 윌리엄스에게 우리 제품을 제공했는데, 한 시간이 지나서 자기가 제시 윌리엄스라고 주장하는 어떤 사람이 와서 한 켤레를 달라고 했다. 지금도 나는 두 사람 중에서 누가 실제로 제시 윌리엄스였는지는 잘 모르지만, 우리가 괜히 모험을 할 필요가 없었다. 우리는 두 번째 제시 윌리엄스에게도 신발 한 켤레를 주고 말았다.

당시 스파이크는 아직 품질이 뛰어나지는 않았다. 결승전에 출전한 선수들 중에서 우리 스파이크를 신은 선수가 한 명도 없었다. 그러나 선수들의 훈련화가 닳고 낡아지자, 마라톤 경기에 출전한 선수들 중 약 25퍼센트가 나이키 신제품을 신는 일이 발생했다. 그리고 우리가 그들을 대상으로 팀을 구성하지는 않았지만, 4등부터 7등까지가 나이키를 신은 선수였다. 우리가 노력했던 시간이 얼마 되지 않은 것을 감안하면, 이번 결과에 꽤나 만족했던 것은 어쩌면 당연한 일이었다.

그러나 우리 모두가 기다리고 기다렸던 것은 올림픽 대표 선발전의 최종 이벤트인 5000미터 결승전 경기였다. 이번 결승전에서는 오리건 출신으로 22세의 ('프리'로 알려진) 스티브 프리폰테인과 올림픽에 세 번이나 출전한 경험이 있는 34세의 조지 영이 우승을 다툴 예정이었다. 이것은 장거리 경주라기보다는 마치 투우 경기와도 같았다.

시작을 알리는 총소리와 함께 프리폰테인이 곧바로 선두에 나섰고, 영이 그의 뒤를 바짝 쫓았다. 운동장을 네 바퀴 돌면서 다른 선수들은 멀찌감치 떨어져 나갔다. 영은 그다음 일곱 바퀴를 달리면서 프리폰테인과의 거리를 한 걸음 차이로 유지했다. 그리고 한 바퀴씩 지날 때마다 헤이워드 필드의 소음 수준이 점점 높아만 갔다.

마지막 바퀴에서는 프리폰테인이 영과의 거리를 1미터로 벌렸다. 그다음에는 2미터, 3미터로 벌어지더니, 결승선에서는 10미터까지 벌어졌다. 두 선수가 마지막 바퀴를 달릴 때에 경기장은 흥분의 도가니였다. 이들 모두가 미국 신기록을 갈아치웠다.

그날 우리는 경기장을 떠나면서 프리폰테인과 같은 사람이 되기로 결심했다. 그는 역경에도 굴하지 않고, 용기가 넘치는 선수였다. 우리는 끝까지 싸울 것이다. 그는 우리의 우상이자 꺼지지 않는 영원한 별이 되었다.

1972

우리는 들뜬 마음으로 뮌헨 올림픽을 향해 시선을 돌렸다. 뮌헨 올림픽에는 바우어만 코치가 미국 육상팀 감독으로 참가했다. 지난 대회 우승자인 핀란드의 라세 비렌이 유력한 우승 후보로 예상되었지만, 프리폰테인은 여느 때와 마찬가지로 성급한 전망을 내놓았다. 그는 5000미터 경기에서 마지막 1600미터를 4분 이내에 달릴 것이라고 했다.

그러나 이번 올림픽 경기가 열리기도 전에, 바우어만 코치가 특히 경기장 주변 보안이 취약한 점을 들어 이번 올림픽은 제대로 준비가 되지 않았다고 주장하면서 올림픽 조직위원회를 자극했다.

거의 매일 이런저런 사건 사고가 잇달았다. 예를 들어, 100미터 예선 경기 개시 시각의 변경을 알리는 유인물이 몇백 페이지에 달하는 다른 유인물에 파묻혀 있었다. 그래서 미국 선수 3명 중 2명이 예선 경기에 출전조차 하지 못했다.

장대높이뛰기 세계 기록 보유자인 밥 시그런은 자신이 사용하는 장대가 불법이라는 소리를 들어야 했다. 그래서 그는 낯선 장비를 가지고 도약했다가 금메달을 놓쳤다.

프리폰테인은 결승전에 진출했다. 그는 결승전의 마지막 바퀴에서 비렌과 모하메드 가무디의 뒤를 바짝 쫓다가 백스트레치[결승점의 반대쪽에 있는 직선 코스]에서 이들을 따돌리고는 잠시 선두에 나섰지만, 곡선 주로에서 뒤로 밀리고 말았다. 홈스트레치[마지막 직선 코스]에서 비렌과 가무디가 앞으로 치고 나왔고, 체력을 소진한 프리폰테인은 영국의 이언 스튜어트에게도 밀리고 말았다. 결국 스튜어트가 프리폰테인을 밀어내고 동메달을 차지했다.

프리폰테인은 크게 낙담했다. 유진 사람들 모두가 그를 자랑스럽게 여기고는 그의 이름을 따서 도로명을 지으려고 했을 때, 그는 "그래요? 그런데 뭐라고 부를 생각입니까? 4번가라고 하실 겁니까?"라고 빈정거렸다.

그러나 엄청난 비극이 프리폰테인의 패배가 별것 아닌 것처럼 보이게 만들었다. 복면을 한 여덟 명의 무장 괴한들이 올림픽 선수촌에 몰래 숨어 들어와서 이스라엘 선수 11명을 인질로 잡았다. 인질들은 버스에 실려 뮌헨 공항으로 끌려와서는 비행장 활주로에서 살해되었다.

올림픽이 끝나자, 나는 바우어만 코치를 만나려고 유진으로 달려갔다. 나는 그가 그처럼 낙담한 모습을 한 번도 본 적이 없었다. 올림픽이란 모든 체육인에게 성공의 정점을 의미했다. 하지만 그에게 이번 올림픽은 한마디로 재앙이었다.

한 달 후, 바우어만 코치는 대학교 육상부 코치직에서 은퇴했다.

우리 사업에도 많은 일이 벌어졌다. 우리는 제프 존슨과 밥 우델의 자리를 맞바꾸기로 결정했다. 생각보다 간단한 일은 아니지만 그들이 대의를 위하여 이러한 결정을 좋게 받아들이면 자신의 삶을 충분히 고양시킬 수 있었다. 존슨은 자기가 사랑하는 뉴잉글랜드를 떠나 비버튼으로 왔다. 이곳에서 그는 이제 막 싹트기 시작한 자신의 설계 재능을 십분 활용할 수 있다. 그리고 우델은 뉴햄프셔 주 엑서터로 갔다. 그곳에서 그는 자신의 행정 능력을 발휘하여 판매와 창고 업무를 감독할 수 있었다.

오니쓰카는 일본에서 우리를 상대로 계약 위반에 관한 소송을 걸었다. 이제 우리는 미국에서 맞소송을 거는 수밖에 없었다. 문제는 '돈이 없이 어떻게 소송을 걸 수 있는가?'였다. 나는 사촌 하우저에게 성공 사례금을 주는 조건으로 이번 사건을 맡겼다. 하우저가 마음이 약해져서 이번 사건을 맡아 주었을지도 모른다. 우리는 출장비는 물론 복사비도 제때 지급하지 않았다. 당연히 하우저는 자기가 일하는 로펌으로부터 싫은 소리를 들었고, 결국 이 사건을 신참 변호사인 롭 스트라세에게 넘겼다. 키가 190센티미터, 체중이 127킬로그램에 달하는 스트라세는 우리의 대의를 진심으로 믿고 밤낮으로 쉬지 않고 일해주었기 때문에 우리 모두에게서 사랑을 받았다.

이번 소송은 정신을 피폐하게 만들었다. 회사의 생사를 결정하는 이 일과 동시에 우리가 사업을 운영해야 했기 때문이다.

그해 중반 무렵에 우리는 전환사채 보유자들을 상대로 연차 주주 총회를 열어야 했다. 그들 15명 모두가 오리건 주 유진에 모였다. 우리는 과도기에 처음으로 적자를 기록했다. 모두가 기업의 실적, 특히 CEO인 나에게 실망감을 나타내는 것은 지극히 당연한 일이었다. 나한테는 감당하기 힘든 오후였다. 그리고 집으로 오는 길에 나는 우리가 주식 공모(이는 주주가 수백 명이 되는 것을 의미한다)를 하는 것을 생각해 보았다. 만약 이걸 할 생각이라면, 차라리 나를 쏴버리라지.

1974

4월에 오리건 주 포틀랜드 연방지방법원에서 재판이 열릴 때, 나는 떨리는 마음을 주체할 수가 없었다. 제임스 번스 판사가 법정에 들어서자, 우리 모두가 자리에서 일어났다. 그는 결점이라곤 찾아볼 수가 없는 조금은 무서운 사람이었다. 나이가 60대 정도로 보이고 숱이 많은 아주 진한 눈썹을 한 그가 엄격한 표정을 짓고 있었다. 그는 자신을 '공정한 제임스'라고 불렀다. 그리고 법정에는 무거운 분위기가 흘렀다.

우리의 주장은 비록 우리가 경쟁 제품을 판매하지 않을 것이라고 약속했지만, 오니쓰카 측에서도 우리의 경쟁사에 제품을 판매하지 않을 것이라고 약속했을 뿐 아니라 우리 회사에 대한 소유권의 변화를 시도했다는 것이었다. 우리는 우리가 계속 합리적으로 행동했을 뿐 아니라 우리에게 제품과 브랜드에 대한 권리가 있다고 진술했다.

법정에서 우리는 말을 더듬거렸고, 생각을 분명하게 전달하지 못했지만, 진실한 모습만큼은 보여주었다.

오니쓰카의 주장은 '미스터 나이트'가 오니쓰카에서 회사를 인수해줄 것을 사실상 요구했고(말도 안 되는 소리다), 경쟁 업체 설립에 관한 그들끼리의 대화는 실제로는 시장 조사에 불과하다는 것이었다.

격렬했던 2주가 지나고, 법정에서의 공방은 막을 내렸다. 우리는 이번 사건을 대체로 낙관적으로 보면서도 한편으로는 걱정스러워했다. 기타미가 거짓말을 했지만, '공정한 제임스'가 그 말에 속아 넘어갈 것만 같았다. 기타미가 증인석에서 내려올 때, 그는 "수고하셨습니다"라는 말을 건넸다.

"수고하셨습니다"라고? 그는 나한테나 우리 증인들에게는 결코 그런 말을 하지 않았다.

이번 재판이 진행되는 동안, 우리의 사업 전선에서 엄청난 소식이 들려왔다. 바우어만 코치가 새로 개발한, 와플형 밑창을 구현한 와플 트레이닝화(Waffle Trainer)가 날개 돋친 듯 팔리고 있었던 것이다. 이로써 연간 매출이 480만 달러에서 840만 달러로 증가했고, 1974년은 나이키가 흑자를 기록하는 첫해가 되었다.

그러나 좋은 소식은 나쁜 소식과 함께 오는 법이다. 닉슨 대통령이 엔화 환율 정책을 변경하기로 결정했던 것이다. 이에 따르면, 엔화 환율이 1달러당 360엔에 고정되어 있지 않고, 수시로 변하게 되었다. 결국 엔화 환율이 1년 반 동안에 180엔으로 곤두박질쳤다. 다시 말하자면, 인건비와 원재료비는 변하지 않았는데, 제품 생산비만 2배가 된 것이다.

따라서 당시에 좋은 소식은 나쁜 소식이 함께 온다는 말이 우리에게도 정확하게 적용되었다. 우리에게는 매우 훌륭한 제품이 있었다. 그런데 그것을 만들 장소가 없었다.

바로 그 시점에, 우리는 '공정한 제임스'가 최종 판결을 내린다는 소식을 들었다. 이틀 뒤에 우리는 그의 판결을 듣기 위해 법원 청사로 달려갔다.

판사가 마지막으로 법정에 들어오는 순간, 나는 엄청나게 긴장했다.

그가 내린 판결은 아주 간결했다. 그는 기타미가 거짓 진술을 한 것으로 보았고, 따라서 우리가 만든 신발에 나이키 브랜드명을 사용할 권리가 있다고 했다. 그리고 자신이 특별 지휘권자를 지명하여 피해액을 산정하도록 할 것이라고도 밝혔다.

이겼다. 우리가 이긴 것이다. 우리는 살아남게 되었을 뿐 아니라 수중에 돈도 들어오게 되었다.

나는 사촌 하우저의 손을 잡았다. 그는 법정에서 일을 멋지게 처리했다. 다음에는 스트라세를 껴안고는 육중한 그의 품에 파묻히고 말았다. 우리가 이처럼 똑똑하고 부지런한 사람을 곁에 둔 것은 엄청난 행운이었다.

며칠 뒤에 나는 우리가 미국에서 신발을 제조할 수 있는지를 알아보기 위해 존슨을 뉴잉글랜드로 다시 보냈다.

'닛쇼에 먼저 지급하라!' 이 말은 단순한 주문(呪文)이 아니었다. 여기에 우리의 생존이 달려 있었다.

닛쇼는 은행보다 낮은 지위에 있었다. 따라서 기업이 파산하면 은행이 남은 자산을 모두 회수하기 때문에, 닛쇼가 단 한 푼도 챙기지 못할 수도 있었다. 닛쇼는 모든 위험을 감수해야 했다. 따라서 월말이 되면, 우리가 필요한 지출을 하고 남은 돈을 모두 닛쇼에 보내기로 했다. 그리고 현금이 너무나도 절실했다. 와플 트레이닝화 매출이 증가하면서, 우리 회사 매출이 거의 2배에 육박하고 있었다. 이는 특히 제품 생산 비용이 증가하면서, 우리가 가진 재고 자산의 가액이 급등하는 것을 의미했다.

존슨은 뉴햄프셔 주 엑서터에 가동 중인 작은 신발 공장에 도착했다. 생산 비용이 당시 일본에서보다 조금 더 높았지만, 앞으로를 비교하면 더 낮을 것 같았다.

존슨이 나에게 한 가지 어려운 질문을 했다.

"공장을 인수하는 데 소요되는 비용을 어떻게 조달할 예정이지?"

"닛쇼가 지급하겠지."

"닛쇼가 무엇 때문에 그렇게 할까?"

"우리가 닛쇼에 그런 것까지 말하진 않을 거야."

"아하."

우리의 월말 지출액은 가끔 잔액을 초과하기도 했다. 우리는 임시로 계좌 잔액을 초과하여 닛쇼에 수표를 발행했다. 당시 한 달 매출이 100만 달러를 상회했기 때문에, 2만 5천 달러의 초과액은 하루나 이틀이면 해결될 것이었다.

우리는 4월을 제외하고는 미국 전역의 여러 도매점과 소매점의 계좌를 대상으로 이러한 초과 금액을 7만 5천 달러까지 늘렸다. 어느 한 은행에서 수표를 부도 처리하면, 모든 수표가 부도 처리될 운명이었다.

헤이즈와 내가 뱅크 오브 캘리포니아에 소환되었다. 상황이 매우 심각했다. 그리고 현금이 매우 부족했다. 결국 우리는 은행으로부터 버림받았다. 우리는 이 은행에서 빌린 100만 달러(수중에 없었다)를 당장 갚아야 했다.

꿀꺽, 숨이 막힐 것만 같았다.

하지만 모든 것이 끝난 것은 아니었다. 나는 같은 건물 10층의 닛쇼 사무실로 올라가서 그달까지 은행에 대출금을 갚아야 하는데 현금 100만 달러가 부족하다고 말했다. 나는 이 밖에도 100만 달러를 추가로 빌려야 했다.

닛쇼에서 최종 결정권을 가진 사람은 다름 아닌 자금 관리자, 이토 타다유키라는 사람이었다.

그는 스메라기와 함께 와서 사흘 동안 우리 회사 장부를 살펴봤다. 물론 그들은 회사 장부를 조사하고는 우리가 숨겨놓은 공장을 발견했다. 우리가 이 공장에 관해 설명하는 데에는 거의 한 시간이나 걸렸다. 우리는 이 공장이 일본에서 생산 공장을 찾지 못했을 경우에 대비하여 마련해둔 일종의 보호 장치라고 떠듬떠듬 설명했다. 자기감정을 좀처럼 드러내지 않는 이토가 듣는 동안 내내 아주 심각한 표정을 지었다. 그러다가 나중에는 고개를 끄덕이면서, “자, 이제 나갑시다”라고 말했다. 나는 그때 그가 나에게 보낸 가벼운 미소를 뚜렷이 기억한다.

그런데 우리 장부에 나타날 것으로 예상됐던 300만 달러 혹은 400만 달러의 부채가 실제로는 나타나지 않았다. 이러한 불일치를 힘들게 추적한 끝에, 스메라기가 나이키에서는 아무도 모르게 나이키의 부채가 적게 보이도록 청구서를 자기 책상 서랍에 숨겨놓은 사실이 밝혀졌다.

이토가 스메라기에게 "도대체 왜 이런 짓을 했지?"라고 물었다.

스메라기는 말했다. "저는 이 회사 사람들과 매일 함께 일했습니다. 저는 스티브 프리폰테인도 만났고, 이 회사 사람들이 사무실을 옮기는 일도 도왔고, 때로는 창고에 가서 배송 작업을 돕기도 했습니다. 저는 나이키가 언젠가는 큰 회사가 될 것으로 생각했습니다. 제게 나이키는 일과 관련해서 자식과도 같습니다."

나는 너무 놀라서 할 말을 잃어버렸다. 심정적으로는 이해할 수 있었지만, 미국에서는 스메라기가 했던 짓을 하면 감옥에도 갈 수 있었다. 하지만 이토는 스메라기를 노려보기만 했다. 그러다가 방금 전과 마찬가지로 가벼운 미소를 지어 보였다.

다음 날 나는 이토, 헤이즈와 함께 뱅크 오브 캘리포니아로 가서 임원들을 만났다. 그들이 바로 우리를 버리기로 결정했던 사람들이었다.

나는 또다시 가진 잠깐 동안의 미팅에서 "우리가 지금까지 빌린 돈을 전부 갚으려고 왔습니다"라고 선언했다.

이토가 "그렇습니다. 전액 말입니다"라고 거들었다.

그는 그들에게 수표를 내밀었다. 그들이 이토가 내민 수표를 바라보았다. 상당히 오랫동안 침묵이 흘렀다. 그리고 그들은 "내일 오전 중으로 입금해주셔야 합니다"라고 말했다.

이토는 아주 단호했다. "지금 당장 입금하겠습니다."

"좋습니다. 지금 입금해주시죠."

"그런데, 이 은행이 샌프란시스코에서 닛쇼의 거래 은행이 되기 위한 협상을 진행 중인 것으로 알고 있습니다."

그들이 "네, 그렇습니다"라고 말하면서 간절한 표정을 지었다.

"아, 그러면 이번 협상을 계속 진행하는 것은 시간 낭비가 될 것이라고 말씀드려야겠군요."

"정말입니까?"

"네, 확실합니다."

나는 헤이즈에게 눈길을 돌리면서 웃지 않으려고 애를 썼다. 정말 애를 많이 썼지만 실패하고 말았다.

전몰장병 기념일(Memorial Day)[5월 마지막 월요일로 공휴일이다] 연휴가 다가왔다. 이번만큼은 정말 휴식이 필요했다. 그런데 유진에서 큰 트랙 경기가 있을 예정이었다. 스티브 프리폰테인이 여섯 종목이 열리는 대회를 준비했다. 이번 대회에서는 핀란드의 원반던지기 세계 기록 보유자가 출전하여 오리건 출신의 세계적인 선수, 맥 윌킨스와 우승을 놓고 격돌할 예정이었다. 그러나 뭐니 뭐니 해도 메인이벤트는 올림픽 금메달리스트 라세 비렌과 프리폰테인의 5000미터 재대결이었다.

그런데 마지막 순간에 비렌이 불참을 통보했다. 헤이워드 필드 입장권 매진이 확실시되는 상황에서 이런 일이 생겼던 것이다. 그러자 프리폰테인이 올림픽 마라톤 금메달리스트 프랭크 쇼터에게 참가를 독려했고, 쇼터가 이를 받아들였다.

정말 대단한 레이스가 펼쳐졌다. 항상 선두에 서곤 했던 프리폰테인이 이번에는 선두에 서지 않았다. 마지막 200미터를 남겨둘 때까지 쇼터가 프리폰테인을 따돌리고 있었다. 하지만 프리폰테인이 막판 스퍼트 끝에 2위와의 간격을 5미터까지 벌리면서 우승하자, 헤이워드 필드는 흥분의 도가니가 됐다.

페니와 나는 프리폰테인의 위대한 레이스를 다시 한 번 본 것에 감사하며 포틀랜드로 돌아갔다.

다음 날 오전 5시에 전화벨이 울렸다. 예감이 좋지 않았지만, 엑서터 시각으로는 오전 8시였다. 아마도 생산 측면에서 문제를 확인한 존슨의 전화일 것이라 생각했다.

그런데 존슨이 아니었다. 제프 홀리스터에게서 온 전화였다. 도무지 이해가 되지 않았다. 그가 울고 있었다. 실상은 이랬다. 제프 집에서 뒤풀이가 끝나고 프리폰테인이 쇼터를 차로 호텔까지 바래다주었다. 그리고 집으로 오는 길에 맞은편 차를 피하기 위해 방향을 틀다가 도롯가의 거대한 바위를 들이받았다. 차가 뒤집혔고, 프리폰테인은 그 자리에서 사망하고 말았다.

1976

바우어만 코치의 와플 트레이닝화 판매가 계속 호조를 띠고 있다는 반가운 소식이 들려왔다. 그러나 다른 곳에서는 문제가 많았다. 주로 엔화 가치가 상승할 것이라는 전망과 관련된 것이었다.

엑서터의 작은 공장이 어느 정도 도움이 되었지만, 필요한 물량을 모두 생산해내지는 못했다. 따라서 우리는 오랜 조사를 마치고 새로운 생산지로 타이완에 집중하기로 했다. 타이완에는 소규모 공장이 수백 개가 있었다. 따라서 우리는 그 중에서 우리의 고품질 신발을 생산하기에 적합한 곳을 찾아야 했다. 이는 훌륭한 이론이었지만, 적합한 파트너를 찾는 일이 쉽지만은 않았다. 결국 짐 고먼과 내가 여러 지역을 둘러보고 나서 타이중에서 얼마 떨어지지 않은 작은 도시, 도우리우에서 어느 작은 공장을 우연히 발견했다. '펑 타이'라고 불리는 이 공장에서는 저품질 스포츠화 수십 만 켤레를 생산하고 있었다. 그렇지만 공장 소유주, 옹(C. H. Wong)이라는 사람은 우리와 협력하여 품질을 향상시키기를 간절히 원했다. 솔직함이 몸에 밴 그는 공장에 관한 모든 것을 보여주었다. 방 하나를 제외하고서 말이다.

내가 "저기에는 무엇이 있습니까?"라고 집요하게 추궁했다.

마침내 들은 그의 대답은 "저기서 제가 아내, 두 아이들과 함께 살고 있어요"였다.

고먼이 타이완으로 가서 품질 관리를 맡기를 자원했다. 우리의 타이완 사업은 이렇게 시작되었다. 펑 타이와의 파트너십은 상당히 좋았다. 펑 타이 공장은 우리의 아시아 지역 생산 기지가 되었고, 현재 옹은 아시아 전역에 걸쳐 다수의 공장을 소유하고 있다. 그의 회사는 타이완 증권 시장에 상장되어 있다.

우리는 타이완 공장과 엑서터 공장을 기반으로 엔화 가치의 지속적인 상승에 대처하기 위한 전략을 조기에 마련할 수 있었다.

1976년은 올림픽이 열리는 해였다. 그때까지 우리는 신제품을 계속 출시하면서 4년에 달하는 경험을 쌓았다. 우리는 여전히 경험이 부족한 상태였지만, 기존의 스파이크와 러닝화를 철저하게 보완한 제품을 내놓았다.

올림픽 대표 선발전이 또다시 우리 앞마당이라 할 수 있는 오리건 주 유진에서 개최되었다. 1972년 올림픽에 참가한 선수들 중에서 나이키를 신은 이는 아무도 없었다. 하지만 1976년에 열리는 첫 번째 대회에서는 프랭크 쇼터를 비롯하여 예선을 통과한 선수 3명 모두가 나이키를 신었다. 올림픽 대표 선발전의 나머지 경기에서도 우리가 장거리 경기를 지배했다. 그리고 캐나다 몬트리올에서 열리는 올림픽 경기를 들뜬 마음으로 기다렸다.

이제는 올림픽 규정에 따라 선수들에게 재정 지원을 할 수 있었고, 우리는 우리가 정한 예산의 대부분을 쇼터에게 썼다. 쇼터는 나이키 러닝화를 좋아했고, 홀리스터도 좋아했다. 그리고 그가 이전 대회 마라톤 우승자였기 때문에, 우리가 그를 프리폰테인의 계승자로 보는 것도 당연한 일이었다.

우리는 마라톤 경기가 시작되기를 몹시 기다렸다. 그때까지 우리가 올림픽 경기에서 메달을 딴 적은 없지만, 쇼터가 마라톤 경기에서 좋은 성적을 낼 것으로 기대했다.

그런데 출발선에 서 있는 쇼터는 나이키가 아닌 다른 러닝화를 신고 있었다. 그는 이전까지 신던 타이거를 신었다. 법정에서 우리와 한바탕 전쟁을 벌였던 업체가 만든 러닝화를 말이다.

홀리스터와 나는 크게 낙담했다.

그리고 설상가상으로 쇼터가 아디다스를 신은 동독 선수에게 금메달을 내주었다.

우리가 두 번이나 졌던 것이다. 우리는 쇼터에게 우리가 책정한 예산의 대부분을 걸었다. 그러나 이것은 감성에서 비롯된 투자이기도 했다. 우리는 그를 사랑했다. 우리는 그가 새로운 프리폰테인이기를 원했다.

나는 쇼터가 마지막 순간에 다른 러닝화를 신은 이유를 정확하게 알지는 못한다. 그는 밑창 주변 갑피 부분에 흠집이 있어서 신경이 쓰였다고 말했다. 잘 모르겠다. 하지만 나는 쇼터가 올림픽에서 우승할 때 신었던 러닝화를 두고 새로운 러닝화를 신는 것이 불안했기 때문이라고 생각한다.

이처럼 다사다난했던 시절에, 우리는 오리건 주 선리버에서 새해를 맞기로 했다.

그날 모임이 한창 무르익을 무렵, 제프 존슨이 주변 사람들을 둘러보고는 "누구든지 '버트페이스(Buttface)[비호감인 사람]'라고 마음 놓고 소리칠 수 있고, 그러면 모인 사람 전체가 그것이 자기한테 하는 말이라고 생각하는 곳이 세상에 몇 곳이나 있을까?"라고 중얼거렸다.

버트페이스라는 말이 이렇게 나왔고, 우리는 이후로 7~8년 동안 이 모임을 버트페이스라고 불렀다. 그것은 우리 모두가 부적응자라는 사실을 실제로 인정하는 것이었다. 그러나 우리는 사명을 띤 부적응자였다.

1977

나이키 사업에서는 끊임없이 놀라운 일이 벌어졌다. 1977년 봄, 자기가 록웰에서 항공우주 엔지니어로 일한 적이 있다고 주장하는 사람에게서 전화가 왔다. 그는 자기가 설계한 신발을 나한테 보여주고 싶어 했다.

나는 "그러면, 한번 찾아오세요"라고 응답했다. 그의 이름은 프랭크 루디였고, 정말 진지한 사람이었다.

그가 만든 발명품은 러닝화를 위한 에어 중창이었는데, 이것은 이전에도 시도된 적이 있었다. 이전에 만든 발명품들은 주머니에서 공기가 계속 새어 나오기 때문에, 장거리 달리기를 한 번 하고 나면 중창이 납작해지는 문제가 있었다. 프랭크 루디는 자기가 이 문제를 해결하기 위한 방법을 개발했다고 주장했다.

그는 나와 스트라세, 헤이즈 앞에서 열심히 설명했다.

나는 "그러면 저녁 시간 전에 제가 10킬로미터 달리기를 한 번 해보겠습니다"라고 말했다.

루디가 "지금은 신발끈 조절기가 없습니다"라고 대답했다. 이 말은 중창을 제어할 장치가 없어서 헐겁게 느껴질 수도 있다는 뜻이었다.

"괜찮습니다. 그렇게 알고 있겠습니다."

신발은 루디가 말한 대로 달리기를 하기에 헐겁게 느껴졌지만, 훌륭했다. 그날 밤에 우리는 합의를 했다. 그리고 40년이 지난 지금까지 우리는 에어 밑창 기술을 적용한 러닝화를 4억 켤레나 판매했다. 때로는 수상한 전화에 관심을 갖는 것이 큰돈을 벌게 해주기도 한다.

이후로 우리는 또 다른 신발 발명가에게서 걸려오는 전화를 받았다. 그의 이름은 소니 바카로였다. 프랭크 루디를 만나 좋은 경험을 했던 나는 그의 발명품이 몹시 보고 싶었다.

소니 바카로의 발명품은 일종의 수상(水上) 건축물처럼 생겨서 많은 사람이 웃음을 자아내게 했다. 하지만 그는 이것을 선전하면서, 대퍼 댄 올스타 바스켓볼 클래식(Dapper Dan All-Star Basketball Classic)을 통해 미국 모든 대학교의 농구 코치들에게 접근할 수 있다고 주장했다. 소니의 주도로 매년 개최되는 이 올스타 경기에는 미국 농구 스타 30명이 참가했다.

나는 "정말 모든 대학교의 농구 코치들에게 접근할 수 있습니까?"라고 물었다.

그래서 우리는 우리가 영입할 수 있는 최고의 코치들로 구성된 나이키 농구 코치 클럽을 만들기 위하여 소니를 컨설턴트로 선임했다. 유명 코치들은 주로 아디다스나 컨버스와 계약을 맺은 상태였다. 따라서 우리는 다른 코치들과 접촉해야 했다.

우리가 영입한 코치들도 괜찮았다. 명예의 전당에 들어간 존 톰슨, 에디 서턴, 제리 타케니언, 루트 올슨, 짐 발바노, 조지 래블링, 루 카네세카가 그들이었다. 바로 이들이 우리의 대학 농구 프로그램에서 중추적인 역할을 했다.

우리 나이키만이 일본 엔화 가치 상승으로 어려움을 겪는 것은 아니었다. 일본에서 생산하는 저비용 신발 회사라면 새로운 생산지를 찾아야 했다. 그곳이 바로 한국이었다. 일본 공장에서 생산하는 데에는 비용이 너무 많이 들었기 때문에, 이러한 수요를 충당하기 위한 대형 공장들이 갑자기 우후죽순 등장했다. 이러한 공장들은 작은 도시처럼 보였다. 부산의 5대 신발 공장의 경우, 종업원 수가 각각 1만 2천 명에 달했다.

그러나 우리 제품을 생산하려면 저비용 신발의 품질이 개선되어야 했다. 그리고 이처럼 규모가 큰 공장들이 당장은 생산량이 어림도 없는 우리 나이키를 수용하지 않으려고 했다. 그러나 이후로 우리는 연간 100만 켤레를 넘게 생산했다. 우리는 한국에서 생산을 시작했고, 5대 신발 공장과 즐거운 마음으로 협력 관계를 맺었다. 3년이 지나서는 한국의 5대 신발 공장이 우리에게 가장 큰 생산지가 되었다.

결과적으로 일이 아주 잘 진행되었다. 그리고 나는 어느 날 오전 미국 관세청이 보낸 우편물을 받고도 즐겁고 편안한 마음으로 말없이 자리에 앉아 있었다. 아주 순진하게 보였을 것이다.

봉투 속에는 세금 청구서가 들어 있었다. 관세 2500만 달러가 부과되었는데, 납부 마감일이 지났다는 것이었다. 당시 생산비와 운영비를 제하지 않은 나이키 연간 매출이 2400만 달러였다.

당장 나는 최근에 나이키 정규직원이 된 스트라세를 불렀다. "이거 뭔가 잘못된 것 같은데."

"제가 한번 알아보겠습니다."

다음 날 스트라세가 나쁜 소식을 가지고 왔다. "이거 사실일 수도 있겠는데요. 1932년에 제정되어 벤제드린, 백합조개, 운동화에 적용되는 법이 있는데요, 이에 따르면, 세관이 지금까지도 그랬고 앞으로도 계속해서 비용이 아닌 미국에서 이와 비슷하게 만들어진 제품의 '미국판매가격'에 근거하여 관세를 적용해야 한다는 것입니다. 미국의 일부 신발 메이커들이 관세청을 상대로 로비 활동을 벌이면서, 그들 제품이 우리 제품과 비슷하게 만들어진 제품이라고 설득해서 우리 관세가 두 배가 되게 만든 것으로 보입니다. 그것도 소급해서 말이죠. … 제품은 이미 팔렸습니다. 관세 청구서는 이미 발부되었고요. 그런데 우리가 이번 관세를 납부할 방법이 없습니다."

"그럼, 싸워야 한다는 말인가?"

1977년에는 나이키 역사와는 전혀 상관이 없지만 개인적으로는 큰 사건이 벌어졌다.

아버지께서 밤에 전화로 내가 어떻게 지내는지, 두 손자들은 잘 있는지를 물어보셨다. 그리고 "LA 클리퍼스와 휴스턴 로케츠 경기 봤니?"라고 말씀하셨다.

"아뇨, 안 봤는데요."

"아주 끔찍한 일이 벌어졌어. 커미트 워싱턴이 루디 톰자노비치를 때렸는데, 얼마나 세게 때렸던지, 톰자노비치가 거의 죽을 뻔 했어. 정말 끔찍했어." 아버지께서는 오랫동안 말을 멈췄다가 잔뜩 들뜬 목소리로 말했다. "네가 톰자노비치가 신은 신발이 클로즈업되는 장면을 봤어야 했는데."

그랬다. 아버지께서는 칭찬에 아주 인색하셨다. 예를 들어, 내가 CPA를 하다가 운동화 판매원이 된 것을 두고, "그래, 잘했어"라는 정도로만 말씀하셨다.

1978

우리는 미국판매가격을 적용하려는 세관에 맞서 총력전을 펼쳐야만 했다.

우선 이 일을 전담할 직원이 필요했다. 스트라세는 사촌 하우저의 로펌에서 근무하는 릭 워시컬을 추천했다. 보험 사건에 신물이 났던 워시컬이 기꺼이 스트라세의 제안을 받아들였지만, 하우저는 나한테서 한 가지 다짐을 받아내려고 했다. 그것은 앞으로 내가 하우저의 로펌 직원을 더 이상 빼돌리지 않는다는 것이었다.

워시컬을 뽑은 것은 환상적이었다. 스탠퍼드대학교에서 학부를 졸업하고, 오리건대학교 로스쿨을 마친 그는 검정 뿔테 안경을 30초마다 고쳐 쓰곤 했다. 또한 뉴잉글랜드의 사립학교 학생과도 같은 복장을 했는데, 무엇보다 이번 사건에 흠뻑 빠져들었다.

우리의 싸움은 워싱턴에서 벌어졌다. 따라서 우리는 워시컬을 그곳에 보냈다. 그곳 정치인들과 금방 친해진 워시컬은 이번 사건을 위해 열정을 가지고, 때로는 미친 듯이 뛰어다녔다. 매일 의회 회관을 오르락내리락했고, 나이키 신발을 공짜로 나눠주었다. 모든 정치인이 워시컬에게 '사건의 내막을 자세히 검토할 수 있도록 관련 문서를 보내주세요'라는 메시지를 보냈다.

이렇게 하여 그가 관련 문서를 만들었다. 그것이 바로 〈미국판매가격에 관한 고찰, 워시컬, 제1권〉이라는 수백 페이지에 달하는 보고서였다. 하지만 이 보고서를 받아든 사람은 누구든지 제1권이라는 표현을 보고 식겁했을 것이다.

워시컬은 때로 자기가 하는 말을 냉담하게 듣는 사람과 만나기라도 하면 몹시 거칠어졌다. "당신들은 지금 자유를 시험하고 있는 걸 압니까? 자유를 말입니다! 히틀러의 아버지가 세관원이라는 사실을 압니까?"

그렇게 이 싸움은 계속되었다. 15라운드 끝까지 갈 수도 있었다. 어쩌면 몇 년이 걸릴 수도 있었다.

미국판매가격이 모든 것을 지배했다. 다시 말하자면, 우리가 이번 싸움에서 지게 되면, 우리 회사는 존재하지 않을 터였다.

그러나 좋은 소식도 있었다. 매출이 계속 증가했고, 루디의 에어 밑창 러닝화가 시장을 강타했다. 갑피에 사용되는 새로운 재료의 품질에서 약간의 문제가 있었지만, 러닝화 수요층 사이에는 '아주 훌륭하다'는 공감대가 형성되었다.

1979

미국판매가격은 1978년을 지배했고, 1979년도 지배했다. 워시컬이 가끔은 좋은 성과를 냈지만, 이처럼 큰 사건의 경우에는 CEO가 직접 나서서 우리 입장을 알리는 것이 좋다는 생각을 하게 만들었다. 그래서 내가 워싱턴으로 달려갔다.

나는 미국 관세청을 감독하는 재무부의 차관보를 만났다.

그에게 준비한 자료를 건네면서 이렇게 말했다. "바로 여기에 미국판매가격이 나이키에는 적용되지 않는 이유가 나와 있습니다. 이것은 재무부가 발행한 자료입니다."

크라켄처럼 생긴 관료는 자료를 보더니 나한테 다시 돌려주고는 "이것은 관세에는 적용되지 않습니다"라고 말했다.

바꾸어 말하자면, 미국 정부가 나한테 거짓말을 한 것이었다. 영화 〈동물 농장〉에 나오는 대사를 조금 수정한 것처럼, "당신이 저질러버렸군. 우리를 믿게"라고 말한 것이었다.

나는 이를 악물고 꾹 참았다. "하지만 이 일은 나이키의 경쟁 기업들이 비열한 술수를 꾸민 것에 불과합니다. 우리는 성공을 이유로 처벌받은 것입니다."

"우리는 그렇게 생각하지 않습니다."

"우리라고요? 우리가 누구죠?"

"미국 정부를 말합니다."

그래도 나는 포기하지 않을 것이다. 우리는 싸울 것이다. 그러나 우리가 엄청난 적을 만난 것은 틀림없었다.

우리는 오리건 출신의 연방 의회 의원을 찾아갔다. 다행히도 하원 의원 앨 울먼이 세입위원회 위원장이었고, 상원 의원 마크 햇필드가 세출위원회 위원장이었고, 상원 의원 밥 팩우드가 재정위원회 위원장이었다.

우리는 열심히 로비 활동을 벌였고, 그들이 적극적으로 돕겠다는 뜻을 밝혔다.

우리에게 도움의 손길을 뻗친 사람은 그들 말고도 많았다. 워싱턴 주 출신의 하원 의장 톰 폴리는 북서부 출신 사람들에게 특히 친절했다. 우리가 대형 창고를 설치했던 곳인 테네시 주 출신의 상원 의원 앨 고어와 짐 새서, 엑서터 공장이 생산량을 감당할 수 없게 되자 우리가 공장을 신설했던 곳인 메인 주 출신의 빌 코언과 조지 미첼도 우리를 도우려고 했다.

1979년 가을, 나는 크라켄과 두 번째 면담을 가졌다.

"당신이 알고 계시는 높은 양반들에게 전화가 와서 무척 짜증이 나고 피곤하네요."

"죄송합니다. 하지만 상황이 해결될 때까지는 그분들의 말씀을 계속 듣게 될 겁니다."

한국과 타이완에서는 호조를 보였다. 일본 생산이 완전히 물 건너간 상황에서 좋은 일이었다. 이는 일본 경제가 어려움을 겪고 있어서가 아니었다. 일본 자동차와 전자 제품은 신발 수출에서 발생하는 손실을 만회하고도 남았다.

그러나 한국과 타이완 물가가 빠른 속도로 상승하고 있었다. 이 두 나라에서의 신발 생산이 일본에서처럼 수지가 맞지 않는다면, 어떻게 할 것인가? 우리에게는 이들을 대체할 만한 곳이 없었다.

따라서 매년 아시아 공장을 둘러보는 와중에 나는 이때 처음으로 중국 공장을 방문하기로 했다. 닉슨 대통령은 미국과 중국의 관계가 해빙기에 접어들도록 했고, 카터 대통령이 이러한 분위기를 이어 나갔다.

나는 홍콩의 어느 호텔에서 사흘 동안 머물면서 비자가 나오기를 기다렸다. 그런데 비자가 나오지 않았다.

우리 이사회에서 이런 일이 있었다고 보고할 때, 그 자리에는 최근 우리가 이사회 일원으로 영입한 척 로빈슨을 비롯하여 헨리 키신저의 동생 월터가 이끄는 앨런 그룹의 관계자들도 있었다. 그들에 따르면 월터가 앨런 그룹의 중국 진출을 모색할 때 형한테 전화하지 않고 프린스턴 시절 친구인 데이비드 창에게 전화한다고 했다.

나는 이 말을 듣고서 창에게 전화했다.

그해 첫 번째 버트페이스 회의에서 나는 이렇게 말했다. "혹시 이렇게 하면 어떨지… 확실히 제가 이 문제를 놓고 많은 생각을 했습니다. 우리는 미국에도 신발 공장을 가지고 있습니다. 우리가 해야 할 일은… 미국판매가격을 우리 스스로 설정하는 것입니다."

그 자리에 모인 사람들이 모두 웃었다. 당연히 그럴 만도 했다. 황당한 제안이었기 때문이다.

그러나 모두가 곧 웃음을 멈추고 서로를 쳐다봤다. 어쩌면 이처럼 황당한 법에는 황당하게 대응하는 것도 괜찮을 수 있다.

우리는 '원라인'이라고 이름을 붙인 나이키 복제품을 소량 생산해 이익을 거의 남기지 않고 판매하기 시작했다. 세상에 이보다 더한 나이키 복제품은 없었다.

미국 관세청은 아무런 문제를 제기하지 않았다. 관세청은 아시아 공장에서의 생산비에 근거해서가 아니라 미국 공장에서의 이전보다 낮아진 생산비에 근거해 당장 관세를 삭감해주었다.

그다음에 우리는 크고 나쁜 정부를 상대로 싸우는 오리건의 작은 회사에 관한 스토리로 텔레비전 광고를 제작했다. 광고에는 홀로 외로이 길을 달리는 육상 선수가 등장한다. 누군가가 굵은 목소리로, 애국심, 자유, 미국의 가치를 예찬한다. 그다음에는 압제에 맞서 싸우는 장면이 나온다. 이 광고는 많은 사람을 분노하게 만들었다.

그다음 우리는 마지막 조치를 취했다. 1980년 2월 29일, 연방지방법원 남부뉴욕지청에 우리의 경쟁 기업과 고무회사들이 부당한 상행위를 통해 나이키를 퇴출시키기로 공모

한 사실이 있으며, 이에 대해 2500만 달러의 배상을 요구한다는 내용의 독점 금지 소송을 제기한 것이다.

시간이 그리 오래 걸리지 않았다. 크라켄의 상사가 합의를 보자는 연락을 해왔다.

그들은 2500만 달러를 900만 달러로 깎아주려고 했다. 우리 매출이 2억 달러가 넘기 때문에 갚을 여력은 되었다. 그러나 우리는 그러고 싶지가 않았다. 신발을 수입할 때에는 정부가 하는 말을 신뢰했다. 하지만 척 로빈슨은 지금 우리가 정부를 상대로 협상을 하고 있고, 정부가 0달러에 합의하지는 않을 것이라고 지적했다.

나는 900만 달러에 합의를 보기로 했다.

미국판매가격을 놓고 벌인 싸움은 그제야 끝이 났다.

척 로빈슨도 이번 싸움이 끝나면, 우리가 주식 공모를 하는 데에 걸리적거리던 장애물이 사라지는 것이라고 했다. “경영권 문제를 해결하려면 주식을 두 종류로 발행하는 방법도 있네. 그러면 현재의 경영진이 경영권을 유지할 수가 있거든. … 자네가 그렇게 할 수 있다면, 아마 많은 것이 변할 거야.”

쉴 틈이 없었다. 1979년 연말에 우리가 중국 공장을 방문할 수 있도록 초청장을 요청하기 위해 데이비드 창이 전시품 자료를 포함한 50페이지에 달하는 편지를 보냈다. 5개월이 지나서 답신이 왔다. 7월에 수행원을 포함한 6명이 중국을 방문할 수 있도록 초청을 받게 된 것이다. 7월은 중국에서 가장 더운 달이었다.

6명이라면 데이비드 창, 헤이즈, 스트라세, 닐 로리드슨(타이완 공장장), 해리 카시(메인 주 공장장), 그리고 내가 될 것이다.

중국 측 안내원들이 베이징 공항에서 우리를 맞이했는데, 그들은 우리에게 눈을 떼지 않고 항상 감시했다. 그들은 기차를 타고 베이징에서 멀리 떨어진 마을로 우리를 안내했다. 그곳에서 우리는 대규모 산업 단지, 소규모 공장 도시를 둘러보았다. 이곳의 공장들은 신식보다는 구식이 더 많았다. 구식 공장들은 대단히 노후했다.

또한 공장들은 불결했다. 얼룩지고 때가 낀 조립 라인에서 신발이 굴러 떨어지고 있었는데, 매장에 내놓을 만한 것이라곤 하나도 없었다. 공장 관리들은 청결을 중요하게 생각하지 않았고, 품질 관리에도 관심이 없었다. 우리가 결함이 있는 신발을 지적하자 그들은 고개를 갸우뚱하면서 “전혀 문제없습니다”라고 말했다.

중국인들은 나일론 혹은 캔버스 운동화의 왼쪽 신발과 오른쪽 신발의 색상이 같아야 할 필요성을 느끼지 않았다. 중국에서는 이를테면 왼쪽에는 밝은 청색 신발을 신고 오른쪽에는 어두운 청색 신발을 신은 사람을 흔히 볼 수 있었다.

이런 상황에서 우리가 사업을 해야 했다. 하지만 나한테는 이것이 우리가 반드시 해야 하는 것으로 다가왔다.

마지막 회의가 상하이에서 예정되어 있었다. 우리는 상하이에서 이번 출장의 두 번째 목적을 달성해야 했다. 그것은 중국 육상팀과의 거래를 트기 위해 중국 체육부와 만나는 것이었다.

서구 국가에서는 운동선수들이 직접 광고 모델 계약을 협상하지만, 중국에서는 정부가 이를 도맡아 했다. 교실마다 75년은 된 듯한 책걸상과 마오쩌둥의 대형 초상화가 있는 상하이의 오래된 학교 건물에서 스트라세와 나는 체육부 소속 공무원을 만났다.

그는 처음 몇 분 동안 공산주의 체제의 우월성에 대해 강의하더니 중국인은 뜻이 맞는 사람들과 사업하기를 원한다고 말했다. 스트라세와 나는 서로 쳐다보기만 했다. 그런데 강의가 갑자기 중단됐다. 그는 몸을 앞으로 구부리더니 작은 목소리로 "얼마를 주실 겁니까?"라고 물었다.

우리는 두 시간 만에 거래를 매듭지었다. 4년 뒤 로스앤젤레스에서 중국 육상팀은 25년 만에 처음으로 올림픽에 출전하기로 하고, 이때 나이키 신발과 운동복을 입고 입장하기로 했다.

우리의 마지막 방문지는 외교통상부 건물이었다. 앞선 미팅과 마찬가지로 우리는 중국 관리들에게서 긴 연설을 들어야 했다. 헤이즈는 첫 번째 연설부터 지루해하기 시작했다. 세 번째 연설이 시작되자, 미칠 것만 같은 얼굴이 되었다. 그는 폴리에스터 와이셔츠 앞면의 느슨하게 풀어진 실을 가지고 딴짓을 하기 시작했다. 그러다 실이 엉키자 라이터를 꺼냈다. 우리를 훌륭한 파트너로 치켜세우던 외교통상부 고위 관리는 헤이즈가 불을 지르는 모습을 멍하니 쳐다보았다. 헤이즈는 재빨리 두 손을 두들겨서 불길을 잡는 데 성공했지만, 분위기는 썰렁해지고 연설자의 흡인력은 반감되었다.

다행스럽게도 이 일은 문제가 되지 않았다. 미국행 비행기를 타기 직전에 우리는 중국 공장 두 곳과 계약을 체결해 공식적으로 25년 만에 처음으로 중국에서 사업 허가를 받은 미국 신발 회사가 되었다.

짐을 풀 시간도 없었다. 주식 공모는 눈앞의 현실이 되었다. 우리는 여러 투자 은행을 상대로 의견을 물었다. 모두가 현재의 경영진이 경영권을 유지할 수 있도록 주식을 두 종류로 발행하는 데 적극 찬성했다. 우리는 이번 주식 공모를 맡아줄 기관으로 척 로빈슨이 예전에 부회장으로 있던 쿤 러브(Kuhn Loeb)를 선택했다.

증권거래위원회의 승인을 받아야 했다. 우리는 승인을 받고 우리가 원하는 방식이 될 수 있도록 주식 공모 계획서를 50차례에 걸쳐 수정했다.

이제 우리는 순회공연을 시작했다. 먼저 뉴욕에서 투자 은행들과 조찬 미팅을 가졌다.

우리의 발표가 세련되지는 않았지만, 거기엔 열정과 진심이 배어 있었다. 모두가 발표를 상당히 잘했다.

우리는 닷새 동안 8개 도시를 돌면서 총 10회의 미팅을 가졌다. 헤이즈, 존슨, 내가 투자 은행가들을 상대로 돌아가면서 발표했다. 열정적으로 발표를 했지만, 특히 중국 출장을 다녀온 직후에 이런 미팅을 가졌기 때문에 몹시 피곤하기도 했다.

이제 그 밖의 모든 일들을 마치고, 주식 가격을 제시해야 했다. 그래서 주식 공모일을 1980년 12월 2일로 잡았다.

그날 헤이즈와 나는 쿤 러브의 밥 메이시와 함께 스피커폰 앞에 앉아 있었다. 그는 우리가 21달러 이상을 받을 수 없다고 말했다.

순회공연에서 제시했던 주식 가격의 범위는 18~22달러였다. 나는 순회공연이 우리가 기대했던 만큼 잘 진행되었다고 생각했다. 21달러와 22달러의 차이가 우리 회사에는 100만 달러에 해당했다.

"우리는 22달러는 받아야 합니다."

저쪽에서 여러 사람이 뭐라고 하는 소리가 들렸다. 그러고는 "21달러 50센트로 합시다. 마지막 제안입니다"라는 말이 들려왔다.

“22달러라고 하지 않았습니까. 그렇지 않으면 우리는 그만두겠습니다.”

침묵을 깨는 소리가 들렸다. 기침 소리, 종이 넘어가는 소리가 들렸다. 영겁의 시간이 지나고는 “죄송합니다. 조금 뒤에 다시 전화하겠습니다”라고 말했다.

찰칵하는 소리가 들렸다.

5분이 지났다.

15분이 지났다.

전화벨이 울렸다. 우리는 스피커 버튼을 눌렀다. 밥 메이시가 “이제 거래가 성사되었습니다. 이번 주 금요일에 주당 22달러로 주식시장에 내놓겠습니다”라고 말했다.

나는 차를 몰고 집으로 왔다. 두 아들 녀석은 밖에서 놀고 있었다. 페니는 부엌에 있었다.

페니가 물었다. “오늘 어땠어요?”

“응, 좋았어.”

“잘됐네요.”

“우리가 말한 대로 주식 가격이 정해졌어.”

페니가 크게 웃었다. “당연히 그래야죠.”

다음 날 아침에 잠을 깼을 때, 추운 날씨에 비가 오고 있었다. 나는 일어나서 창가로 갔다. 나무에서 물방울이 뚝뚝 떨어지고 있었다. 세상은 예전 그대로였다. 그런데 내가 부자가 되어 있었다.

아침을 먹고 차를 몰고 일터로 갔다. 나는 어느 누구보다 일찍 출근했다.

에필로그 젊은 독자들에게 전하는 글

이제 나이키는 성년이 되었다. 그동안 좋은 일도 많았고, 안 좋은 일도 많았다. 그리고 1980년에 주식 공모를 한 이후로도 많은 일이 있었다.

밤에 사무실에 우두커니 앉아서 수풀 사이로 밝게 빛나는 달리기 코스를 바라보며 인생 여정의 많은 부분을 생각할 때도 많았다.

기억에 많이 남는 일 중 한 가지를 꼽자면, 1976년에 밥 우델의 어머니가 나를 찾아오셔서 이런 말씀을 하실 때였다. "항상 현금이 부족하다고 들었어. 우리가 저축해놓은 돈이 7000달러야. 자네가 필요하다면 빌려줄 수 있어."

나는 깜짝 놀랐다. 그러다가 "왜 그러십니까?"라고 겨우 말했다.

"내 아들이 다니는 회사를 믿지 못한다면, 누구를 믿을 수 있겠나?"

나는 정말 그 돈을 쓰고 싶지 않았다. 하지만 1년이 지나서 우리 회사가 정말 어려울 때 우델에게 지난번 어머니의 제의가 여전히 유효한지 물었다. 우리 회사에는 현금이 절실히 필요했다. 다음 날에 돈이 회사로 들어왔다.

그 돈은 5년이 지나 우리가 주식 공모를 할 때까지도 갚지 않은 상태였다. 그리고 회사는 이 대출금을 보통주로 전환하는 것을 승인했다.

대출금은 180만 달러의 가치를 지닌 상장주가 되었다. 멀 우델은 성인이 된 딸 캐럴에게 전화하여 이렇게 말했단다. "우리 아들 밥이 그러던데, 우리가 백만장자가 되었대."

주식 공개는 우리에게 또 다른 기회를 가져다주었다. 우리는 캐럴린 데이빗슨에게 스우시 로고를 디자인해준 대가로 35달러를 지급했다. 이번 주식 공개와 함께, 우리는 그녀를 사무실로 불러서 주식 500주를 지급했다. 캐럴린은 이 주식을 팔지 않고 계속 보유했는데, 지금은 주식 가치가 100만 달러가 되었다고 한다.

중국 출장

1980년에 중국 출장은 많은 배당금을 지급할 수 있도록 했다. 이후로 중국은 세계 나이키 신발 생산의 40퍼센트를 차지하여 우리에게 최대 규모의 신발 생산지가 되었다. 그리고 어쩌면 더욱 중요한 부분일 수 있는데, 중국이 미국 다음으로 가장 규모가 크고 빠르게 성장하는 두 번째 시장이 되었다.

그것이 '단지 사업에 불과하지는' 않다

동료 직원(종업원이라기보다는 팀 동료), 고객, 공장, 운동선수와의 사적인 교류도 엄청나게 많이 있었다. 이들 중에는 나이키가 태어난 해인 1972년에 제작되고 어떤 글귀가 새겨진 롤렉스시계를 나에게 선물한 르브론 제임스, 심장발작으로 쓰러지고 나서 자기가 세상을 떠나면 게일런 럽을 보살펴달라고 부탁했던 알베르토 살라사르, 마이클 조던 부친의 장례식장에서 나에게 앞자리를 배정해준 상주들이 있었다.

'그것은 단지 사업에 불과하다'는 말의 의미를 생각해봤다. 그것은 결코 단지 사업에 불과하지 않다. 결코 그렇지 않을 것이다. 그것이 단지 사업에 불과하다면, 이는 사업이 아주 나쁘다는 것을 의미한다.

매튜, 바우어만, 스트라세의 죽음

세월은 흐르고, 시간은 유한해 인간이 죽음을 맞이하게 된다는 사실을 깨닫게 한다.

2004년에 아들 매튜가 엘살바도르에서 다이빙 사고로 세상을 떠난 것은 나한테 가장 큰 슬픔이었다.

자식의 죽음보다 더 슬픈 일은 없다. 그것은 내 곁을 결코 떠나지 않는 공허함과 함께 다가왔다. 나는 지금 이 글을 쓰면서 몸을 잔뜩 웅크린 채로 울고 있다.

매튜가 세상을 떠난 지 10년이 넘게 지났지만, 지금까지도 내 아내는 텔레비전을 밤새도록 켜놓는다. 텔레비전의 깜빡거리는 불빛이 어둠을 깨뜨리고, 방구석에서 스며드는 단조로운 소리가 그녀에게 위안이 된다.

이 모든 슬픔에도 한 가지 좋은 일이 있었다. 그것은 한 아이의 삶이 얼마나 소중한지를 강력하게 각인시켜 주었다. 나한테는 그것이 손자를 얻는 것을 의미한다.

빌 바우어만 코치는 어린 시절을 보냈던 오리건의 파슬에서 1999년 크리스마스이브에 돌아가셨다.

그의 오랜 친구이자 이웃인 존 자쿠아 변호사에게서 전화로 임종 소식을 듣고는 내가 작은 서재에서 나오는 데 한 시간이 걸렸다. 나는 휴지를 포기하고 어깨에 수건을 걸치고 있었다. 이는 내가 바우어만 코치 말고도 좋아했던 존 톰슨 코치에게서 배운 방법이었다.

롭 스트라세는 1993년에 심장마비로 갑자기 세상을 떠났다. 46세라는 젊은 나이에 세상을 떠나 마음이 아팠다. 우리 사이가 틀어지고 난 뒤에 생긴 일이라 아픔이 훨씬 더 했다. 우리는 너무 자주 충돌했고, 결국 스트라세가 회사를 떠나고 말았다.

그가 회사를 그냥 떠나기만 했으면 내 마음이 그처럼 상하지는 않았을 것이다. 그런데 그는 아디다스로 떠났다. 엄청난 배신이었다. 내가 그를 용서하는 데 10년이 넘게 걸렸다. 그러나 세상은 돌고 도는 법이다. 최근에 다행히도, 자랑스럽게도 나이키가 그의 딸 에이버리를 고용했다. 스물두 살인 에이버리는 스페셜 이벤트팀에서 일하는데, 평판이 아주 좋다. 사원 명부에서 그녀의 이름을 보는 것은 나에게 큰 축복이고 즐거움이다.

해외 공장

나는 사람들이 나이키 해외 공장의 실태에 대해 공격할 때에도 똑같은 배신감을 느꼈다. 그들은 그곳이 노동력 착취의 현장이라고 주장했다. 기자들은 그곳의 작업 여건이 열악하다는 말만 할 뿐, 우리가 처음 그곳에 들어갔을 때보다 얼마나 더 좋아졌는지, 우리가 작업 여건을 개선해 안전하고 청결한 공장으로 만들기 위해 얼마나 노력했는지에 대해서는 아무 말도 하지 않았다. 또한 나이키 해외 공장은 나이키가 소유한 것이 아니며, 나이키는 세입자에 불과하다는 말도 하지 않았다. 기자들은 작업 여건에 불만이 있는 종업원들은 찾아내 그들이 나이키를 비방하도록 했다. 나이키를 비방해야 훨씬 더 많은 사람에게서 관심을 끌 수 있기 때문이다.

그러나 마침내 우리는 더 나아질 수 있다는 것을 알았다.

그리고 더 나아질 것이다. 우리는 세상을 향해 "우리 공장을 모범 공장으로 만들겠습니다. 지켜봐주십시오"라고 외쳤다.

그리고 우리는 이를 실천했다. 나이키 해외 공장을 원색적으로 비방하는 기사가 나온 이후 10년에 걸쳐 우리는 이 같은 위기를 회사를 처음부터 다시 만드는 기회로 활용했다.

예를 들어, 신발 공장에서 가장 비난의 대상의 됐던 곳은 갑피와 밑창을 결합하는 러버룸(rubber room)이었다. 이곳은 발암 물질이 함유된 유독 가스 때문에 숨이 막힐 지경이었다. 우리는 유독 가스를 배출하지 않는 수성 접착제를 발명해 공기 중 발암 물질의 7퍼센트를 제거했다. 그러고는 이 발명품을 경쟁 업체라도 원하기만 하면 제공했다.

당연히 경쟁 업체들은 모두가 원했다. 지금은 대다수가 이 수성 접착제를 사용하고 있다.

나이키는 노동력 착취의 현장이라는 비난과 이로 인한 위기에서 벗어난 뒤 '걸 이펙트(Girl Effect)'를 설립했다. 이는 가난한 국가에서 빈곤의 대물림을 끊고자 하는 나이키의 노력의 산물이다. 걸 이펙트는 UN, 이에 동참하는 기업, 정부 기관과 함께 어린 소녀들에게 교육의 기회를 제공해 이들이 훌륭한 시민으로 성장하도록 돕는 사업에 수천만 달러를 지출했다. 우리 자신은 두말할 것도 없고 경제학자와 사회학자들이 많은 사회에서 어린 소녀들이 경제적으로 가장 취약하면서도 사회 전체에 가장 중요한 역할을 한다고 말한다. 따라서 그들을 돕는 것은 모두를 돕는 것이 된다. 걸 이펙트는 지금 에티오피아에서 조혼을 근절하기 위한 운동을 펼치고 있고, 나이지리아에서 10대 소녀들이 안전하게 지낼 수 있는 건물을 짓고 있다. 또한 르완다에서 어린 소녀들에게 강렬하고 감동적인 메시지를 전달하기 위한 잡지를 발간하고 있으며, 라디오 프로그램을 제작해 수백만 명의 삶을 바꾸고 있다. 걸

이펙트의 최전선에서 무슨 일이 진행되고 있는지 사업 보고를 받는 것은 지금 가장 큰 기쁨이다.

이제 나는 이 책의 젊은 독자들에게 도움이 될 만한 충고를 하면서 글을 마치려고 한다. 어떤 점에서는 당신들 모두가 나의 손자, 손녀 들이다.

앞으로 당신들이 맞이할 전투에 대비할 수 있는 최고의 방법은 무엇일까?

A. 인생에서 확실한 길은 없다.
이러한 사실이 인생을 훨씬 더 흥미롭게 만든다.

당신이 가진 것을 십분 활용하라. 당신이 반드시 나이가 젊거나 고용되지 않은 상태일 필요는 없다. 세상을 향해 당신이 블루 리본 스포츠의 CEO라고 말하라.

B. (달리기처럼) 당신이 잘 알고 좋아하는 일을 하라.
당신은 그런 일을 할 때조차도 힘든 시절을 보낼 수 있을 것이다. 당신이 잘 알고 좋아하는 일을 하지 않는다면, 당신이 이런 시절을 참아내기는 힘들 것이다.

C. 일을 열심히 하라.
행운도 큰 역할을 한다. 그렇다. 어떤 사람은 이를 두고 행운이라고 부르지 않고 도(道), 정신, 혹은 '하늘의 뜻'이라고 부른다.

그러나 이 말을 '당신이 열심히 일하면 당신의 도는 더 나아진다'는 뜻으로 이해하라. 그리고 어느 누구도 이런 도를 규정하지 않았기 때문에, 나는 지금도 예배에 참석한다. 당신 자신에게 믿음을 가져라. 이런 믿음에 대해서도 믿음을 가져라. 믿음은 다른 사람이 아닌 당신 자신이 규정하는 믿음이어야 한다.

D. 조언을 구하는 것을 두려워하지 말라.

나는 여행을 떠나면서 장래가 촉망되지만 다른 사람에게 도움을 청하지 않는 것을 미덕으로 여기는 젊은이들을 자주 본다. 그들은 주어진 과제를 혼자 힘으로 하고 싶어 한다.

나는 그 반대로 생각한다. 전쟁터는 아주 힘든 곳이다. 다른 사람에게서 최대한 많은 도움을 받도록 하라. 도움을 받는 것은 평생 동안 지혜를 얻기 위한 과정에서 일부에 불과하다.

E. 당신에게 중요한 의미를 갖는 일을 하라.

당신의 목표가 직장을 얻는 것, 심지어는 경력을 개발하는 것이 되어서는 안 된다. 그것은 천직을 찾는 것이어야 한다.

F. 팀워크의 중요성을 깨달아라.

능력은 보통이지만 서로 협력하는 두 사람이 능력은 출중하지만 서로 협력하지 않는 두 사람을 항상 이길 것이다.

G. 당신의 꿈으로 가는 문이 닫혀 있을 때에는 세상 사람들이 표준이라고 생각하는 모든 것을 뛰어넘어서 바라보라.

당신이 자금을 이 나라에서 조달할 수 없다면, 7000마일 떨어진 곳에서 조달하는 것을 두려워하지 말라.

H. 창의성을 관리하는 것도 중요하다.
창의적인 사람은 예측이 불가능하고 심지어는 기인에 가깝다. 어떤 사람들은 양손을 들고 '저 사람은 관리가 안 돼'라고 말한다. 바로 이런 사람을 관리하기 위한 새로운 방법을 찾도록 하라.

I. 그리고 무엇보다도 가장 중요한 것, '당신의 재능을 썩히지 않으려면 과감하게 모험을 걸어라.'
싸우지 않고서는 기술을 익힐 수 없다.

지금부터 60년 전에 스탠퍼드대학교에서 기업가 정신을 가르쳤던 존경하는 프랭크 샬렌버거 교수가 나에게 많은 것을 생각하게 하는 말을 했다. 이 말은 그의 제자들과 나에게 주문(呪文)이 되었다.

'당신이 실패하지 않는 유일한 순간은 당신이 마지막으로 시도하는 때다. 끝까지 도전하라.'

당신의 여행이 즐거운 것이 되기를 진심으로 바란다.

최고가 되기를
필 나이트

감사의 글

나는 인생의 상당 부분을 빚을 지면서 살았다. 젊은 기업가 시절에, 많은 사람에게 내가 갚을 수 있는 돈보다 훨씬 더 많은 돈을 빌린 채 밤에 잠을 자고 아침에 일어나는 생활에 괴로울 정도로 익숙해져 있었다.

그러나 내가 여러 사람에게 신세를 지고 있다는 생각을 지금 이 책을 쓸 때만큼 많이 해본 적이 없다.

너무나도 커다란 은혜를 입었기 때문에 이 자리에서 감사의 마음을 표현하는 것이 적절하지 않다는 생각까지도 든다. 나이키에서 모든 일을 즐거운 마음으로 항상 매력적인 웃음을 띠면서 완벽하게 처리해준 것에 대해 비서 리사 매킬립스에게 감사의 마음을 전한다. 오랜 친구 제프 존슨과 밥 우델에게도 내 기억을 돕고 혹시라도 내가 다르게 기억할지라도 잘 참아준 것에 대해 감사의 뜻을 표한다. 역사가인 스콧 리메스는 신화에서 사실을 능숙하게 가려냈다. 마리아 아이텔은 중요한 문제에서 자신의 전문성을 충분히 발휘했다.

물론 전 세계 6만 8천 명에 달하는 나이키 임직원들이 쉬지 않고 헌신해준 것에 대해서도 깊은 감사의 말을 전하고 싶다. 그들이 없었더라면 이 책도 없고, 저자도 없고, 아무것도 없었을 것이다. 스탠퍼드 시절, 작가가 되는 것과 친구가 되는 것의 의미를 몸소 보여준 천재적인 교사 애덤 존슨에게도 감사의 마음을 전한다. 에이브러햄 버기스는 조용하고도 편안하게 글을 쓰는 법을 가르쳐주었다. 작문 시간에 뒷줄에서 이야기를 나누었던 여러 대학원생에게도 감사의 뜻을 표한다. 그들 모두는 언어와 기교에 대한 열정을 지닌 사람들로, 나에게 많은 영감을 주었다.

스크라이브너 출판사에서 꾸준한 지원을 아끼지 않은, 전설에 남을 만한 낸 그레이엄에게 감사의 마음을 전한다. 로즈 리펠, 수전 몰도, 캐럴라인 라이디의 대단한 열정은 많은 도움이 됐다. 캐슬린 리조는 차분함을 잃지 않고서 나의 글쓰기가 순조롭게 진행되도록 해주었다. 특히 유능하고 예리한 편집자, 섀넌 웰치에게 감사의 마음을 전한다. 그녀는 나에게 수시로 긍정의 힘을 불어넣었다. 그녀의 칭찬, 분석, 원숙한 지혜는 이 책이 나오기까지 결정적인 역할을 했다.

슈퍼 에이전트 밥 버넷, 탁월한 시인이자 행정가인 이반 볼랜드, 회고록 작가로 크게 성공한 안드레 애거시, 숫자 아티스트 델 헤이즈를 비롯해 수많은 친구, 동료 들에게도 시간과 재능을 아낌없이 기부해준 것에 대해 감사의 마음을 전하고 싶다. 회고록 작가, 소설가, 스포츠 저널 작가, 명상가이자 친구인 J. R. 뫼링거에게도 깊은 감사의 말을 전한다. 이 책을 쓰는 동안 내내 그의 후덕한 마음씨, 유머감각, 이야기를 풀어내는 능력에 의지했다.

마지막으로 가족들에게 고마운 마음을 전한다. 특히 아들 트래비스의 지원은 큰 힘이 됐다. 물론 묵묵히 기다려준 아내 페넬로피에게 온 마음을 다해 목청껏 감사의 말을 전한다. 페니는 내가 길을 떠날 때에도, 내가 길을 잃을 때에도 나를 믿고 기다려주었다. 내가 매일 밤 집에 늦게 와서 저녁밥이 식어버려도 아무런 불평 없이 기다렸다. 지난 몇 년 동안 내가 이 책을 쓰느라고 예전 버릇이 되살아났는데도, 때로는 관심이 없는 부분도 있었겠지만, 어쨌든 또 기다려주었다. 페니는 시작부터 반세기 동안 기다리기만 했다. 그리고 지금 드디어 내가 악전고투 끝에 만들어낸 책을 페니에게 건네고는 모든 이야기를 할 수 있게 됐다. "페니, 당신이 없이는 나는 아무 일도 할 수 없었을 겁니다."

10대를 위한

슈독

나이키 괴짜 사장 필 나이트의 성공 분투기

2018년 8월 17일 초판 1쇄 발행
2023년 9월 19일 초판 5쇄 발행

지은이 필 나이트
옮긴이 안세민
펴낸이 윤철호
펴낸곳 ㈜사회평론

단행본 총괄 권현준
편집 석현혜 윤다혜 이희원
마케팅 정하연 김현주 안은지
제작 나연희 주광근
디자인 전용완

등록번호 제10-876호(1993년 10월 6일)
전화 02-326-1182(마케팅), 02-326-1543(편집)
주소 서울시 마포구 월드컵북로6길 56 사평빌딩
이메일 editor@sapyoung.com
https://www.sapyoung.com

ISBN 979-11-6273-013-3 03320

* 책값은 뒤표지에 있습니다.

* 잘못 만들어진 책은 구입하신 서점에서 바꾸어 드립니다.